論語365

冬之卷

越古而來的薰風　徐迎人生四季好修養

孫中興　著

冬之卷

目次

衛靈公

•

第十五

1

衛靈公問陳於孔子。孔子對曰：「俎豆之事，則嘗聞之矣；軍旅之事，未之學也。」明日遂行。

衛靈公請問孔子列陣打仗的事情。孔子恭敬地回答說：「禮儀的事情，我曾經聽過也學過一點；打仗用兵的事情，我從來就沒學過。」第二天就離開了衛國。

這是《論語》的第十五篇，共有四十一章和四十二章兩種版本，說的是衛靈公和孔子的目標不一致，導致孔子離開衛國。

「陳」要念成「陣」，有的版本用「陳」（《說文解字》：『陳，列也。』），有的用「陣」，指的是「軍陣行列之法」（孔安國）或「軍師行伍之列」（朱子）。「俎豆」是「禮器」（孔安國和朱子）或「禮食之器」（戴望）或「朝聘禮所用也」（劉寶楠）。「軍」和「旅」原來都是軍隊的單位，前者是一萬二千五百人，後者是「五百人」（《周禮・地官司徒》〈77〉）（《白虎通德論・卷四》〈三軍1〉將「師」和「軍」等同，和《周禮》的說法不同」。

孔子曾經三次到衛國（魯定公十三年，西元前四九七年，孔子五十五歲；魯定公十四年，孔子五十六歲；魯哀公七年，西元前四八八年，孔子六十四歲）：《史記・孔子世家》〈21〉孔子剛到衛國，衛靈公給了他在魯國一樣的實物俸祿六萬粟；〈36〉記載孔子在說過這話的第二天，衛靈公和孔子說話時不專心，眼睛還看著飛過的雁鳥，孔子知道衛靈公無心於自己所傳的道，就離開衛國。〈31〉記載靈公老了，無心於政事，孔子感嘆地說：「如果用我，一個月就可以有個大致的成效，三年就會開花結果。」然後離開衛國。這些大概就是這三次的主要事件，時間雖然不夠明確，但都說得比這章要更詳細。

這章孔子推辭說自己沒學過「軍旅之事」，《論語》中也沒有提過孔子這方面的技能。不過孔子弟子冉有曾經在和齊國的戰爭獲勝之後，給季康子「爆料」說自己軍事方面的技能是「學之於孔子」（〈55〉）。後來衛國的孔文子要攻太叔，去請教孔子用兵打仗的事情，孔子又謙虛地說自己沒學過：「胡簋之事，則嘗學之矣，甲兵之事，未之聞也。」（《春秋左傳・哀公十一年》〈1〉），講法和用詞都和本章差不多。《史記・衛康叔世家》〈34〉也簡要提到這件事。孔子這種「賤兵貴禮」的心情，大概希望「善為國者不師」（《新序・雜事五》〈118〉），打仗是要死人的，人民之間誰跟誰有仇呢？何必這樣？

〈憲問19〉孔子認為衛靈公無道，卻因為國家大政都在能人之手，所以衛國還能不喪國。在《孔子家語・賢君》〈1〉中孔子還認為衛靈公是當時最賢能的諸侯，讓魯哀公很詫異，認為這個荒淫的衛靈公竟然被孔子稱為「賢」，孔子也是從衛靈公能任用並尊敬賢能人士來解釋。《說苑・權謀》〈23〉中子貢也問過類似的問題，孔子也給了類似的答案。可是，這些都只是讓衛國沒有瞬間亡國，多苟延殘喘一些時日而已。

《說苑．政理》〈5〉和《孔子家語．賢君》〈10〉也都記載著同一個故事；孔子建議衛靈公：「愛人者，則人愛之；惡人者，則人惡之；知得之己者，亦知得之人。」希望他能從自身開始做起。

衛靈公要請教孔子軍隊打仗的問題，孔子不答。後來孟子去見梁惠王，梁惠王也希望孟子能提出有利吾國之道，他卻想談仁義之道而不妥協（《孟子．梁惠王上》〈1〉）。後來商鞅見秦孝公，也因為前後講了「帝道」和「王道」碰釘子，最後講了「霸道」，才讓秦孝公專心聽講，甚至提拔了他（《史記．商君列傳》〈2〉）。秦國因此稱霸，可是也只是歷史上的曇花一現。

孔門的人應該是不妥協的。

所以我好奇：不稱道齊桓晉文之事的孔門的人（《孟子．梁惠王上》〈7〉）會讀《孫子》嗎？還有，中國人讀《孫子》，為什麼防禦不了近代史上的外敵入侵呢？

附錄

《史記》〈孔子世家21〉孔子遂適衛，主於子路妻兄顏濁鄒家。衛靈公問孔子：「居魯得祿幾何？」對曰：「奉粟六萬。」衛人亦致粟六萬。居頃之，或譖孔子於衛靈公。靈公使公孫余假一出一入。孔子恐獲罪焉，居十月，去衛。

——〈36〉他日，靈公問兵陳。孔子曰：「俎豆之事則嘗聞之，軍旅之事未之學也。」明日，與孔子語，見蜚鴈，仰視之，色不在孔子。孔子遂行，復如陳。

——〈31〉**靈公**老，怠於政，不用孔子。孔子喟然歎曰：「苟有用我者，朞月而已，三年有成。」孔子行。

——〈55〉其明年，冉有為季氏將師，與齊戰於郎，克之。季康子曰：「子之於軍旅，學之乎？性之乎？」冉有曰：「學之於孔子。」季康子曰：「孔子何如人哉？」對曰：「用之有名；播之百姓，質諸鬼神而無憾。求之至於此道，雖累千社，夫子不利也。」康子曰：「我欲召之，可乎？」對曰：「欲召之，則毋以小人固之，則可矣。」而衛**孔文子**將攻太叔，問策於**仲尼**。**仲尼**辭不知，退而命載而行，曰：「鳥能擇木，木豈能擇鳥乎！」文子固止。會季康子逐公華、公賓、公林，以幣迎孔子，孔子歸魯。

《孔子家語．賢君》〈1〉哀公問於孔子曰：「當今之君，孰為最賢？」孔子對曰：「丘未之見也，抑有**衛靈公**乎？」公曰：「吾聞其閨門之內無別，而子次之賢，何也？」孔子曰：「臣語其朝廷行事，不論其私家之際也。」公曰：「其事何如？」孔子對曰：「**靈公**之弟，曰公子渠牟，其智足以治千乘，其信足以守之，**靈公**愛而任之。又有士曰林國者，見賢必進之，而退與分其祿，是以**靈公**無遊放之士，**靈公**賢而尊之。又有士曰慶足者，衛國有大事，則必起而治之；國無事，則退而容賢，**靈公**悅而敬之。又有大夫史鰌，以道去衛，而**靈公**郊舍三日，琴瑟不御，必待史鰌之入而後敢入。臣以此取之，雖次之賢，不亦可乎？」

《說苑》〈權謀23〉**衛靈公**襜被以與婦人遊，子貢見公。公曰：「衛其亡乎？」對曰：「昔者夏桀，殷紂不任其過故亡；成湯、文武知任其過故興，衛奚其亡也？」

——〈政理5〉**衛靈公**謂孔子曰：「有語寡人為國家者，謹之於廟堂之上而國家治矣，其可乎？」孔子曰：「可。愛人者，則人愛之；惡人者，則人惡之；知得之己者，亦知得之人；所謂不出於環堵之室而知天下者，知反之己者也。」

《孔子家語・賢君》〈10〉**衛靈公**問於孔子曰：「有語寡人曰：有國家者，計之於廟堂之上，則政治矣。何如？」孔子曰：「其可也。愛人者，則人愛之；惡人者，則人惡之；知得之己者，則知得之人。所謂不出環堵之室而知天下者，知及己之謂也。」

《孟子・梁惠王上》〈1〉孟子見梁惠王。王曰：「叟不遠千里而來，亦將有以利吾國乎？」孟子對曰：「王何必曰利？亦有仁義而已矣。王曰『何以利吾國』？大夫曰『何以利吾家』？士庶人曰『何以利吾身』？上下交征利而國危矣。萬乘之國弒其君者，必千乘之家；千乘之國弒其君者，必百乘之家。萬取千焉，千取百焉，不為不多矣。苟為後義而先利，不奪不饜。未有仁而遺其親者也，未有義而後其君者也。王亦曰仁義而已矣，何必曰利？」

《史記・商君列傳》〈2〉公叔既死，公孫鞅聞秦孝公下令國中求賢者，將修繆公之業，東復侵地，乃遂西入秦，因孝公寵臣景監以求見孝公。孝公既見衛鞅，語事良久，孝公時時睡，弗聽。罷而孝公怒景監曰：「子之客妄人耳，安足用邪！」景監以讓衛鞅。衛鞅曰：「吾說公以**帝道**，其志不開悟矣。」後五日，復求見鞅。鞅復見孝公，益愈，然而未中旨。罷而孝公復讓景監，景監亦讓鞅。鞅曰：「吾說公以**王道**而未入也。請復見鞅。」鞅復見孝公，孝公善之而未用也。罷而去。孝公謂景監曰：「汝客善，可與語矣。」鞅曰：「吾說公以**霸道**，其意欲用之矣。誠復見我，我知之矣。」衛鞅復見孝公。公與語，不自知厀之前於席也。語數日不厭。景監曰：「子何以中吾君？吾君之驩甚也。」鞅曰：「吾說君以帝王之道比三代，而君曰：『久遠，吾不能待。且賢君者，各及其身顯名天下，安能邑邑待數十百年以成帝王乎？』故吾以**彊國之術**說君，君大說之耳。然亦難以比德於殷周矣。」

2

在陳絕糧，從者病，莫能興。子路慍見曰：「君子亦有窮乎？」子曰：「君子固窮，小人窮斯濫矣。」

孔子在陳國剛好碰到吳國攻打陳國，買不到糧食吃，跟隨著孔子的弟子許多人餓得病懨懨地，站都站不穩。子路心中不高興，請問孔子說：「（您平常鼓勵我們當君子，）君子難道也有有志難伸，窮途末路的時候嗎？」孔子回答說：「君子就算是窮途末路也會堅持自己的信念，哪會像小人那樣，一窮途末路就放棄自己的信念，為了自己求生而不管他人死活。」

這章發生在孔子離開衛國之後往曹國去，曹國沒有用他，又轉往宋國。在宋國遭到匡人的誤認而被包圍，又轉往陳國。可是又碰上吳國征伐陳國，戰亂之際，買不到糧食。這是魯哀公六年（西元前四八九年）的事情，當時孔子六十三歲。

這章是孔子比較君子和小人在窮途末路時的不同表現。

「從者」是「弟子」（孔安國）或「諸弟子從孔子行在陳者」（皇侃）。「病」是「飢困」（皇侃）。「興」是「起」（孔安國和皇侃）。「濫」是「溢」（何晏）或「放肆、無節制」（黃懷信）。「固」是「故」（戴望）或「堅持」（黃懷信），「固窮」，朱子引程子說是「固守其窮」，我覺得應該是指「窮而不改其志」，也就是「素患難，行乎患難：君子無入而不自得焉」（《禮記．中庸》〈14〉），或是「知進退存亡而不失其正」（《易經．乾卦》〈24〉）的境界。《易經》有「困卦」，強調的也是類似的道理：「困，剛掩也，險以說，困而不失其所，亨；其唯君子乎？」又說：「困；君子以致命遂志。」

孟子認為孔子在陳遭難，主要是因為「無上下之交也」（《孟子．盡心下》〈64〉），也就是說「沒有打通關節」。司馬遷的《史記》提供了這章的政治背景：陳、蔡大夫擔心「楚國如果用了孔子，陳、蔡大夫就有危難」，因此排擠孔子（《史記．孔子世家》〈44〉）。司馬遷在此處還多了一句「孔子講誦、弦歌不衰」的關鍵句，更能彰顯出孔子樂天知命的胸懷。

《史記．孔子世家》〈46—48〉和《孔子家語．在厄》〈1〉都有一個同樣故事的加長版：孔子在此時用了《詩經》中的「匪兕匪虎、率彼曠野」，讓弟子針對「我傳授的道是不是有問題，怎麼會碰到這樣的困阨」這個問題，來測驗三位弟子是否能應用平日所學。子路認為孔子恐怕在平常提倡的「仁」和「智」兩方面都還沒得到別人的信賴，才落到這步田地。子貢先誇獎「夫子之道至大」，可是話鋒一轉就希望孔子能夠多配合一下別人，不要太過堅持。最後，顏回也和子貢一樣說「夫子之道至大，這就是天下容不下孔子的原因。可是君子怎麼能不修道只要求降格跟人妥協呢！如果我們堅持走正道而別人容不下我們，這顯示出我們是君子。」孔子當然高興顏淵的堅持理想說，所以說了「如果你是個有錢人家，我還真願意到你家替你管帳呢！」三位弟子之中，只有顏淵了解「君子固窮」的道理。

其他先秦古籍也都記載著這個故事，多半都在討論孔子和弟子的這場遭遇，甚至懷疑「善有善報、惡有惡報」的道理。孔子認為：「夫賢不肖者，材也；為不為者，人也；遇不遇者，時也；死生者，命也。」材、人、時、命四者很難完全一致。（《荀子・宥坐》〈8〉、《說苑・雜言》〈16〉、〈17〉和《韓詩外傳・卷七》〈6〉）

《莊子・雜篇》〈讓王13〉和《呂氏春秋・孝行覽》〈慎人4〉讚賞孔子這種「窮亦樂，達亦樂」的精神境界，因為「所樂非窮達也，道得於此，則窮達一也」。（《莊子・外篇》〈山木〉還有一些相關的故事，主要發揮莊子的想法，此處從略。）

墨家的態度比較不友善，他們提出孔子在困阨期間，子路不知去哪兒弄了豬肉來，孔子也不問一下食物來源就急吼吼吃下肚，完全失去了平日「割不正不食」的堅持（《墨子・卷九》〈非儒下11〉）。《孔叢子・詰墨》〈9—10〉特別駁斥這是非常時期，而且孔子深信子路為人剛直，食物來源一定沒問題。

這大概是君子和小人的最終極測試。

附錄

《史記・孔子世家》〈44〉孔子遷於蔡三歲，吳伐陳。楚救陳，軍於城父。聞孔子在陳蔡之間，楚使人聘孔子。孔子將往拜禮，陳蔡大夫謀曰：「孔子賢者，所刺譏皆中諸侯之疾。今者久留陳蔡之間，諸大夫所設行皆非仲尼之意。今楚，大國也，來聘孔子。孔子用於楚，則陳蔡用事大夫危矣。」於是乃相與發徒役圍孔子於野。不得行，絕糧。從者病，莫能興。孔子講誦弦歌不衰。子路慍見曰：「君子亦有窮乎？」孔子曰：「君子固窮，小人窮斯濫矣。」

《莊子．雜篇》〈讓王13〉孔子窮於陳、蔡之間，七日不火食，藜羹不糝，顏色甚憊，而弦歌於室。顏回擇菜，子路、子貢相與言曰：「夫子再逐於魯，削迹於衛，伐樹於宋，窮於商、周，圍於陳、蔡，殺夫子者無罪，藉夫子者無禁。弦歌鼓琴，未嘗絕音，君子之無恥也若此乎？」顏回無以應，入告孔子。孔子推琴喟然而歎曰：「由與賜，細人也。召而來！吾語之。」子路、子貢入。子路曰：「如此者可謂窮矣。」孔子曰：「是何言也！君子通於道之謂通，窮於道之謂窮。今丘抱仁義之道，以遭亂世之患，其何窮之為？故內省而不窮於道，臨難而不失其德，天寒既至，霜露既降，吾是以知松柏之茂也。陳、蔡之隘，於丘其幸乎！」孔子削然反琴而弦歌，子路扢然執干而舞。子貢曰：「吾不知天之高也，地之下也。」古之得道者，窮亦樂，通亦樂。所樂非窮通也，道德於此，則窮通為寒暑風雨之序矣。故許由娛於潁陽，而共伯得乎共首。

《呂氏春秋．孝行覽》〈慎人4〉孔子窮於陳、蔡之間，七日不嘗食，藜羹不糝。宰予備矣，孔子弦歌於室，顏回擇菜於外。子路與子貢相與而言曰：「夫子逐於魯，削跡於衛，伐樹於宋，窮於陳、蔡，殺夫子者無罪，藉夫子者不禁，夫子弦歌鼓舞，未嘗絕音，蓋君子之無所醜也若此乎？」顏回無以對，入以告孔子。孔子憱然推琴，喟然而歎曰：「由與賜，小人也。召，吾語之。」子路與子貢入。子貢曰：「如此者可謂窮矣。」孔子曰：「是何言也？君子達於道之謂達，窮於道之謂窮。今丘也拘仁義之道，以遭亂世之患，其所也，何窮之謂？故內省而不疚於道，臨難而不失其德。大寒既至，霜雪既降，吾是以知松柏之茂也。昔桓公得之莒，文公得之曹，越王得之會稽。陳、蔡之阨，於丘其幸乎！」孔子烈然返瑟而弦，子路抗然執干而舞。子貢曰：「吾不知天之高也，不知地之下也。」古之得道者，窮亦樂，達亦樂。所樂非窮達也，道得於此，則窮達一也，為寒暑風雨之序矣。故許由虞乎潁陽，而共伯得乎共首。

3

子曰：「賜也，女以予為多學而識之者與？」對曰：「然，非與？」曰：「非也，予一以貫之。」

孔子問：「子貢啊！你以為我這個當老師的是靠著博學強記（而教學）的嗎？（子貢）回答說：「是啊！難道不是嗎？」（孔子又）回答說：「不是的。我靠的是用一來貫穿我的所有教學。」

這章是孔子教誨子貢自己不是多學而識之的人，而是有「一以貫之」的本領。司馬遷把這句話放在「在陳絕糧」的時候孔子對子貢說的（《史記．孔子世家》〈45〉）。孔子說過君子要「博學於文」（〈雍也27〉和〈顏淵15〉）、自己則是「好古敏求」〈述而20〉、「多聞」和「多見」，「擇善」而從（〈述而28〉）。達巷黨人也誇獎過孔子「博學而無所成名」（〈子罕2〉）。這些都證明子貢所說的並不是空穴來風。甚至到了孔門後學的荀子還強調：「君子博學而日參省乎己，則

智明而行無過矣。」（《荀子・勸學》〈1〉）

曾子強調君子博學之外，還要：「篤行之，行必先人，言必後人，君子終身守此悒悒。」（《大戴禮記・曾子立事》〈5〉），「君子多知而擇焉，博學而算焉，多言而慎焉」（〈24〉），以及反對「博學而無行，進給而不讓，好直而徑，儉而好□者」（〈25〉）。千言萬語，還是強調「行」。如果從「博文約禮」（〈雍也27〉和〈顏淵15〉）來看，這個「一」好像又可以是「禮」。

孔子對子貢沒有明講「一以貫之」的「一」所指為何。他曾經跟曾子說過「吾道一以貫之」的話，可是孔子也沒說「一」是指什麼。曾子的理解「一」是指「忠恕」，也就是「絜矩之道」（《禮記・大學》〈12〉）或「人己關係」，積極面要「己立立人」、「己達達人」，消極面要「己所不欲，勿施於人」。

何晏對「一以貫之」的解釋是：「善有元，事有會，天下殊塗而同歸，百慮而一致。知其元，則重善舉矣！故不待多學以一知之。」皇侃的說法類似：「我以一善之理貫穿萬事，而萬事自然可識，故得知之，故云『予一以貫之也』。」劉寶楠引用「博學、審問、慎思、明辨、篤行」（《禮記・中庸》〈22〉），認為「博學、審問、慎思、明辨」四者是「多學而識之」，「篤行」則是「一以貫之」。這和前面《大戴禮記・曾子立事》的說法可以印證。毓老師強調傳統對於「一」有二解：一是「元」，並引用「元者，善之長」（《易經・乾卦》〈9〉）為證，這呼應何晏的說法以及「止於至善」（《禮記・大學》〈1〉）的說法；一是「仁」，行以貫之，並且說「仁者愛人，仁者無不愛也」（可參考《毓老師講論語》（下），頁二〇五－二〇六），這也呼應了引證曾子和劉寶楠的說法。

顧炎武《日知錄》中舉了幾個孔子「一以貫之」的例子：「詩三百，一言以蔽之，曰：思無邪」；「殷因於夏禮，所損益，可知也；周因於殷禮，所損益，可知也；其或繼周者，雖百世可知也」（〈為政23〉）；顏回「聞一以知十」，子貢「聞一以知二」（〈公冶長9〉）。這指的是一個知識方面的原理或原則，前面強調「元」、「行」、「仁」這種德行都沒有關係。我覺得顧炎武的說法不夠具說服力。

這可能也和下一章有關。這兩章排在一起，也許是某種「孔門密碼」。且聽下回解碼。

附錄

《史記・孔子世家》〈45〉子貢色作。孔子曰：「賜，爾以予為多學而識之者與？」曰：「然。非與？」孔子曰：「非也。予一以貫之。」

4

子曰：「由！知德者鮮矣。」

孔子說：「子路啊，能夠知德又能行德的人太少了！」

上一章是孔子測試子貢，這章恐怕是對上章測試結果的感嘆。皇侃認為這還是在陳絕糧時有感而發的話。邢昺卻認為這是孔子說子路鮮於知德。「知」不僅是知道還有實踐的意思，就是「知行合一」，不是當成知識記在腦中或掛在嘴邊而已。朱子解釋「德」是「義理之得於己者」。戴望認為：「德，謂賢者。」劉寶楠認為，《荀子・宥坐》〈8〉中孔子的話是比較完整版：「子路！坐！我告訴你。以前晉國公子重耳是在曹國才有稱霸之心，越王勾踐是在會稽才產生稱霸之心，齊桓公是在莒國才產生稱霸之心。因此，不隱居的人思慮不會太遠，身體不勞動的人志向不會廣大。」我認為《荀子》舉的例子都是「稱霸之心」，和孔子平素的主張是不相同的，而且和本章重點的「德」也沒有明顯的關係。

《論語》中的「德」字出現次數很多：為政要德（〈為政1〉）、導政也要德（〈為政3〉）、君子要懷德（〈里仁11〉）、要修德（〈述而3〉）、據德（〈述而6〉）、「崇德」（〈顏淵10〉和〈顏淵21〉）。而且，不僅君子有德，小人也有德，指小人的德受到君子的德的影響（〈顏淵19〉）。他還誇獎泰伯和周朝都有「至德」（〈泰伯1〉和〈泰伯20〉）。

我們現在「道德」兩字合用，所以不知道原先「在天曰道，在人曰德」，「道在天，德在身」，也就是《禮記．中庸》〈28〉說的「苟不至德，至道不凝焉」，這和「人能弘道，非道弘人」（〈衛靈公29〉）是一樣的意思。至道要靠有至德的人來發揚光大，這也是老子說的「人法地、地法天、天法道，道法自然」（《老子》〈25〉），也是「天人合一」的意思。就這一點而言，儒道並沒有差別。

孔子在《論語》中兩次說到：「吾未見好德如好色者也。」（〈子罕18〉和〈衛靈公13〉）不「知德」，如何能「好德」呢？所以「知德」者少，「好德」者則更少到幾乎沒有。如果「知之者不如好之者，好之者不如樂之者」（〈雍也20〉），那麼能「樂德」者就更別想了。我覺得孔子在這裡的潛台詞就是：「我怎麼就沒教出一個成材的學生呢！」

這讓我聯想到：毓老師上《易經》的時候，找了一個很好的版本：明朝來知德（一五二六—一六〇四）的《周易集註》（當時印行書名為《易經來註圖解》），且為了紀念太師母九秩晉一華誕，毓老師感念母恩，稱這本叫做「慈恩本」（二〇一六年同門為了紀念老師一百一十冥誕，又改稱「師恩本」，復刻了這一套書，由養正堂出版）。現在讀到這章，想到「來知德」真是個很有意義的好名字。好像也可以是大家來學古代智慧的目標：各位！來知德。

附錄

《荀子・宥坐》〈8〉孔子曰：「由！居！吾語汝。昔晉公子重耳霸心生於曹，越王句踐霸心生於會稽，齊桓公小白霸心生於莒。故居不隱者思不遠，身不佚者志不廣；汝庸安知吾不得之桑落之下？」

5

子曰：「無為而治者，其舜也與？夫何為哉？恭己正南面而已矣。」

孔子說：「能夠（看起來）什麼都不做就能將國家治理好的人，大概只有舜吧？他做了什麼呢？不過就是嚴格修身律己，（這樣以自己做榜樣）就治理了天下。」

這章是講舜的無為而治。

「恭己」——朱子的解釋是「聖人敬德之容既無所為，則人之所見如此而已」。劉寶楠認為是「修己以敬」（〈憲問42〉）。這強調的是「鴨子划水」，別人只看到水上輕鬆自在的一面，而看不到水下時時刻刻都在努力向前。

「正南面」——劉寶楠說是「正君位」。

董仲舒認為：孔子之所以這麼說，是因為舜照著堯的路線走，因為舜「昭」（繼承）堯，所以百姓作樂就叫「韶」樂，韶者，昭也（《春秋繁露．楚莊王》〈6〉）。這可以說是「堯規舜隨」。不過，董仲舒的解釋並沒人繼承。

何晏的解釋是：「任官得其人，故無為而治。」皇侃也說舜「受授得人」，所以「無為而治」。前輩似乎都有意忽略孔子這裡說的「恭己正南面」。邢昺的解釋除了繼承前輩的「得人說」之外，還夾雜了道家的說法：「帝王之道，貴在無為清靜而民化之。然後之王者以罕能及……所以無為者，以其任官得人。夫舜何必有為哉？但恭敬己身，正南面向明而已。」

邢昺特別引用《尚書・虞書》〈舜典〉指出舜所任命的官員：禹宅百揆，棄、后稷、契作司徒、皋陶作士，垂、共工、益作朕虞，伯夷作秩宗，夔典樂教胄子，龍作納言，加上四岳十二牧，共計二十二人。

朱子的解釋異於前賢：「無為而治者，聖人德聖而民化，不待其有所作為也。」

先秦文獻中有不少類似「恭己正南面」的看法：《呂氏春秋・季春紀》〈先己2〉就說：「昔者先聖王，成其身而天下成，治其身而天下治。」《說苑・君道》〈13〉也說：「舜任人然後也提到舜的任用賢能：「左禹而右皋陶」，後面這句話也被其他經典引用（《大戴禮記・主言》〈5〉和《孔子家語・王言解》〈5〉）。《新序・雜事四》〈76〉也說：「舜舉眾賢在位，垂衣裳，恭己無為，而天下治。」

如果從《論語》中對舜的記載來看：〈泰伯20〉孔子說：「舜有臣五人而天下治。」〈顏淵22〉中，子夏說：「舜有天下，選於眾，舉皋陶，不仁者遠矣。」這兩項確實都是講舜的知人善任。《禮記・中庸》〈6〉中孔子說：「舜其大知也與！舜好問而好察邇言，隱惡而揚善，執其兩端，用其中於民，其斯以為舜乎！」則沒有提到他知人善任的部分，而說他喜歡傾聽人民的聲音（好問而好察邇言），略去別人做不好的事情而表揚別人的善行（隱惡而揚善），不走極端，篤守中庸之道（執其兩端，用其中於民）。這是他的「恭己」部分，他任用的官員在這樣的長官以身作則之下，層層仿效，一切都按著規矩來辦看起來就是無為而治。

這也和《禮記‧大學》強調「格物→致知→誠意→正心→修身→齊家→治國→平天下」是同一個道理。

〈為政1〉也說過：「為政以德，譬如北辰，居其所而眾星共之。」舜能無為而治和整個分層負責的官僚體系或治理團隊的支撐，以及上下之間彼此的尊重和溝通，才能成就一個運行無礙的治理體制。這裡的「德」不是當政者的「私德」而已，還有聯繫上下和團體的「群德」或「公德」。

6

子張問行。子曰：「言忠信，行篤敬，雖蠻貊之邦行矣；言不忠信，行不篤敬，雖州里行乎哉？立，則見其參於前也；在輿，則見其倚於衡也。夫然後行。」子張書諸紳。

子張請教孔子在社會上做事要注意什麼。孔子說：「講話要發自內心而且要講信用，做事要很恭敬謹慎，（如果能這樣）就算是到文明程度很低的地方也會無往不利。如果講話不發自內心也不講信用，就算是在鄉里辦事（人家也不相信你），也會到處碰壁。自己站著的時候，好像看到這樣的提醒就在你的面前；乘馬車的時候，彷彿看到這樣的提醒寫在車的衡木上。能夠這樣（時時警惕自己），辦事就能無往而不利。」子張（為了時時提醒自己）就將這些寫在自己衣服下垂的帶子上。

這章是子張請問孔子在社會上做事要注意哪些事。

「行」，皇侃的解釋比較長：「問人立身居世修善若為事，而其道事可得行於世乎？」邢昺說：

「何如則可常行。」朱子則認為：「子張意在得行於外，故夫子反於身而言之，猶答干祿問（應為「聞」）達之意也。」「篤」是「厚」（朱子）。「蠻」是「南蠻」（朱子）。「貊」是「北狄」（朱子）。「州」是「萬（此字為衍字）二千五百家」（鄭玄）或「二千五百家」（朱子）。「其」是「指忠信篤敬」（朱子）。「參」是「森」（皇侃），或「與我相參」（朱子），或「直」（戴望和王引之），或「與己並列而為參」（黃懷信）。「在輿」是「則若倚車軛也」（包咸），或「在車中」（劉寶楠）。「倚」是「憑依」（皇侃），或「據」（戴望），或「靠」（黃懷信）。「衡」是「軛」（包咸和朱子），或「車衡軛」（皇侃），就是車前方的衡木。總之，不管是「立」或「在輿」都不可離開「忠信篤敬」。「紳」是「大帶」（孔安國和皇侃），「書紳」是「以筆書紳」（黃式三），「書諸紳」是「書夫子之語於紳也」（劉寶楠）。

司馬遷把孔子這句話放在他和弟子被困於陳、蔡之間講的（《史記．仲尼弟子列傳》〈58〉），也就是「進退存亡不失正」（《易經．乾卦》〈24〉）。早在孔子出生之時（魯襄公二十二年）（或說孔子生在魯襄公二十一年），齊國的晏嬰就說過：「忠信篤敬，上下同之，天之道也。」所以可能這是孔子從晏嬰處得到的智慧啟發。樊遲三次請教孔子「仁」的某一次，孔子說過類似本章的話：「居處恭，執事敬，與人忠。雖之夷狄，不可棄也。」（〈子路19〉）

《說苑．敬慎》〈30〉中也有一個類似的故事：顏回要西遊，請教孔子要注意些什麼才能保命（何以為身）？孔子就告訴他這四字箴言：「恭敬忠信」。他進一步解釋說：「恭則免於眾，敬則人愛之，忠則人與之，信則人恃之。」

《荀子．修身》〈6〉也有類似的說法：「體恭敬而心忠信，術禮義而情愛人；橫行天下，雖困四夷，人莫不貴。」

這章講的「忠信篤敬」的言行，其實就是一個普世的價值或是全球倫理。都是從自己先做起，如此一來便開展了全球對話的第一步。也就是這樣，才能「有朋自遠方來」（〈學而1〉）的樂乎吧！

順便提醒一下，「仁」和「行」和「佞」三個字在字形結構上很類似，不知道有什麼特別的原因。

附錄

《史記・仲尼弟子列傳》〈58〉他日從在陳蔡閒，困，問行。孔子曰：「言忠信，行篤敬，雖蠻貊之國行也；言不忠信，行不篤敬，雖州里行乎哉！立則見其參於前也，在輿則見其倚於衡，夫然後行。」子張書諸紳。

《說苑・敬慎》〈30〉顏回將西遊，問於孔子曰：「何以為身？」孔子曰：「恭敬忠信，可以為身。恭則免於眾，敬則人愛之，忠則人與之，信則人恃之；人所愛，人所與，人所恃，必免於患矣，可以臨國家，何況於身乎？故不比數而比疏，不亦遠乎？不修中而修外，不亦反乎？不先慮事，臨難乃謀，不亦晚乎？」

7

子曰：「直哉史魚！邦有道，如矢；邦無道，如矢。君子哉蘧伯玉！邦有道，則仕；邦無道，則可卷而懷之。」

孔子〔稱讚〕說：「真是正直啊！史魚這個人！在國家政治上軌道時，他正直地像一支箭；國家政治昏亂的時候，他還是像一支箭一樣正直。真是一位君子啊！蘧伯玉這個人！國家政治上軌道，他就出來當官為民服務；國家政治昏亂，他就離開政治圈回去民間實踐自己堅持的理想。」

這章孔子稱讚兩個衛國的大夫在邦有道和邦無道時的不同做法。「史」是「官名」（朱子）。「魚」是衛國大夫史鰌的字。「如矢」是「言直也」（朱子），形容像箭一樣地〔正〕直。史魚最有名的故事是他的「尸諫」，孔子這裡沒說，先秦幾本古籍都有傳述：史魚臨終前，深感自己在世不能勸說衛君讓賢人蘧伯玉留在朝廷替人民服務，又不能將彌子瑕這樣的佞臣排除在朝廷之外，所以他交代兒子自己死掉以後要將遺體放在房間裡，而不是一般的正堂。等到衛君來弔唁，就問了其中緣故，衛君也因此改正了自己的錯誤，於是讓蘧伯玉回朝，讓彌子瑕離開。這也是史魚到死都還正直的故事（《韓詩外傳・卷七》〈21〉、《新序・雜事一》〈8〉和《孔子家語・困誓》〈10〉）。《說苑・雜言》〈30〉還記載孔子稱讚史魚有君子之道三：「不仕而敬上，不祀而敬鬼，直能曲於人。」可是具體事蹟卻沒說。

蘧伯玉也是衛國的大夫，姓蘧名瑗。孔子到衛國的時候住過他家。孔子回到魯國後，蘧伯玉派使者來探望孔子。孔子在這章誇獎他是「君子」，包咸的解釋是「不與時政，柔順不忤於人」，皇侃的說法是「進退隨時，合時之變，故曰君子哉」。

這和其他古籍說他：「外表寬容而內心正直，不彰顯自己的才能，嚴格要求自己而不要求別人，就算不見用也不會心懷怨恨。」（《韓詩外傳・卷二》〈15〉、《大戴禮記・衛將軍文子》〈22〉和《孔子家語・弟子行》〈1〉）以及孔子自詡並誇獎顏淵的「用之則行，舍之則藏」（〈述而11〉）有異曲同工之妙。〈憲問25〉說的「欲寡其過而未能」的這種嚴格律己的行為，在其他古籍中也有類似的記載：《莊子・雜篇》〈則陽8〉說他六十歲時就反省五十九歲所做錯的事情；《淮南子・原道訓》〈13〉把年齡提前了十歲，說他五十歲時反省四十九歲所做錯的事。除此之外，他的賢能也都記載在古籍之中：他從觀察使用工具（觀其器）和原始創意（觀其發）就可以深入了解一個人（《禮記・禮器》〈29〉）；子貢問他治理衛國的心法，他回答說「以不治治之」（《論衡・自然》〈4〉）；他也曾經在出使楚國時，誇獎楚國人才之勝，也用故事提醒楚國國君留下人才，避免「楚材晉用」（《說苑・善說》〈15〉），這特別是對組織領導人重要的提醒。

「卷」是「收」（朱子）。「懷」是「藏」（朱子）或「歸」。許多古注都認為這是「捲收而歸」，意思比較消極。這和〈述而11〉的「用行舍藏」應該是一樣的意思。當年我這個不認真聽課的學生到現在都還記得毓老師說到「藏」是「藏道於民」，像是當頭棒喝，境界和能量全然不同於往昔。我才了解到孔子之道可大可久的命脈流傳原來已經化在人民的日常生活之中，成為我們的「文化基因」。

「邦有道」人才做事比較容易，「邦無道」就是人才的考驗。《論語》這方面的論述很多。

人不知「道」就算了，一旦「知道」，就要盡自己能力傳道。各位！「知道」吧？

附錄

《韓詩外傳・卷七》〈21〉昔者，衛大夫**史魚**病且死，謂其子曰：「我數言蘧伯玉之賢而不能進，彌子瑕不肖而不能退。為人臣，生不能進賢而退不肖，死不當治喪正堂，殯我於室、足矣。」衛君問其故，子以父言聞，君造然召蘧伯玉而貴之，而退彌子瑕，從殯於正堂，成禮而後去。生以身諫，死以尸諫，可謂直矣。《詩》曰：「靖共爾位，好是正直。」

《新序・雜事一》〈8〉史帳死，靈公往弔，見喪在北堂，問其故？其子以父言對靈公。靈公蹴然易容，寤然失位曰：「夫子生則欲進賢而退不肖，死且不懈，又以屍諫，可謂忠而不衰矣。」於是乃召蘧伯玉，而進之以為卿，退彌子瑕。徙喪正堂，成禮而後返，衛國以治。史鰌字子魚，《論語》所謂「直哉**史魚**」者也。

《孔子家語・困誓》〈10〉衛蘧伯玉賢，而靈公不用；彌子瑕不肖，反任之。**史魚**驟諫而不從。**史魚**病將卒，命其子曰：「吾在衛朝，不能進蘧伯玉、退彌子瑕，是吾為臣不能正君也。生而不能正君，則死無以成禮。我死，汝置屍牖下，於我畢矣。」其子從之。靈公弔焉，怪而問焉。其子以其父言告公。公愕然失容，曰：「是寡人之過也。」於是命之殯於客位，進蘧伯玉而用之，退彌子瑕而遠之。孔子聞之，曰：「古之列諫之者，死則已矣，未有若史魚死而屍諫，忠感其君者也。可不謂直乎？」

《說苑・雜言》〈30〉仲尼曰：「史鰌有君子之道三：不仕而敬上，不祀而敬鬼，直能曲於人。」

《韓詩外傳・卷二》〈15〉外寬而內直，自設於隱括之中，直己不直人，善廢而不悒悒，蘧伯玉之行也。

《大戴禮記・衛將軍文子》〈22〉外寬而內直，自設於隱栝之中，直己而不直於人，以善存，亡汲汲，蓋蘧伯玉之行也。

《孔子家語・弟子行》〈1〉外寬而內正，自極於隱括之中，直己而不直人，汲汲於仁，以善自終，蓋蘧伯玉之行也。

《禮記・禮器》〈29〉禮也者，反其所自生；樂也者，樂其所自成。是故先王之制禮也以節事，修樂以道志。故觀其禮樂，而治亂可知也。蘧伯玉曰：「君子之人達，故觀其器，而知其工之巧；觀其發，而知其人之知。」故曰：「君子慎其所以與人者。」

8

子曰：「可與言而不與之言，失人；不可與言而與之言，失言。知者不失人，亦不失言。」

孔子說過：「一個人要是能夠講道理，你卻不跟他講道理，就失去和這個人講理和學習的機會；一個人不能夠講道理，你卻硬要跟他講道理，這就是白費口舌。有智慧的人不會失去和人講道理和學習的機會，講話也不會白費口舌。」

這章講的是「知人」和「知言」，只是從負面的「失人」和「失言」來表述。

本章其實很簡單：講話要看人，這樣才能「得人」和「得言」，也能彰顯出自己「識人」和「識言」的智慧。

邢昺在說明這章的道理時，是結合了〈雍也21〉的「中人以上」和「中人以下」來立論的：「若中人以上，可以語上，是可與言而不與言，是失於彼人也；若中人以下，不可以語上，而已與之言，則失於己言也。」這是看人的智商講話。

朱子對這章完全保持緘默。

孔子在〈季氏6〉說過三種常犯的說話錯誤：「言未及之而言謂之躁，言及之而不言謂之隱，未見顏色而言謂之瞽。」也就是「還沒到該說的時候，就沉不住氣說出來」，這種情形就是太過「急躁」；「該說的時候卻悶不吭聲」，這就是「隱」；「不看對方臉色就逕自說些自己認為該說的話卻讓人不高興」這就叫「瞎了眼」。這種「講話的藝術」應該是孔門「言語科」的基本訓練吧！

我想孔子強調的是知道「可與言」和「不可與言」的分際，也就是「時然後言」（〈憲問13〉），不只是一味地「說出內心的真實想法」，而是要以禮節之。這麼重要的訓練現在好像變成服務業和外交事務（甚至情報工作）上才會精心訓練的項目。

古語有云：「話到嘴邊留半句。」也是強調說話要謹慎。但是有人矯枉過正，就變成了不言或寡言，而忽略了「時」和「人」的考量。現代人的「有句話不知道該不該說」這樣的開頭，往往也變成了憋不住想要說的禮貌警告。至於「知無不言，言無不盡」恐怕也要看人和場合的。

我們也聽過「人言可畏」的警告，可是恐怕也要先反思一下：「我們是不是說了一些讓人覺得可畏的話呢？」

《論語》有關「言」或「言行」並提的章節很多，也是因為這個問題很重要，各位可以自行搜尋。

9

子曰：「志士仁人，無求生以害仁，有殺身以成仁。」

孔子說：「一個志於道而且力行仁德的人，不會為了自己能活下去而危害到仁德的推行，倒是有為了仁德能夠推行而不惜犧牲自己性命的。」

這章是講志士仁人把「仁」看得比「生」和「身」還重要。

「志士仁人」——皇侃合起來看，認為是：「心有善志之士及能行仁之人也。」朱子分開看，主張「志士」是「有志之士」，「仁人」則是「成德之人」。劉寶楠引用俞樾的說法，認為「志士」是「知士」，和「仁人」剛好是「仁」、「智」對舉。「害」是「傷害、損害」（黃懷信），「成」是「成就、成全」（黃懷信），「成仁」是「成其仁道」（戴望）。

這種「殺身成仁、捨生取義」的事情在生死存亡之際最為難得。因為一般人在那種狀況之下，想到的往往只是自己生命的延續，而不會管到他人的死活，如果真管到他人的死活，大概也只會管到自己家人的死活，而不管他人的死活。這在天災人禍之際，特別是對人的道德考驗。

孟子說過：「志士不忘在溝壑，勇士不忘喪其元。」（《孟子》〈滕文公下6〉和〈萬章下16〉）不只談「志士」和「勇士」，也談到不忘危難時刻（溝壑）要保持自己的「元」（如果根據「元者，善之長」（《易經·乾卦》〈9〉）的解釋，那麼「元」也就是那個「最初的善」，應該也可以說是「至善」），孟子並沒有像這章一樣提到「殺身成仁」這麼極端的困境。

《荀子·王制》〈19〉提到了「氣、生、知、義」四個層次來區分不同的生物層次：「水火有氣而無生，草木有生而無知，禽獸有知而無義，人有氣、有生、有知，並且有義，故最為天下貴也。」我們也可以從此推知因為人在萬物中獨有「義」，所以「殺身成仁」正是最高的「義」的表現，也是最高的利他行為。這是「犧牲小我，完成大我」最高尚無私的行為表現。

《韓詩外傳·卷二》〈26〉有一個混用了本章和前引孟子的話的故事：子路和巫馬期有一次外出砍柴，在路上看到富人虞師氏出門的車馬排場很大，子路就問巫馬期說：「假如有一天別人也讓您這麼富貴，可是一輩子都不讓您跟老師學習，您會答應嗎？」巫馬期聽完仰天長嘆地說：「我以前聽老師說過：『勇士不忘喪其元，志士仁人不忘在溝壑』，您難道沒聽說過嗎？您是故意測驗我，還是您真心是這麼想的？」子路聽完，感到十分慚愧，就帶著砍好的柴回去了。這裡的巫馬期在〈述而31〉出現過，只可惜當成傳話人。從這個故事看來，他應該也是個得孔門真傳的高徒，境界在子路之上甚遠。還有，巫馬期說是聽孔子說的話，其實是孟子說的。（《韓詩外傳·卷二》〈5〉記載閔子騫有個類似的故事。）

孔子這裡主張的「殺身成仁」是以「天下」為念的無私行為，是孔子「法天」的表現。沒想到後來竟然成為帝制君王用來籠絡讀書人為「一家一姓」而殉身的「忠君」的立論根據。這算不上「殺身以成仁」，但是可以算「殺身以害仁」吧！

附錄

《韓詩外傳．卷二》〈26〉子路與巫馬期薪於韞丘之下，陳之富人有虞師氏者，脂車百乘，觴於韞丘之上。子路與巫馬期曰：「使子無忘子之所知，亦無進子之所能，得此富，終身無復見夫子，子為之乎？」巫馬期喟然仰天而嘆，闟然投鐮於地，曰：「吾嘗聞之夫子，勇士不忘喪其元，**志士仁人**不忘在溝壑。子不知予與？試予與？意者、其志與？」子路心慚，故負薪先歸。孔子曰：「由來，何為偕出而先返也？」子路曰：「向也，由與巫馬期薪於韞丘之下，陳之富人有虞師氏者，脂車百乘，觴於韞丘之上，由謂巫馬期曰：『使子無忘子之所知，亦無進子之所能，得此富，終身無復見夫子，子為之乎？』巫馬期喟然仰天而嘆，闟然投鐮於地，曰：『吾嘗聞夫子：勇士不忘喪其元，**志士仁人**不忘在溝壑。子不知予與？試予與？意者，其志與？』由也心慚，故先負薪歸。」孔子援琴而彈：「《詩》曰：『肅肅鴇羽，集於苞栩。王事靡盬，不能蓺稷黍。父母何怙？悠悠蒼天，曷其有所？』予道不行邪，使汝願者……」

10

子貢問為仁。子曰：「工欲善其事，必先利其器。居是邦也，事其大夫之賢者，友其士之仁者。」

子貢請問孔子行仁的問題。孔子回答說：「一位工匠想要做好工事，就要先將自己常用的工具保養準備好。（同理）你到別國去（推行仁道），要接近並友善該國的大夫和士中比較具有賢德和仁德的人（，這樣才能有助於推行仁道）。」

這章孔子用工匠利器的比喻來說明友善外邦賢仁的大夫和士的重要性。「為」是「行」（劉寶楠）。「工」是「巧師」（皇侃）。「器」是「斧斤之屬」（皇侃）。「是」是「此」（皇侃）。

孔安國解釋說：「工以利器為用，仁以賢友為助。」邢昺也照著說。朱子解釋孔子稱賢和稱仁的差別在於「賢以事言，仁以德言」。

這裡強調的是「為仁」要靠賢者和仁者的輔助才容易見效。如果別有用心的話，好像可以讀出來孔子似乎想教子路利用朋友，把朋友當成「器」，來達成自己的目標。可是真是這樣，孔子教導的也是自己可以跟人學到「賢」和「仁」的那種朋友。

孔子說過益者三友：「友直、友諒、友多聞」（〈季氏4〉），也強調「樂多賢友」（〈季氏5〉）。曾子也強調「以文會友，以友輔仁」。孔門強調的都是要和朋友做與「仁道」有關的事情。這也是以天下為己任的志士仁人的「人道／仁道」目標。

《大戴禮記．曾子制言下》〈2〉也強調：「凡行不義，則吾不事；不仁，則吾不長。奉相仁義，則吾與之聚群。」要找志同道合的人一起共事，不管是找老闆或是找員工都是同一個標準。

《荀子．哀公》〈4〉中也強調要注意「庸人」：「所謂庸人者，口不道善言，心不知邑邑；不知選賢人善士託其身焉以為己憂；動行不知所務，止立不知所定；日選擇於物，不知所貴；從物如流，不知所歸；五鑿為正，心從而壞：如此則可謂庸人矣！」這和孔子在〈衛靈公17〉中所感嘆的是一樣的：「群居終日，言不及義，好行小慧，難矣哉！」

11

顏淵問為邦。子曰：「行夏之時，乘殷之輅，服周之冕，樂則韶舞。放鄭聲，遠佞人。鄭聲淫，佞人殆。」

顏淵請教孔子治理國家的大方向。孔了回答說：「〔治國〕要採行夏朝的曆法，採行殷商的車乘，採用周朝的帽飾，音樂則要採行舜時代的韶舞。至於民間流行的鄭國音樂要禁止，光會說好聽話而沒有實際行動的人也要禁絕。因為鄭國的流行音樂常常用情過當，而用光會說好聽話而沒有實際行動的人治理國家是讓國家陷於危險的地步。」

這章是孔子認為要治國就要兼採前朝典章制度的長處，還要避免不當的音樂和佞人的壞影響。「為」是「治」（皇侃）。「為邦」是：「繼周而王，以何道治邦也。」（劉寶楠）「夏之時」是指夏朝：「以建寅之月為正也。」（邢昺）或「以斗柄出昏建寅之月為歲首也。」（朱子），這是有關古代曆法的專門知識，有不少古注都詳細敘說，我一無所知，只能抄錄前人說法。「輅（音路）」是殷商時的車乘，又稱「木輅」，皇侃說：「周禮，天子自有五輅：一曰玉輅、二曰金、三曰象、四曰革、五曰木……而殷家唯有三輅：一曰木輅、二曰先輅、三曰次輅，而木輅最質素無飾，用以郊天。」「服」是「戴」（黃懷信）。「冕」是「禮冠」（包咸）。「韶」或「韶舞」是「舜樂也」（何晏、皇侃），孔子誇獎過韶是「盡美盡善」（〈八佾25〉），他在齊國第一次聽到韶樂，好幾個月都忘了肉的味道（〈述而14〉）。俞樾認為「舞」應當作「武」，就是武王的音樂，也就是孔子認為「盡美卻未盡善」（〈八佾25〉）的武樂，劉寶楠也贊同這種說法，還指出這種「韶」、「武」並稱是合周公所作之樂。「放」是「禁絕之」（朱子），或「罷廢之」（劉寶楠），或「排斥」（黃懷信）。「鄭聲」是「鄭國之音」（朱子）或「煩手躑躅之聲」（戴望）。「佞人」是「惡人」（皇侃）或「卑諂辯給之人」（朱子）或「巧讇高材之人」（戴望）。「淫」是「過」（戴望）。「殆」是「危」（朱子）。

「行夏之時」有一個經常被忽略掉的解釋，而且可能是孔門家傳的解釋：《孔叢子・雜訓》〈8〉記載「縣子」問孔子的孫子子思（孔伋）說，如果孔子建議採行夏朝的曆法，是不是說殷商和周朝的改朝換代是錯誤的。子思的回答是：「夏朝的曆法是得自於天，和堯舜時代一脈相承。後來殷和周的革命都是順天應人而改正朔，所以沒有採用夏朝的曆法。這是因為禪讓之政，要承襲讓位者的禮制；受命於天而革命者則要改正朔，這是不同的原則，就像天道變化一樣。夏的曆法是得乎禪讓之正統，這就是為什麼夫子說『行夏之時』。」這種政治哲學的解釋，繼承了孔子強調「讓國」、「有德者居之」而非「世襲者居之」的春秋大義。所以「行夏之時」還有「選賢舉能」（《禮記・禮運》〈1〉和《孔子家語・禮運》〈1〉）或「賢者在位，能者在職」（《孟子・公孫丑上》〈4〉）的意涵在內，不只是一個曆法上的問題而已。這應該也是孔子「信而好古」的原因，希望回到一個更重視才德而不是血緣的治理制度。他不是承襲封建陋習，而是要撥亂反正。

一般人對顏淵的印象都在於他的「一簞食、一瓢飲、在陋巷」（〈雍也11〉）的清貧生活或是他「無伐善、無施勞」（〈公冶長26〉）的志向，好像他對治國平天下沒有絲毫興趣。這章可以打破這種刻板印象。孔子同意：「善人為邦百年亦可以勝殘去殺矣！」（〈子路11〉）可見「為邦」有其消極面和積極面。

這章的前段講求的是三代政權遞嬗，但還是各有短長，有沿有革，有損有益，所以他才能從後代的禮制中，推導出前兩代的禮制（〈為政23〉），可是也因為這些王朝的後人文獻不足，所以也難確切查證（〈八佾9〉）。

這章後段的「放鄭聲，遠佞人」和〈陽貨18〉後兩段的說法可以相呼應：「惡鄭聲之亂雅樂也，惡利口之覆邦家者。」

其實孔子和弟子除了雅樂之外，也不是專門指責「鄭聲」而已。子夏就認為除了「鄭音」之外，「宋音」、「衛音」和「齊音」都同樣是「淫於色而害於德」，大概跟現在「煽腥色」的媒體特性是差不多的。

至於「佞人」，是孔子討厭的一種心口不一的人，這些人專事「巧言」，而且「利口之覆邦家」，大概接近我們現在媒體上常見的「名嘴」，見嘴不見心。很不幸這並不是新興的現象。舜的時代就提醒要小心這樣的人（《史記・五帝本紀》〈24〉）；孔子的偶像晏嬰也長篇討論「佞人事君」的伎倆手法，他認為是「明君」就該誅殺這種人，是「愚君」才會任用這樣的人（《晏子春秋・內篇・問上》〈景公問佞人之事君何如晏子對以愚君所信也〉）；東漢王充《論衡》中有一篇〈答佞〉，更充分指出這些人的種種不是。

弔詭的是，有照妖鏡，但有權位者往往不往鏡子裡面看，所以「佞人」就聚在當政者身邊，「生生不息」。佞人只是映照出在位者自己不察的缺點。所以有權位者「戒慎乎其所不睹，恐懼乎其所不聞」的「慎獨」就更加重要。

附錄

《孔叢子．雜訓》〈8〉縣子問子思曰：「**顏回問為邦。夫子曰：『行夏之時。』**若是，殷周異政為非乎？」子思曰：「夏數得天，堯舜之所同也。殷周之王，征伐革命以應乎天，因改正朔，若云天時之改爾，故不相因也。夫受禪於人者，則襲其統；受命於天者，則革之，所以神其事，如天道之變然也。三統之義，夏得其正。是以夫子云。」

《史記．五帝本紀》〈24〉舜入於大麓，烈風雷雨不迷，堯乃知舜之足授天下。堯老，使舜攝行天子政，巡狩。舜得舉用事二十年，而堯使攝政。攝政八年而堯崩。三年喪畢，讓丹朱，天下歸舜。而禹、皋陶、契、后稷、伯夷、夔、龍、倕、益、彭祖自堯時而皆舉用，未有分職。於是舜乃至於文祖，謀於四嶽，辟四門，明通四方耳目，命十二牧論帝德，行厚德，**遠佞人**，則蠻夷率服。

《晏子春秋．內篇．問上》〈景公問佞人之事君何如晏子對以愚君所信也〉景公問：「**佞人**之事君如何？」晏子對曰：「意難，難不至也。明言行之以飾身，偽言無欲以說人，嚴其交以見其愛；觀上之所欲，而微為之偶，求君逼邇，而陰為之與；內重爵祿，而外輕之以誣行，下事左右，而面示正公以偽廉；求上采聽，而幸以求進；傲祿以求多，辭任以求重；工乎取，鄙乎予；歡乎新，慢乎故；吝乎財，薄乎施；睹貧窮若不識，趨利若不及；外交以自揚，背親以自厚；積豐義之養，而聲矜卹之義；非譽乎情，而言不行身，涉時所議，而好論賢不肖；有之己，不難非之人，無之己，不難求之人；其言彊梁而信，其進敏遜而順；此佞人之行也。明君之所誅，愚君之所信也。」

12

子曰：「人無遠慮，必有近憂。」

孔子說：「一個人要是考慮的事情不夠長遠，那一定是他有當下的事情讓他憂慮。」

這章是孔子提道遠慮和近憂的關聯。

「慮」是「謀思」，「憂」則是費解的「和之行也」（《說文解字》）。《爾雅》把兩字都當成「思」來解。

古注的解法都順著王弼引用《易經・既濟卦》〈1〉說法而來：「君子以思患而預防之。」皇侃也說：「人生當思漸慮遠，防於未然，則憂患之事不得近至。若不為遠慮，則憂患之來不朝則夕，故云必有近憂也。」邢昺也說：「此章戒人備豫不虞也。」戴望也說：「遠慮，猶知微也。《春秋》之志絕亂塞害於將然。」這在《易經・繫辭下》〈5〉有類似的說法：「君子安而不忘危，存而不忘亡，治而不忘亂；是以身安而國家可保也。」又說：「君子安其身而後動，易其心而後語，定其交而後求，君子修此三者，故全也，危以動，則民不與也，懼以語，則民不應也，無交而求，則民不與也，莫之與，則傷之者至矣。」《荀子・仲尼》〈6〉也以軍事來說明：「知兵者之舉事也，滿則慮嗛，平則慮險，安則慮危，曲重其豫，猶恐及其旤，是以百舉而不陷也。」這段也和此章的「近憂」和「遠慮」可以相互發揮。

孟子也說過類似的話：「君子有終身之憂，無一朝之患。」（《孟子・離婁下》〈56〉），因為君子「存心」不同，憂的是天下人和天下事，而不是一己之私的事。這是從心理方面來說明所憂的層次和範圍不同。

這章有其他兩種解法：一是以時間前後的前因後果方式來解，有無「遠慮」是後果，有無「近憂」是原因；一是以當下「二擇一」的選擇方式來解：人要不有遠慮，要不有近憂，兩者必有其一。我覺得第一種解釋方法比較合乎一般人的經驗，因為常聽到人說：「我現在就過不去了，哪還能想到以後的事？」這就是「近憂」讓人無法「遠慮」，黃懷信採用這個說法，我覺得有理。

附錄

《孟子・離婁下》〈56〉孟子曰：「君子所以異於人者，以其存心也。君子以仁存心，以禮存心。仁者愛人，有禮者敬人。愛人者人恆愛之，敬人者人恆敬之。有人於此，其待我以橫逆，則君子必自反也：我必不仁也，必無禮也，此物奚宜至哉？其自反而仁矣，自反而有禮矣，其橫逆由是也，君子必自反也：我必不忠。自反而忠矣，其橫逆由是也，君子曰：『此亦妄人也已矣。如此則與禽獸奚擇哉？於禽獸又何難焉？』

是故君子有終身之憂，無一朝之患也。乃若所憂則有之：舜人也，我亦人也。舜為法於天下，可傳於後世，我由未免為鄉人也，是則可憂也。憂之如何？如舜而已矣。若夫君子所患則亡矣。非仁無為也，非禮無行也。如有一朝之患，則君子不患矣。」

13

子曰：「已矣乎！吾未見好德如好色者也。」

孔子說：「算了吧！我從來沒見過喜好德行像喜好美色那樣的人。」

這章在〈子罕18〉已經出現過，只是少了「已矣乎」這三個字的感嘆詞而已。以下就把當初那章的主要內容再說一遍。

〈公冶長27〉也出現過「已矣乎！」的感嘆詞，那次孔子感嘆沒見過「能見其過而內自訟者也。」孔子感嘆世人好德者不如好色者多見。司馬遷將這句話放在孔子在衛國，感嘆衛靈公看重夫人南子，而冷落自己所發出的感嘆（《史記・孔子世家》〈23〉和《孔子家語・七十二弟子解》〈29〉）。朱子和劉寶楠的注解也都這麼認為。如果是這樣，這就是發生在魯定公十四年（西元前四九六年）的事，孔子那年五十六歲。

古注都點出這是孔子感嘆「時人薄於德而厚於色，故發此言」（何晏）。沒有人進一步探討這「千古一嘆」背後的原因。

我覺得這是感嘆「統治者」的行為，而不是指一般人。孔子在回答曾子問「七教」時，就提出過「上好德則下不隱」（《大戴禮記．主言》〈6〉和《孔子家語．王言解》〈6〉），這是提醒統治者「風行草偃」的效應。他對一般人道德的評價應該是比統治者高的，他說過：「十室之邑，必有忠信如丘者焉，不如丘之好學也。」（〈公冶長28〉），這裡他提到「好學」，沒提到「好色」。

這一章也經常拿來和「賢賢易色」（〈學而7〉）呼應。不過，那段話是子夏說的，而且也不是針對統治者來說的。意思儘管大同小異，但是和這章的場合不同。

所以，孔子這話得小心看待。除了一般人民之外，孔子的學生應該是「好德者多過好色者」，例如顏淵。孔子總不會說一天到晚都見到的學生都是「好色勝過好德」吧！

其次，孔子本身就是好德的人。他一天到晚周旋在這些好色之徒中間，如果沒辦法以身教感化周遭的人，那他的傳道不就是白搭？這也許是孔子最深的感嘆。

再來，「好色」和「好德」兩者與「性」和「習」的關係如何？從「性相近，習相遠」（〈陽貨2〉）的原則看來，「好色」人多，恐怕是「性相近」的緣故，「好德」人少，似乎是「習相遠」。孔子應該不像後人那樣視「好色」為洪水猛獸（《禮記．坊記》〈38〉），甚至走到「男女授受不親」的死路上去。「君子之道造端乎夫婦」（《禮記．中庸》〈12〉），就算「好色」也應該像《詩經．關雎》說的那樣「窈窕淑女，君子好逑」，不過重點還是要以禮樂求之，也就是應該守禮，不逾越分際，視聽言動都該如此（〈顏淵1〉）。「好色」要「好德」加以節制，不能太過，也不能不及吧！

再說，「好德」其實應該也是「性」的一部分，這是為了大家共同的利益而設立的規範；如果所有人都「你爭我奪」，沒個秩序，整個社會是不可能永續存在的。

這樣看來，「性」顯然有著「利己」和「共利」的兩面，「習」（特別是「習禮」）的作用就是讓我們多發揮「共利」來抑制「私利」的過度膨脹。孔子說「克己復禮」而不說「復性」，跳開了千古爭論不休的「性善？性惡？性無善惡？性有善有惡？性可善可惡？人性向善？」泥淖，恐怕更簡單明瞭。

《禮記・坊記》〈38〉引用到這句話時，卻掐去了「吾未見」三個字，而出現了有點怪異的說法：「好德如好色。」不過，下一句的說法還算正常：「諸侯不下漁色。故君子遠色以為民紀。」只是後面提到的做法就顯得矯枉過正了：「故男女授受不親。御婦人則進左手。姑姊妹女子子已嫁而反，男子不與同席而坐。寡婦不夜哭。婦人疾，問之不問其疾。」最後還下結論說：「以此坊民，民猶淫泆而亂於族。」這種結論，怎麼能和「好德如好色」相呼應呢？根本就是前後矛盾，還說是孔子說的。這是上課記筆記只記了一半而扭曲了老師完整的說法吧！

附錄

《孔子家語・七十二弟子解》〈29〉顏刻，魯人，字子驕。少孔子五十歲，孔子適衛，子驕為僕。衛靈公與夫人南子同車出，而令宦者雍渠參乘，使孔子為次乘，遊過市，孔子恥之。顏刻曰：「夫子何恥之？」孔子曰：「《詩》云：『覯爾新婚，以慰我心。』」乃歎曰：「**吾未見好德如好色者也。**」

《史記．孔子世家》〈23〉去即過蒲。月餘，反乎衛，主蘧伯玉家。靈公夫人有南子者，使人謂孔子曰：「四方之君子不辱欲與寡君為兄弟者，必見寡小君。寡小君願見。」孔子辭謝，不得已而見之。夫人在絺帷中。孔子入門，北面稽首。夫人自帷中再拜，環珮玉聲璆然。孔子曰：「吾鄉為弗見，見之禮答焉。」子路不說。孔子矢之曰：「予所不者，天厭之！天厭之！」居衛月餘，靈公與夫人同車，宦者雍渠參乘，出，使孔子為次乘，招搖市過之。孔子曰：「**吾未見好德如好色者也**。」於是醜之，去衛，過曹。是歲，魯定公卒。

《禮記．坊記》〈38〉子云：「**好德如好色**。」諸侯不下漁色。故君子遠色以為民紀。故男女授受不親。御婦人則進左手。姑姊妹女子子已嫁而反，男子不與同席而坐。寡婦不夜哭。婦人疾，問之不問其疾。以此坊民，民猶淫泆而亂於族。

14

子曰：「臧文仲其竊位者與？知柳下惠之賢，而不與立也。」

孔子〔評論〕說：「臧文仲可以算是個占著位置卻不做事的人吧？〔理由是〕他知道柳下惠有賢才，卻不薦舉給朝廷。」

這章是孔子評論臧文仲知賢不薦舉是失職。

「竊位」——孔安國說是「知其賢而不舉」，朱子說是：「不稱其位而有愧於心，如盜得而陰據之也。」

「不與立」——黃懷信說是「不與之位」。

臧文仲是魯國的大夫，在〈公冶長18〉孔子批評他蓄養君王才有資格蓄養的大龜，而且宮室裝潢也超過身分地華麗，所以認為他算不上「知（智）」。

可是在《史記・仲尼弟子列傳》〈2〉中卻說他和柳下惠都是孔子很尊敬的榜樣。這種相互衝突的訊息，真讓後人莫衷一是。其他古籍中也有這種讚美和貶抑的衝突記載：《禮記．禮器》〈17〉孔子批評他不「知禮」，因為他沒有阻止不合禮法的祭祀。可是《孔子家語．曲禮子貢問》〈7〉在同一個故事中加了一個故事的開頭：冉求認為他「知禮」，然後才有孔子上面的辯駁。在《孔子家語．顏回》〈4〉中顏回請問孔子臧文仲和臧武仲哪個比較賢能時，孔子認為是臧武仲，因為臧文仲有「不仁者三」和「不智者三」，其中一個「不仁」之處就是此章所說的沒有推薦柳下惠。

柳下惠，原來姓展，名獲，字禽。他因為「食采柳下，謚曰惠」，所以才被稱為「柳下惠」。〈微子2〉提到他當典獄長，三次被罷任，卻都堅持要秉直道處世，毫不妥協。他也列名〈微子8〉中的七位「逸民」之一。孔子評論他是：「委屈自己低就。可是他的言論和行為都是守正不阿。」孟子更盛讚柳下惠是「聖之和者也」，說柳下惠的榜樣讓粗鄙的人都會對人寬厚些，苛薄的人也會敦厚些（《孟子》〈萬章下10〉和〈盡心下61〉）；還說他也盡心盡力做好君上賜給的小官，而且還能靠著正式管道提拔賢能的人、同情窮困無依和鄉下人。他潔身自愛，就算有人裸身坐在他旁邊，也不會產生邪念。（〈萬章下10〉）這就是後人說他「坐懷不亂」的根源（其實他只說「坐身旁」，沒說「坐身上」）。就連柳下惠的妻子也深深了解他的德行，認為「惠」是她先生最好的謚號。（《列女傳．賢明》〈柳下惠妻1〉）《大戴禮記．衛將軍文子》〈23〉中說他：「孝子慈幼，允德稟義，約貨去怨，蓋柳下惠之行也。」

柳下惠的榜樣還有個故事：《孔子家語．好生》〈16〉記載魯國有一個獨居的男人，隔壁住著一個獨居的女人。有一天夜裡颳大風下大雨，女子的房間被風雨摧毀了，就拜託男子讓她入屋避風雨。可是這個男子怎麼也不答應，女子從窗外跟他說：「你不讓我進屋避風雨，你這還算是個人嗎？」男子回答說：「我聽過老人說，男人要等到六十歲了才可以讓外人住進來。現在妳和我都年輕，我當然不敢讓妳進來。」女子就說：「你怎麼不學學人家柳下惠呢？他就坐懷不亂。」男子說：「他是柳下惠，我可不是。我不是柳下惠，學不來柳下惠做得到的事。」孔子聽到這個故事，評論說：「真是好人一個！想要學柳下惠的人，沒有人像他那樣，希望能達到至善的境界，可是做不到他的作為，這也可以算是明智嗎？」我看這個魯國人大概會被宋代的道學家當榜樣吧：「餓死事小，失節事大。」可是，這也太不知變通了。聖之「時」者，還是以救人命為先吧！讓人死在風雨中，算是仁者或智者嗎？

孔子弟子仲弓在當季氏宰時，曾經請教過孔子為政之事。孔子的三項建議中就有一項「舉賢才」。仲弓當初還追問：「怎麼知道別人是賢才？」孔子的回答是：「你薦舉你知道的賢才，其他人也會同樣薦舉他們知道的賢才（這樣賢者就可以在位，為人民服務）。」（〈子路2〉）見賢不薦舉，大概都是出於忌妒和自私。毓老師常感嘆：「一個私字害盡天下蒼生！」

附錄

《孔子家語・顏回》〈4〉顏回問於孔子曰：「臧文仲、武仲孰賢？」孔子曰：「武仲賢哉！」顏回曰：「武仲世稱聖人，而身不免於罪，是智不足稱也；好言兵討，而挫銳於邾，是智不足名也。夫文仲、其身雖歿，而言不朽，惡有未賢？」孔子曰：「身歿言立，所以為文仲也。然猶有不仁者三，不智者三，是則不及武仲也。」回曰：「可得聞乎？」孔子曰：「下展禽，置六關，妾織蒲，三不仁。設虛器，縱逆祀，祠海鳥，三不智。武仲在齊，齊將有禍，不受其田，以避其難，是智之難也。夫臧武仲之智，而不容於魯，抑有由焉，作而不順，施而不恕也夫。《夏書》曰：『念茲在茲，順事恕施。』」

《孟子》〈萬章下10〉**柳下惠**，不羞汙君，不辭小官。進不隱賢，必以其道。遺佚而不怨，阨窮而不憫。與鄉人處，由由然不忍去也。『爾為爾，我為我，雖袒裼裸裎於我側，爾焉能浼我哉？』故聞**柳下惠**之風者，鄙夫寬，薄夫敦……**柳下惠**，聖之和者也。

——〈盡心下61〉聞**柳下惠**之風者，薄夫敦，鄙夫寬。

《孔子家語・好生》〈16〉魯人有獨處室者，鄰之嫠婦亦獨處一室。夜，暴風雨至，嫠婦室壞，趨而託焉，魯人閉戶而不納。嫠婦自牖與之言：「子何不仁而不納我乎？」魯人曰：「吾聞男子不六十不閒居。今子幼，吾亦幼，是以不敢納爾也。」婦人曰：「子何不如**柳下惠**然？嫗不逮門之女，國人不稱其亂。」魯人曰：「**柳下惠**則可，吾固不可。吾將以吾之不可、學**柳下惠**之可。」孔子聞之，曰：「善哉！欲學**柳下惠**者，未有似於此者，期於至善，而不襲其為，可謂智乎。」

15

子曰：「躬自厚而薄責於人，則遠怨矣。」

孔子說：「自己要多反省自己的行為是否妥當而要少去責備別人，這樣就會遠離別人的怨恨。」

這章孔子要大家在檢討別人之前先反省自己的作為。「躬」是「身」（皇侃和邢昺）。皇侃認為這是君子和小人的區別：「君子責己厚，小人責人厚。」還說：「責人厚則為怨之府，責己厚人不見怨，故云遠怨。」朱子的解釋也差不多：「責己厚故身益修，責人厚故人易從，所以人不得而怨之。」這種「以別人的行為為借鏡」的教誨，孔子在其他地方也說過：〈里仁17〉就說看到別人做好事要跟人家學，看到別人做不好的事，要自我反省，看自己是否也做過和他同樣不好的事；〈述而22〉也說，看到別人的善行要學習，看到別人的不善之處，要想著如果是自己的話，會怎麼改進。孔子以此自律，所以在〈憲問29〉子貢批評別人的行事不當之時，孔子希望他要反省自己，自己做同樣事情的時候會比別人好嗎？別光顧著批評別人。

雖說如此，可是孔門弟子對於孔子這麼清楚的教誨，好像還是有爭議：〈子張3〉就記載子夏教門人交朋友的原則是要跟夠資格的人來往，不要跟不夠格的人來往。子張就不以為然，他引用孔子的教誨說，一個君子要尊敬賢能的人還要接納大多數平庸的人，鼓勵別人的善行，也要了解為什麼有人做不到。如果我已經夠賢能了，怎麼會無法接納別人？如果我還不夠格談上賢能，那麼別人會先不跟我來往，我哪還有機會去拒絕跟別人來往？和這章對照來看，子張的話比較符合孔子的教誨。

這種人我關係中的責任歸屬，是每個人都逃不掉而且必須面對的問題。《尚書．周書》〈秦誓1〉就記載著：「責人斯無難，惟受責俾如流，是惟艱哉！」漢朝獨尊儒術的董仲舒在《春秋繁露．仁義法》〈1〉就昭示：「《春秋》之所治，人與我也。所以治人與我者，仁與義也。以仁安人，以義正我，故仁之為言人也，義之為言我也，言名以別矣……《春秋》為仁義法。仁之法在愛人，不在愛我。義之法在正我，不在正人。我不自正，雖能正人，弗予為義。人不被其愛，雖厚自愛，不予為仁。」這種「愛人」和「正我」的見解也是繼承此章的想法。《呂氏春秋．離俗覽》〈舉難1〉也有類似的想法：「君子責人則以人，自責則以義。責人以人則易足，易足則得人；自責以義則難為非，難為非則行飾；故任天地而有餘。不肖者則不然，責人則以義，自責則以人。責人以義則難瞻，難瞻則失親；自責以人則易為，易為則行苟；故天下之大而不容也，身取危、國取亡焉，此桀、紂、幽、厲之行也。」楚漢之爭的楚霸王項羽和明朝亡國的崇禎皇帝，都在最後還認為「千錯萬錯都是別人的錯」，「自己沒錯」。這和舜的「百姓有過，在予一人」（〈堯曰1〉）的氣魄比起來，真是高下立判。

16

子曰：「不曰『如之何，如之何』者，吾末如之何也已矣！」

孔子說：「不說『該怎麼辦啊？該怎麼辦啊？』的人，我對這樣的人也不知道該怎麼辦啊！」

這是孔子用同語反覆繞口令的幽默手法表達他「不知道該怎麼辦」的無力感。「如」是「奈」（邢昺）。「末」是「無」（邢昺）。

這章的重點就是「如之何」。主要有兩種解法：一種是將這話當成是自己內心的思量，譬如：皇侃認為「事卒至非己力勢可奈何者也。人生常當思慮卒有不可如何之事，逆而防之，不使有起。」邢昺的想法也相同：「此章戒人預防禍難也。」朱子意思也相同：「如之何、如之何者，熟思而審處之辭也。」一種是將這話當成是自己不懂所以請教別人的問話，譬如漢朝董仲舒的《春秋繁露・執贄》〈1〉就是這樣理解的，他認為「羞於問問題的人是聖人不喜歡的人」。我覺得兩種解釋都有道理。

身為老師，我對第二種解釋比較有感觸。

孔子這個「有教無類」（〈衛靈公39〉）和「誨人不倦」（〈述而2〉和〈述而34〉）的「萬世師表」，恐怕碰到「不違如愚」（〈為政9〉）的學生，也不知道該怎麼辦吧！我們現代的老師要是碰到同樣的情況，恐怕還是不知道該怎麼辦。有時「有教無類」或「有教無累」，或甚至「有教無淚」，會變成「欲哭無淚」。

附錄

《春秋繁露．執贄》〈1〉凡執贄，天子用暢，公侯用玉，卿用羔，大夫用雁。雁乃有類於長者，長者在民上，必施然有先後之隨，必然有行列之治，故大夫以為贄。羔有角而不任，設備而不用，類好仁者；執之不鳴，殺之不諦，類死義者；羔食於其母，必跪而受之，類知禮者；故羊之為言猶祥與！故卿以為贄。玉有似君子。子曰：「人而不曰**如之何**、**如之何**者，吾末**如之何**也矣。」故匿病者不得良醫，羞問者聖人去之，以為遠功而近有災，是則不有。玉至清而不蔽其惡，內有瑕積，必見之於外，故君子不隱其短。不知則問，不能則學，取之玉也。君子比之玉，玉潤而不污，是仁而至清潔也；廉而不殺，是義而不害也；堅而不堅，過而不濡。視之如庸，展之如石，狀如石，搔而不可從繞，潔白如素，而不受污，玉類備者，故公侯以為贄。暢有似於聖人者，純仁淳粹，而有知之貴也，擇於身者盡為德音，發於事者盡為潤澤。積美陽芬香，以通之天。合之為一，而達其臭，氣暢於天。其淳粹無擇，與聖人一也，故天子以為贄。而各以事上也。觀贄之意，可以見其事。

17

子曰：「群居終日，言不及義，好行小慧，難矣哉！」

孔子說：「〔各位同學！不要〕一天到晚聚在一起，講話沒一句正經的，做事光靠一點小聰明，這樣很難會有成就。」

這一章和上一章一樣，也是孔子覺得沒辦法的事，可能是他對同學的訓話。「群居」是指「三人以上為群居」（皇侃）或「同來學共居者也」（劉寶楠）。「小慧」是「小小之才知也」（何晏、皇侃），或「私智」（朱子），或「小辯慧」（戴望）。「難矣哉」是表示「終無成功也」（何晏）或「終無遠大也」（戴望）。

在《禮記・大學》〈3〉中，孔子強調君子要「自謙」和「慎獨」，不能像小人那樣「閑居為不善，無所不至」，就是不走正道；明明德，親民和止於至善。

劉寶楠認為這段話是「夫子家塾之戒」，讓讀者讀來很有畫面感。現在想想晚飯後大學男生宿舍裡的狀況，也許這句話就更鮮活了。

附錄

《禮記．大學》〈3〉所謂誠其意者，毋自欺也，如惡惡臭，如好好色，此之謂自謙，故君子必慎其獨也！**小人閑居為不善，無所不至**，見君子而後厭然，揜其不善，而著其善。人之視己，如見其肺肝然，則何益矣！此謂誠於中，形於外，故君子必慎其獨也。曾子曰：「十目所視，十手所指，其嚴乎！」富潤屋，德潤身，心廣體胖，故君子必誠其意。

18

子曰：「君子義以為質，禮以行之，孫以出之，信以成之。君子哉！」

孔子說：「君子要時時考慮到做事是否合宜，要用適當的禮來實踐義，用謙遜的話語來表達義，用誠信的行為來成就義。這樣才是君子啊！」

如果上一章是警告，這一章就是鼓勵的話。

「義」是「宜」（皇侃和劉寶楠）或「人行事所宜也」（劉寶楠），或「尊卑上下之宜」（戴望）。「質」是「本」（皇侃）或「楨質」（戴望），或「猶贄也，贄，見尊者所執之禮物」（黃懷信）。「之」是指「義」（王夫之和黃懷信）。「信」是：「申也，言以相申束，使不相違背。」（劉寶楠）

鄭玄認為：「義以為質，謂操行；孫以出之，謂言語。」韓愈認為「義→禮→孫（遜）→行」是有次序的。朱子認為：「義者制事之本，故以為質幹，而行之必有節文，出之必以退遜，成之必在誠實，乃君子之道也。」黃懷信認為：「義以為質，即以『義』作為見面禮物。言君子與人教，必以義也。」

孔子在《論語》常提到「義」。

義似乎是一個最高或基本的標準（「君子之於天下也，無適也，無莫也，義之與比」（〈里仁10〉）、「聞義不能徙，不善不能改，是吾憂也」（〈述而3〉）、「主忠信，徙義，崇德也」（〈顏淵10〉）、「夫達也者，質直而好義，察言而觀色，慮以下人。在邦必達，在家必達」（〈顏淵20〉）、「言不及義」（〈衛靈公17〉）和「行義以達其道」（〈季氏11〉））；也是君子和小人的差別（「君子喻於義，小人喻於利」（〈里仁16〉）、「君子義以為上」（〈陽貨23〉）和「君子之仕也，行其義也」（〈微子7〉））；統治者對人民要以此為準（「使民也義」（〈公冶長16〉）、「務民之義」（〈雍也22〉）和「上好義，則民莫敢不服」（〈子路4〉））；「義」要用來節制「利」（「見利思義」（〈憲問12〉）、「義然後取」（〈憲問13〉）、「見得思義」（〈季氏10〉和〈子張1〉））；也是「勇」的主要內涵（「見義不為，無勇也」（〈為政24〉）和「君子有勇而無義為亂，小人有勇而無義為盜」（〈陽貨23〉））。

以上的歸納，可以看出「義以為質」的重要性。不可因為「義者宜也」的權變，而喪失堅持的中心思想，所以還要有禮、有言、有信來彰顯。這也是「進退存亡不失正」（《易經．乾卦》〈24〉）的教誨。

19

子曰：「君子病無能焉，不病人之不己知也。」

孔子說：「一個有德的君子可恥的是自己沒有能力，不怕別人不聘用自己。」

這章是孔子要人先修己，將來才有用世的一天。

「病」是「患」（皇侃）或「恥」（戴望）。「無能焉」是「指具體無能與某一事」（黃懷信）。「知」不僅僅是「知道」而已，在君上的「知」是兼「知道」和「任用」的「知用合一」而言，在自己的「知」是「知道」兼「去做」的「知行合一」。

〈憲問30〉的「不患人之不己知，患其不能也」，和此章是一樣的意思，「患其不能也」就是此章的「病無能焉」，一說「患」、一說「病」，一說「不能」、一說「無能」。〈里仁14〉就說過：「不患無位，患所以立；不患莫己知，求為可知也。」這裡的「患所以立」和「求為可知也」都和此章的「病無能焉」是一樣的意思。

這章的言外之意是說，那些被任用的人卻沒有該位置需要的才能，讓人只找到謀生的飯碗，失掉了造福人民的機會。一般靠關係或是靠身分得到位置的人往往被人抱怨的就是他們的「無才」或「無能」。所以沒有「關係」的人，只能靠自己的本事和長官大公無私的提拔。千里馬也要有伯樂才能發揮作用。

毓老師以前也告訴同學：「需要就有用。」要我們培養有用的才能，教我們活用古典智慧。他寫過一副對聯：

以夏學奧質
尋拯世真文

我把老師摯愛的「奉元」兩字嵌入對聯，改成：

奉夏學奧質
元拯世真文

希望融合老師的教誨於一爐。

至於「夏學」和「夏學奧質」是什麼，要怎麼能讓人容易了解，恐怕就有待我們這些弟子先達到共識，然後繼續努力傳揚，這樣才能達到拯世的目標。總不能流於空話一句。

20

子曰：「君子疾沒世而名不稱焉。」

孔子說過：「一個立志為君子的人最羞恥的，是身死之後沒有得到讓人稱頌的美名。」

這章是孔子講一個君子一生追求的是名實相符。

「疾」和「病」差不多意思（何晏和邢昺），或「恨」（黃懷信）。「沒世」是「身沒以後也」（皇侃）或「辭世以後」（黃懷信）。「稱」要念成四聲，是「稱頌」（黃懷信）。

司馬遷在《史記·孔子世家》〈73〉把這句話放在孔子周遊列國後決定返回家鄉著書立說時說的話，特別是後面跟著一句：「吾道不行矣，吾何以自見於後世哉？」所以他開始用他的標準來撰寫《春秋》，這讓天下亂臣賊子都惴惴不安。根據司馬遷的看法，孔子希望用《春秋》來獲得「身後為人稱道的美名」。

可是孔子求的不是身後之名，而是希望相應於他生前所行的身後之名。有人只學前半截，就在先人死後商請名家撰寫墓誌銘或神道表，表彰自己沒做過什麼公益事情的先人。這些人固然有身後之名，但實無生前足以稱道之行，像孔子的老朋友原壤那樣「長而無述焉」（〈憲問43〉）。

許多崇拜孔子的人又往往矯枉過正，讓孔子名過其行。舉例來說，我常懷疑「尚公」的孔子，會希望自己無公無德的後人能不斷因為血緣的關係繼承「衍聖公」這種封建的職稱。真要有祭祀或繼承孔子的人，應該也是以有德者為尚，而不是血緣關係。孔廟也是彰顯孔子之德行的好去處，可是多少人知道並且去過家附近的孔廟呢？甚至為什麼後人沒有像穆斯林一樣一生至少一次赴麥加朝拜，而有「一生至少要到曲阜孔廟一次」的這種大願呢？

我們似乎都只聽到過孔子的名，而沒好好學到他的德和行。後來甚至有人把孔子崇拜成為宗教領袖，這更是不稱孔子身前之行的虛名吧！

可惜啊！許多君子的後世之名都不是自己能控制的。往往有後人為了自己的利益而捧高前人，這也是前人莫可奈何之事。

附錄

《史記・孔子世家》〈73〉子曰：「弗乎弗乎，**君子病沒世而名不稱焉**。吾道不行矣，吾何以自見於後世哉？」乃因史記作春秋，上至隱公，下訖哀公十四年，十二公。據魯，親周，故殷，運之三代。約其文辭而指博。故吳楚之君自稱王，而春秋貶之曰「子」；踐土之會實召周天子，而春秋諱之曰「天王狩於河陽」：推此類以繩當世。貶損之義，後有王者舉而開之。春秋之義行，則天下亂臣賊子懼焉。

21

子曰：「君子求諸己，小人求諸人。」

孔子說：「君子對自己的要求比較嚴格，小人對別人的要求比較嚴格。」

這是《論語》中討論君子和小人之別的十七章之一。

「求」是「責」（皇侃、邢昺和戴望）。「諸」是「於」（邢昺）。

《禮記・中庸》〈14〉說過類似的話：「正己而不求於人則無怨。上不怨天，下不尤人。故君子居易以俟命，小人行險以徼幸。」最後也提到君子和小人之分，「居易以俟命」應該可以對應「求諸己」，「行險以徼幸」可以對應「求諸人」。

〈大學11〉也說：「君子有諸己而後求諸人，無諸己而後非諸人。」也和此章的意思相同。

《孟子・離婁上》〈4〉也說：「行有不得者，皆反求諸己，其身正而天下歸之。」這裡說得更清楚，是要用「正」來檢查自己，特別要戒慎恐懼自己不察別人卻看得一清二楚的事情。換句話說，這就是「慎獨」（《禮記‧中庸》〈1〉）。

這也是說來容易做來難的事。我們從許多政治人物身上看到這個問題，卻忽略了自己這方面的問題。恐怕我們時時刻刻都得回到「格物→致知→誠意→正心→修身」這條路上去修練，否則就別侈談「齊家→治國→平天下」。

我們當老師的，天天看著學生犯錯，好像自己都不會錯。讀這一章應該深切反省，更應該在祖師爺面前檢查自己。

附錄

《禮記‧中庸》〈1〉天命之謂性，率性之謂道，修道之謂教。道也者，不可須臾離也，可離非道也。是故君子**戒慎乎其所不睹，恐懼乎其所不聞**。莫見乎隱，莫顯乎微。故君子慎其獨也。喜怒哀樂之未發，謂之中；發而皆中節，謂之和；中也者，天下之大本也；和也者，天下之達道也。致中和，天地位焉，萬物育焉。

22

子曰：「君子矜而不爭，群而不黨。」

孔子說：「君子莊重自持，就算憤怒也不是為了與人爭勝，加入團體是為天下的公利而奮鬥，而不是為了團體的私利而結合。」

這章是強調君子不爭和不黨的特性。

「矜」是「矜莊」（包咸和皇侃）或「莊以持己」（朱子），或「大」（戴望）（《說文解字》：「矜，矛柄也。」和此章無關），不過孔子說過「古之矜也廉，今之矜也忿戾」（〈陽貨16〉），所以這裡的「矜」恐怕也和「忿戾」這種強烈的負面情緒有關。「群」是「和以處眾」（朱子）。「黨」是「助」（孔安國）。「不黨」是「平均無比黨」（戴望），早在《尚書・周書》〈洪範7〉就提醒過「無黨無偏」（古籍引用時都作「不偏不黨」）是王道的基石，〈述而31〉中陳司敗也因為孔子對魯昭公不知禮的隱諱回答，而說出：「吾聞君子不黨，君子亦黨乎？」害得孔子聽到後，慚愧地感謝陳司敗的糾正。「君子不黨」連孔子都承認自己這次沒做到。現在的政黨在成立之初都標舉是為人民謀福利，後來好像都專注在政黨自身的利益之上。有人就從繁體的「黨」這個字由「尚黑」兩字組成，來說明這個字的意義。

劉寶楠從另一面來解：「矜易於爭，群易於黨，君子絕之。」可是他沒說明「矜」和「爭」以及「群」和「黨」的重要差別何在。我認為主要的差別應該在於前者重視「公利」，後者只重「私利」，也就是說君子要「矜」是為了公利，「不爭」是不爭私利，君子之爭，要合於「禮」（〈八佾7〉），爭的也是公利而非私利，而且君子加入群體不是為了拓展私利（孔子說過《詩經》「可以群」（〈陽貨9〉）），而是要眾志成城，結合團體的力量為公利而奮鬥。

這裡雖然沒有明白說出和小人的對比，但呼之欲出：「小人爭而不矜，黨而不群。」

在台灣，社團運作是有民主的機制。可是有些人就是會在本來應該「選賢與能」的公平、公正、公開的選舉中，操弄未出席者的委託書，甚至事前內定理事長，讓自己在貌似民主的選舉中以多數票當選。這些都是「爭而不矜，黨而不群」的最鮮活寫照。難道孔老夫子幾千年前已經預知這樣的情況而說這樣的話？

戒之哉！宜勉勵！

附錄

《尚書・周書》〈洪範7〉無偏無黨，王道蕩蕩；無黨無偏，王道平平。

23

子曰：「君子不以言舉人，不以人廢言。」

孔子說：「一個立志當君子的人不要因為聽到了一句好話就〔相信他是好人而〕推舉說話的人，也不要因為這個人的人品不好而不理睬他講的好話。」

這章強調人和言要分開看。

包咸認為：「有言者不必有德，故不可以言舉人。」這裡應該是根據孔子說過的：「有德者，必有言。有言者，不必有德。」（〈憲問4〉）

這裡孔子強調不能只看「言」就論斷一個人。他曾經因為宰我晝寢時就說過：「原來我是極度相信人的，他說什麼我就相信他會如說的去做；可是現在我考核一個人就是要先聽他所講的然後觀察他所做的〔不輕易相信〕。」（〈公冶長10〉）。宰予是列名「孔門言語科」，孔子尚且如此，恐怕其他外人就更不能只聽他說得天花亂墜，就相信這個人是有真本事的。許多人都和狗掀門簾一樣，靠的是一張嘴。歷來都少不了這種人。

孔子特別討厭「巧言」，他說過：「巧言令色，鮮矣仁！」（〈學而3〉和〈陽貨17〉），此外他在「巧言、令色」之外，還加上了「足恭」（外表恭順）（〈公冶長25〉），這是他和左丘明都覺得很羞恥的事情。他也認為「巧言亂德」（〈衛靈公27〉）。如果換另外一個字來說，「巧言」就是「佞」（〈公冶長5〉、〈雍也16〉、〈先進25〉、〈憲問32〉和〈季氏4〉）。

孔子對於言的要求是要合「時」，「時然後言，人不厭其言」（〈憲問13〉），他也提醒不要「人」「言」兩失（〈衛靈公8〉），在《論語》的最後一章，編纂者還安排了「不知言，無以知人也」（〈堯曰3〉）的結尾語。

一般來講，我們期待善人出善言，惡人出惡言。可是，善人有出惡言的時候，惡人也有出善言的時候，孔子要我們注意這種「言」「人」不一的狀況。這是「知言」，也是「知人」，更是「知時」。我們反躬自省，就要篤守「慎言」和「時然後言」的中庸之道，而不是流入木訥靜默或多言的兩種極端。

孟子後來把「知言」說得更清楚：「詖辭知其所蔽，淫辭知其所陷，邪辭知其所離，遁辭知其所窮。生於其心，害於其政；發於其政，害於其事。聖人復起，必從吾言矣。」（《孟子．公孫丑上》〈2〉）真是繼承了孔子的「知言」遺教。

24

子貢問曰：「有一言而可以終身行之者乎？」子曰：「其恕乎！己所不欲，勿施於人。」

子貢請問孔子說：「有一個字可以一輩子都奉行不渝的嗎？」孔子說：「（如果有的話）大概就是『恕』這個字吧！（這個字的意思就是說：）自己所不想要發生在自己身上的事情，千萬不要強加在別人身上。」

這章是孔子回子貢終身可行的一句座右銘。

「一言」在此是指「一字」（劉寶楠），所以孔子只回答「恕」。不過，《論語》其他三處的「一言」指的都是「一句話」：「一言以蔽之」（〈為政2〉）、「一言興邦」（〈子路15〉）和「一言以為知」（〈子張25〉）。「恕」從字的構造上看是「如心」兩字的組合，也就是「絜矩之道」（《禮記・大學》〈12〉）、「將心比心」或是「同理心」（「共情」），或是「換位思考」。朱子在〈里仁15〉的注解中，說：「盡己之謂忠，推己之謂恕。」本章朱子又說：「推己及物，其施不窮，故可以終身行之。」戴望說：「以身為度，可施於彼，然後行之。」接下來孔子說的八字箴言只是對「恕」的進一步解釋。

這裡講的「恕」，應該是勸告在上位的君子體恤人民的辛勞；《韓詩外傳．卷三》〈37〉就提到要：「以己之情量之也。己惡飢寒焉，則知天下之欲衣食也；己惡勞苦焉，則知天下之欲安佚也；己惡衰乏焉，則知天下之欲富足也。知此三者，聖王之所以不降席而匡天下。故君子之道，忠恕而已矣。夫處飢渴，苦血氣，困寒暑，動肌膚，此四者，民之大害也，害不除，未可教御也。四體不掩，則鮮仁人；五藏空虛，則無立士。故先王之法，天子親耕，后妃親蠶，先天下憂衣與食也。《詩》曰：『父母何嘗？心之憂矣，之子無裳。』」

董仲舒的《春秋繁露．俞序》〈1〉提到了孔子「作春秋」的重要性，其中特別提到《春秋》的警世作用以及「恕」的首要性：「苟能述《春秋》之法，致行其道，豈徒除禍哉，乃堯舜之德也。故世子曰：『功及子孫，光輝百世，聖人之德，莫美於恕。』」這篇文章值得要理解《春秋》的人好好細讀。

「己所不欲，勿施於人」已經在〈顏淵2〉出現。《說苑．敬慎》〈29〉有一段不太一樣的話，最後也提到這「八字箴言」，不過好像不特別指有位的君子，比較接近有德的君子：「去徼幸，務忠信，節嗜欲，無取虐於人，則稱為君子，名聲常存。怨生於不報，禍生於多福，安危存於自處，不困在於蚤豫，存亡在於得人，慎終如始，乃能長久。能行此五者，可以全身，己所不欲，勿施於人，是謂要道也。」

現在討論「全球倫理」的學人和宗教人士，也發現這八個字是人類可以溝通的普世價值，不過算是「消極面」，更積極的表述和做法應該是「己立立人，己達達人」（〈雍也30〉）；「老吾老以及人之老，幼吾幼以及人之幼」的「推恩」（《孟子・梁惠王上》〈7〉）。大家都能夠有同理心，能換位思考，就往大同世界邁向一步。

孔子在這章教誨子貢「己所不欲，勿施於人」。子貢在〈公冶長12〉說過：「我不欲人之加諸我也，吾亦欲無加諸人。」正是八字箴言的意思，可是為什麼孔子在子貢講完後要潑他冷水說他做不到呢？這是孔子有意的激將法？還是真認為子貢做不到？還是只是一句玩笑話？

附錄

《孟子・梁惠王上》〈7〉　挾太山以超北海，語人曰「我不能」，是誠不能也。為長者折枝，語人曰「我不能」，是不為也，非不能也。故王之不王，非挾太山以超北海之類也；王之不王，是折枝之類也。**老吾老，以及人之老；幼吾幼，以及人之幼。**天下可運於掌。《詩》云：「刑於寡妻，至於兄弟，以御於家邦。」言舉斯心加諸彼而已。故**推恩**足以保四海，不推恩無以保妻子。古之人所以大過人者無他焉，善推其所為而已矣。今恩足以及禽獸，而功不至於百姓者，獨何與？權，然後知輕重；度，然後知長短。物皆然，心為甚。王請度之！抑王興甲兵，危士臣，構怨於諸侯，然後快於心與？

25

子曰：「吾之於人也，誰毀誰譽？如有所譽者，其有所試矣。斯民也，三代之所以直道而行也。」

孔子說：「我對人的評論，沒有特別要詆毀或讚揚的偏見。如果我真要稱讚一個人，一定會測試他被眾人稱譽的長處。這些值得稱譽的人，都是仿效夏商周三代那樣堅持直道而行的人。」

這章孔子強調自己評論別人的原則是以「直道」為基準。這一章「斯民也」以後的一句有古人認為和前文關聯不大，所以應該別立一章。

「毀」是「譖害」（邢昺）或「稱人之惡而損其真」（朱子）。「譽」是「稱揚」（邢昺）或「揚人之善而過其實」（朱子）。所以「毀」和「譽」都是「言過其實」。「試」是「驗也，驗也民言」（戴望）或「驗以事實」（黃懷信）。「斯民」是「若此養民」（皇侃）或「今此之人」（朱子），如果這是同一章，應該就是指被眾人稱譽而經過孔子驗證的人。「三代」是「夏、商、周」（馬融）。「直道」是「無私曲」（朱子）。「直道而行」，黃懷信說是：「直來直去，不說假話。」

包咸說：「所譽者輒試以事，不虛譽而已。」戴望強調「好惡出於公」，強調的不是私人恩怨。

東漢王充的《論衡》〈率性3〉和〈非韓15〉就舉此章的話來論證後天教化或道德是比天性重要的。這也就是曾國藩後來說的：「風俗之厚薄繫乎一二人心之所嚮。」

這整章的重點其實就是「直道」，〈微子2〉中柳下惠就拿「直道」和「枉道」對舉。這章把「直道」當成孔子理想中的「三代遺教」，其實也就是講求一個公平、公正、公開的「尚公」的道德準則，從另一面看就是「不顧自己的利害」和「不講私情」；「公天下」而不是「私天下」。受到人民稱譽的人，孔子會拿這個「尚公無私」的標準再來檢驗，才會做出最後的論斷。《史記・仲尼弟子列傳》〈2〉有列出這些孔子尊敬的前輩。

許多人是靠著自己的喜歡與否來評論公眾人物，很少人考慮到這些人物對社會的正面貢獻。在這種不論是非的「偶像崇拜」現象之下，孔子這種以「尚公」為準的評論準則還是高瞻遠矚的。

毓老師常引用《尸子》的話說：「仲尼尚公」（或作「孔子貴公」（《尸子・廣澤》〈（1）8〉）」，這就是「直道」最簡單有力的解釋。

附錄

《論衡・率性》〈3〉王良、造父稱為善御，不能使不良為良也。如徒能御良，其不良者不能馴服，此則駔工庸師服馴技能，何奇而世稱之？故曰：「王良登車，馬不罷駑；堯、舜為政，民無狂愚。」《傳》曰：「堯、舜之民，可比屋而封；桀、紂之民，可比屋而誅。」「**斯民也，三代所以直道而行也**。」聖主之民如彼，惡主之民如此，竟在化不在性也。聞伯夷之風者，貪夫廉而懦夫有立志；聞柳下惠之風者，薄夫敦而鄙夫寬。徒聞風名，猶或變節，況親接形面相敦告乎？

《論衡．非韓》〈15〉韓子豈不知任德之為善哉？以為世衰事變，民心靡薄，故作法術，專意於刑也。夫世不乏於德，猶歲不絕於春也。謂世衰難以德治，可謂歲亂不可以春生乎？人君治一國，猶天地生萬物。天地不為亂歲去春，人君不以衰世屏德。孔子曰：「斯民也，三代所以**直道**而行也。」

《史記．仲尼弟子列傳》〈2〉孔子之所嚴事：於周則老子；於衛，蘧伯玉；於齊，晏平仲；於楚，老萊子；於鄭，子產；於魯，孟公綽。數稱臧文仲、柳下惠、銅鞮伯華、介山子然，孔子皆後之，不並世。

《尸子．廣澤》〈（1）8〉墨子貴兼，**孔子貴公**，皇子貴衷，田子貴均，列子貴虛，料子貴別囿。

26

子曰：「吾猶及史之闕文也，有馬者借人乘之。今亡矣夫！」

孔子說：「我成長的時代史官碰到不知道的事情就不會亂寫，有很難馴服的馬匹也會讓人來幫忙馴服。現在沒這樣的事情了！」

這章原文大意容易懂，但字句計較起來頗為費解。

「史」，是「掌書之官」（皇侃）。「闕」同「缺」。「文」是「字」（邢昺）。「亡」是「無」（皇侃）。

古注對此章有幾種見解：一是認為「有馬者借人乘之」是衍文。不認為是「衍文」的人又可分成兩種意見：「史之闕文」和「有馬者借人乘之」是一件事還是兩件事。

《漢書·藝文志》〈145〉引用到這句話：「古制，書必同文，不知則闕，問諸故老，至於衰世，是非無正，人用其私。故孔子曰：『吾猶及史之闕文也，今亡矣夫！』蓋傷其寖不正。」強調的是孔子「撥亂反正」的用心。《說文解字》也引到這章：「《書》曰：『予欲觀古人之象。』言必遵修舊文而不穿鑿。孔子曰：『吾猶及史之闕文，今亡矣夫。』蓋非其不知而不問。人用己私，是非無正，巧說邪辭，使天下學者疑。」也是強調自私無正，巧說邪辭的負面惡果。包咸說：「古之良史於書字有疑，則闕之以待知者也。有馬不能調良，則借人乘習之。」戴望說：「史之闕文所以善其書，借人乘馬所以善其御，周衰教士之法廢，是非無正，人用其私，故言今亡矣夫以嘆之」，其中引用了《說文解字》的說法，也表明這兩件事都要行之以正，不可循私。孔子也借此發抒他對當時的人都不照規矩辦事的不滿。

毓老師提醒說「史之闕文」是因為史官不知而闕文，還是因為不敢寫而闕文。這是很重要的分野。如果是不敢寫，有些恐怕是因為為尊者和親者的忌諱，有些則是怕犯了政治忌諱而惹禍上身，這種寒蟬效應，同時也是微言大義的溫床。

27

子曰：「巧言亂德，小不忍則亂大謀。」

孔子說：「說著口是心非的好聽話讓人誤以為說話者有德行，小事不能隱忍會壞了更大計謀的完成。」

這章講兩「亂」：巧言和小不忍。

「巧言」是孔子十分痛恨的行為，他認為這樣的人是很少「仁德」的人（〈學而3〉、〈公治長25〉和〈陽貨17〉）。《大戴禮記・文王官人》〈17〉也認為「巧言」是一件「以無為有」的事。《詩經》裡也說到「巧言如流」（〈雨無正5〉）和「巧言如簧」（〈巧言5〉），都一樣不是好話。所以「察言」和「知言」（〈堯曰3〉和《孟子・公孫丑上》〈2〉）就是一種孔孟都很強調的基本人際關係的功夫。

至於「亂德」，不僅只有孔子這裡提到的「巧言」會「亂德」，孟子還認為口是心非的「鄉愿」也會「亂德」（《孟子・盡心下》〈83〉）。到了漢朝徐幹的《中論・覈辯》〈2〉認為「亂德」的人都該殺，似乎超過孔子的「子為政，焉用殺」（〈顏淵19〉）的最高標準，孟子也說：「不嗜殺人者能一之。」（〈梁惠王上6〉）這好像軍閥時代動不動就說「給我抓出去給槍斃了」一樣不文明。

「小不忍則亂大謀」如果搭配前面說的「巧言」，恐怕是諫諍當政者，當臣下用「正言」而非「巧言」之時，君上可得耐著性子聽完逆耳忠言，不能因此就將大臣之言置諸腦後。如果這樣的話，賢人都隱去，國家大計就落到「巧言」之人之手，政權的危亡就在旦夕之間。

另外，「小不忍則亂大謀」也可以和「人無遠慮必有近憂」（〈衛靈公12〉）做點聯想。如果「大謀」是「遠慮」，那麼「小忍」或「小不忍」就是「近憂」，能有「近憂」，就接近「盡優」。

這兩件事情看似簡單，都說明「巧言」和「小不忍」這兩件事會鬧出「亂子」，也就是用這兩種手段是達不到正當的目的，只會適得其反。對居上位者來講，特別要注意身邊這種善於巧言和小不忍的人；對自己的要求，也應該避開只有「巧言」而無真心，「小不忍」而出大亂子的可能。

比較大的問題是：我們往往分不出言的「巧」，也搞不懂事情的大小，以及何時該忍，何時又不該忍？

不能「知言」又不能「知時」，就不能做出正確的選擇。

附錄

《大戴禮記．文王官人》〈17〉華如誣，**巧言**、令色、足恭一也，皆以無為有者也。此之為考志。

《詩經．小雅．祈父之什》〈雨無正5〉哀哉不能言，匪舌是出，維躬是瘁。哿矣能言，**巧言如**

流，俾躬處休。

《詩經．小雅．小旻之什》〈巧言5〉 荏染柔木，君子樹之。往來行言，心焉數之。蛇蛇碩言，出自口矣。**巧言如簧**，顏之厚矣。

《孟子》〈公孫丑上2〉「何謂**知言**？」曰：「詖辭知其所蔽，淫辭知其所陷，邪辭知其所離，遁辭知其所窮。生於其心，害於其政；發於其政，害於其事。聖人復起，必從吾言矣。」——〈盡心下83〉孔子曰：「惡似而非者：惡莠，恐其亂苗也；惡佞，恐其亂義也；惡利口，恐其亂信也；惡鄭聲，恐其亂樂也；惡紫，恐其亂朱也；惡鄉原，恐其**亂德**也。」

《中論．覈辯》〈2〉 先王之法：折言破律、亂名改作者，殺之；行僻而堅、言偽而辯、記醜而博、順非而澤者，亦殺之；為其疑眾惑民，而潰亂至道也。孔子曰：「**巧言亂德**。」惡似而非者也。

28

子曰：「眾惡之，必察焉；眾好之，必察焉。」

孔子說：「人民所討厭的人或事，一定要明察；人民所喜好的人或事，也一定要明察。」

這章是孔子強調為政者對於政事或人物必須有密察的功夫，不能隨民粹起舞。何晏的《論語集解》引用王肅的說法：「或眾阿黨比周，或其人特立不群，故好惡不可不察也。」把這個教誨的背後原因說得很清楚。東漢後期王符（約西元八五—一六三年）的《潛夫論・潛歎》〈3〉就引用到這章，強調的是「必察彼己之為，而度之以義」，結合了〈衛靈公18〉中「君子義以為質，禮以行之，孫以出之，信以成之」的說法。古注都將「惡之」和「好之」的「之」當成「人」，我覺得應該也可以包含「事」才周全。

孔子很強調「察」的重要性：〈為政10〉中強調「視其所以，觀其所由，察其所安。人焉廋哉？人焉廋哉？」；〈顏淵20〉中又提到「察言而觀色」，不可被「巧言」所惑。

孟子有一段可以當成此章注解的說法，強調的也是在上位者：「左右皆曰賢，未可也；諸大夫皆曰賢，未可也；國人皆曰賢，然後察之；見賢焉，然後用之。左右皆曰不可，勿聽；諸大夫皆曰不可，勿聽；國人皆曰不可，然後察之；見不可焉，然後去之。左右皆曰可殺，勿聽；諸大夫皆曰可殺，勿聽；國人皆曰可殺，然後察之；見可殺焉，然後殺之。」（《孟子・梁惠王下》〈14〉）另外，孟子也提到我們平常都會把身邊的人或事物當成理所當然，這種「習焉而不察」（《孟子・盡心上》〈5〉）的現象，和「戒慎乎其所不睹，恐懼乎其所不聞」（《禮記・中庸》〈1〉）的提醒是一致的。《禮記・中庸》還提到舜的「好問而好察邇言」（〈6〉）的「察言」功夫，以及強調對於「君子之道」要「上下察」和「察乎天地」（〈12〉）。

孔子也強調「仁人」不是鄉愿那種濫好人，他強調「唯仁人為能愛人，能惡人」（《禮記・大學》〈14〉），這些都和本章的主旨有著密切關係。

最後，要提醒一下，一般人都覺得應該「隱惡而揚善」（〈中庸6〉），不說人壞話，特別還有「說人是非者，就是是非人」的話。但是毓老師強調應該像《易經・大有卦》〈1〉強調的「遏惡揚善」才是直道，也就是讓惡不有滋長的可能。「隱惡」為親者或尊者隱諱還情有可原，可是往往流於「姑息養奸」，那就離正道很遠了。一字之差，能不明察嗎？

有了網路以後，要「查」一個人的過去或一件往事越來越容易。但麻煩的是，一旦資料不全或是有誤，只靠著「點閱率」這樣的「眾好」或「眾惡」，恐怕也是今人習焉「不察」的惡果，能不戒慎恐懼嗎？

29

子曰：「人能弘道，非道弘人。」

孔子說：「人能夠主動弘揚正道，不是正道能弘揚人。」

這章講的是人和道的關係，人是有主動性的。

「道」是「通物之妙」（皇侃）或「通物之名，虛無妙用，不可須臾離」（邢昺）。「弘」是「大」（邢昺）或「廓而大之」（朱子）。

何晏引用王肅說：「才大者道隨大，才小者道隨小，故不能弘人。」換句話說，因人的才器不同，所行的正道的大小也會有不同。

《漢書．董仲舒傳》〈8〉認為「道」是治理的基礎，仁義禮樂都是具體的項目。

《禮記．中庸》裡有兩段和本章可以相互發揮之處，子曰：「道不遠人。人之為道而遠人，不可以為道。」（〈13〉）；「大哉，聖人之道！洋洋乎發育萬物，峻極於天。優優大哉！禮儀三百，威儀三千，待其人然後行。故曰：苟不至德，至道不凝焉。故君子尊德性而道問學，致廣大而盡精微，極高明而中庸。溫故而知新，敦厚以崇禮。是故居上不驕，為下不倍；國有道，其言足以興，國無道，其默足以容。《詩》曰：『既明且哲，以保其身。』其此之謂與！」（〈28〉）說的也是沒有至德在身的人是無法得道的，當然就更無法弘道。

這些段落都是強調人要能從天學習「道」，將「道」行在日常生活之中就可以顯示這個人有「德」；「道」在天，「德」在身，自己有「德」，就是替天行「道」。我們今天「道德」一起講，其實隱含著要「天（道）人（德）合一」，也就是本章「人能弘道」的主旨。如果人而無「德」，離天「道」遠，就是自絕於天，自絕於道，也就是自找死路。

附錄

《漢書・董仲舒傳》〈8〉道者，所繇適於治之路也，仁義禮樂皆其具也。故聖王已沒，而子孫長久安寧數百歲，此皆禮樂教化之功也。王者未作樂之時，乃用先王之樂宜於世者，而以深入教化於民。教化之情不得，雅頌之樂不成，故王者功成作樂，樂其德也。樂者，所以變民風，化民俗也；其變民也易，其化人也著。故聲發於和而本於情，接於肌膚，臧於骨髓。故王道雖微缺，而筦絃之聲未衰也。夫虞氏之不為政久矣，然而樂頌遺風猶有存者，是以孔子在齊而聞韶也。夫人君莫不欲安存而惡危亡，然而政亂國危者甚眾，所任者非其人，而所繇者非其道，是以政日以仆滅也。夫周道衰於幽厲，非道亡也，幽厲不繇也。至於宣王，思昔先王之德，興滯補弊，明文武之功業，周道粲然復興，詩人美之而作，上天祐之，為生賢佐，後世稱誦，至今不絕。此夙夜不解行善之所致也。孔子曰「人能弘道，非道弘人」也。故治亂廢興在於己，非天降命不可得反，其所操持誖謬失其統也。

30

子曰：「過而不改，是謂過矣。」

孔子說：「〔明知〕犯了錯還不願意悔改，這才是真正的過錯。」

這章是孔子勉勵第一次犯錯的人不要懼怕改過，以免一錯再錯，到最後不可收拾。孔子兩度強調「過則勿憚改」（〈學而8〉和〈子罕25〉）；他也主張「見其過要內自訟」（〈公冶長27〉）；他特別誇獎顏淵的「不貳過」（〈雍也3〉）；他還承認過自己的過錯，不過幸運的是別人都會指出他的過錯（〈述而31〉）。孔門弟子子夏也承繼老師的看法，認為小人犯了錯一定會掩飾而不會坦白承認並改過（〈子張8〉）；子貢也說：「君子之過也，如日月之食焉：過也，人皆見之；更也，人皆仰之。」

其他先秦古籍中也有類似的看法（如：《春秋穀梁傳・僖公二十二年》〈4〉）；徐幹的《中論・貴驗》〈2〉甚至說：「聞過而不改，謂之喪心；思過而不改，謂之失體。」《管子・君臣下》〈5〉也說：「君有過而不改，謂之倒。」這些都是很嚴厲的道德譴責。

其他古籍也有從改過的這一面來論述的，想法都很一致：有過能改，就不算是過（《說苑・君道》〈25〉、《韓詩外傳・卷三》〈17〉、《大戴禮記・盛德》〈12〉和《孔子家語・執轡》〈1〉）。

這些說的，應該都是犯錯的人明知自己犯錯還不願承認，甚至改過。有時犯錯的人願意改，而是其他人不願意原諒他。畢竟有些過錯是連一次都不能犯的，像殺人放火這樣的事情。能不貳過，不當連續犯當然是亡羊補牢，但是畢竟傷害已經造成，如果我們身為受害者或受害者家人，這恐怕不是一個道歉或原諒可以解決的事情。責任歸屬還是要秉直道而論。

這個改過或是掩飾過錯的事情，不還是在我們身上或身邊不斷上演的劇碼嗎？只要人們「過而不改」，孔子的教誨就不會「過時」。

附錄

《管子・君臣下》〈5〉**君有過而不改，謂之倒**。臣當罪而不誅，謂之亂。君為倒君，臣為亂臣，國家之衰也，可坐而待之。

《春秋穀梁傳・僖公二十二年》〈4〉**過而不改**，又之，是謂之過。

《說苑・君道》〈25〉夫**過而改之**，是猶不過。

《韓詩外傳・卷三》〈17〉**過而改之**，是不過也。

《大戴禮記・盛德》〈12〉人情莫不有過，**過而改之**，是不過也。

《孔子家語・執轡》〈1〉過失，人情莫不有焉；**過而改之**，是謂不過。

31

子曰：「吾嘗終日不食，終夜不寢，以思，無益，不如學也。」

孔子說：「我曾經白天不吃飯，晚上整夜不睡覺，就是思考問題，結果發現對解決問題沒有幫助，真還不如好好地去學。」

這章孔子強調「學」比「思」要更具優位性。「終」是「竟」（皇侃），就是「整個」。「寢」是「眠」（皇侃），就是「睡覺」。「思」是「思其所學」（劉寶楠）或「思事理」（黃懷信）。「益」是「長進」。

「學」比「思」更首要的說法，也出現在不少先秦古籍中；《荀子・勸學》〈4〉中說：「吾嘗終日而思矣，不如須臾之所學也。」（《大戴禮記・勸學》〈4〉也有這句話，文字大同小異）；《說苑・建本》〈12〉中說：「吾嘗幽處而深思，不若學之速。」《韓詩外傳・卷六》〈9〉中說：「不學而好思，雖知不廣矣。」《孔叢子・雜訓》〈2〉記載孔子的孫子子思，告訴孔子的曾孫子上說：「吾嘗深有思而莫之得也，於學則寤焉。」也是秉持著本章的孔門家訓。

孔子其實是強調「學思並重」，他說過：「學而不思則罔，思而不學則殆。」（〈為政15〉）甚至，他還強調「五之」，除了「學」和「思」外，還有其他「三之」：「博學之、審問之、慎思之，明辨之，篤行之。」（《禮記．中庸》〈22〉），這是更完整的為學次第，也被毓老師列為奉元書院的院訓，在夏學社印行的書中都有這一段，時時提醒門生，不可或忘。

漢朝徐幹的《中論．治學》〈2〉就強調「學而行」和「思而得」的「學思並重」才能為人師。《大戴禮記．曾子立事》〈2〉也指出「日學夕思」才算是能「守業」的君子。這些講的都是同一個道理。

很可惜，現代教育重視記憶和背誦的學習，比較缺乏思辨的訓練，所以學生學不會問問題，恐怕也是這種教育方式的惡果。

如果我們好好再思考「博學、審問、慎思、明辨、篤行」，誰還敢說這種古人智慧是落伍的？沒有被這種智慧啟發的我們恐怕才是落伍的吧？

「先時」的智慧是人類永續生存的無盡寶藏。

32

子曰：「君子謀道不謀食。耕也，餒在其中矣；學也，祿在其中矣。君子憂道不憂貧。」

孔子說過：「君子心中老是想著行道的問題，不考慮自己飲食的溫飽問題。（因為就算是）耕田種地，（因為天災人禍的歉收）還有挨餓的可能，而學好做人做事，就有被錄用行道而有俸祿的希望。所以，（我再強調一遍，）君子要老想著行道的問題，不要考慮自己有錢沒錢的問題。」

這章孔子強調君子重視的是精神境界的道而不是物質世界的食，兩者的價值位階是不同的。這裡雖然沒說是「君子」和「小人」的對照，但是大家都可以看出隱含的對比。

「謀」是「圖」（皇侃）或「籌謀、謀劃」（黃懷信）。「耕」是「犁」（《說文解字》），「以牛犁田」（劉寶楠）。「餒」是「餓」（鄭玄、皇侃和邢昺）。

鄭玄說：「人雖念耕而不學，故飢餓；學則得祿，雖不耕而不餒。此勸人學。」朱子說的也差不多：「耕所以謀食，而未必得食；學所以謀道，而祿在其中。然其學也，憂不得乎道而已，非為憂貧之故，而欲為是以得祿也。」

這章容易被讀者誤會孔子教人學的目的是為了得俸祿。這是不仔細看整章的結果。因為孔子一開始就說了君子對「道」和「食」的不同態度，謀道所以要學，「學」是手段，「祿」是最差的結果，「道」還是最終目標。「耕」只是一個陪襯的說法，「餒」是最差的結果。所以，道是最好的結果，祿和餒都是最差的結果。這樣對照的說法和勸戒才有積極的勉勵意義。

孔子當然知道俸祿的重要性，他自己也開玩笑地說過：「吾豈匏瓜也哉？焉能繫而不食。」（〈陽貨7〉）可是，孔子絕對不認同只為了俸祿而不行道的那種「竊位」（〈衛靈公14〉）的「尸位素餐」的人。如果是這樣，他就不必周遊列國，找個有權勢的國君就可以靠著一張嘴過好日子。

孔子在兩處也說過類似的話：「君子食無求飽，居無求安，敏於事而慎於言，就有道而正焉，可謂好學也已。」（〈學而14〉）；「士志於道，而恥惡衣惡食者，未足與議也。」（〈里仁9〉）「行道」是孔子念茲在茲的事情，有得吃沒得吃，有錢沒錢，都不是他關心的最重要的問題。

33

子曰：「知及之，仁不能守之，雖得之，必失之。知及之，仁能守之。不莊以涖之，則民不敬。知及之，仁能守之，莊以涖之。動之不以禮，未善也。」

孔子說：「（居上位者）理智上知道該去行的，卻沒有仁德去篤守，（這樣的話）就算（理智上）知道道是什麼，最終還是（因為不能以仁德行道）會失去道。（還有一個更高的層次）如果理智上知道應該行道，也能用仁德篤守去行道，可是（即使如此）卻沒有莊敬慎重的態度來面對行道的事，就不會得到人民的尊敬。（最後還有一個更高的層次）理智上知道該行道，也有仁德篤守，還能用莊敬慎重的態度來面對行道的事，可是卻在行動時不謹守禮法行道，這就沒有讓行道一事止於至善。」

這章孔子講到幾種德行的位階，或者說德行的全面性，最後還強調禮才能止於至善。

「涖」（音力）是「臨也，謂臨民」（朱子、劉寶楠）。「動」是「行」（戴望），「動之」是「動民」，猶曰鼓舞而作興之云爾」（朱子）。「禮」是「義理之節文」（朱子）。

這章的關鍵之一就是出現的十一個「之」這個指示代名詞是否前後一致，以及所指為何的問題：一種說法是指「官位」或「祿位」（包咸、皇侃）或「位」（邢昺）。一說是指「民」（朱子和劉寶楠）。一說是「知」和「仁」所及的「之」是指「事理」，「動之」的「之」是指「民」（王夫之）。一說是指「仁」（毛奇齡）。

如果從「脈絡解經」來看，上一章強調「君子謀道不謀食」和「君子憂道不憂貧」來看，這些「之」字應該指的是君子所謀所憂的「道」或是「先王之道」，或是「禮運大同之道」。

這章提到的「仁」和「禮」都是孔子很重要的指導理念，有時強調「仁」（〈八佾3〉），有時強調「禮」（〈泰伯2〉和〈顏淵1〉），其實是相輔相成，缺一不可。後來孟子偏向「仁」，荀子偏向「禮」，都只是學到孔子的「半套」。道術不僅為天下裂，更在門人弟子和後學之間斷裂再斷裂。

這裡從個人層次的「知」（格物）開始，拓展到人際層次的「仁」（或者說是「群德」），到國和天下層次的「民」，都要以禮而動（就是「禮運」），都要能「知道」並「行道」，特別是行道於民，才能「止於至善」。我覺得《禮記・大學》〈1〉要說的也就是比這章更有系統的「大學之道」。這個「大學」要我們學的就是「大」，而「天」最大，天的「尚公無私」和「生生不息」的精神就是孔子要我們學到的「大學」。毓老師提倡的「夏學」也遵循著「夏者，大也」（《春秋繁露・楚莊王》〈6〉、《說苑・修文》〈2〉和《論衡・正說》〈21〉）（《白虎通德論・卷一》〈號7〉說得更完整：「夏者，大也，明當守持大道。」）和「夏，中國之人也」（《說文解字》）（這是文化意義，而不是地理和政治的指涉），所以也是承傳著先王一貫的禮運大同大學之道。

我們要能「知本」，才能邁向「大學之道」。這是古人可以啟發我們今人智慧的最重要所在。順便說一下，我喜歡在送人《大學》和《中庸》（合稱「學庸」）的書時，題上這麼一個對子：

大學學大　唯天為大
中庸用中　君子時中

附錄

《禮記》〈大學1〉**大學之道**，在明明德，在親民，在止於至善。知止而後有定，定而後能靜，靜而後能安，安而後能慮，慮而後能得。物有本末，事有終始，知所先後，則近道矣。——〈2〉古之欲明明德於天下者，先治其國；欲治其國者，先齊其家；欲齊其家者，先修其身；欲修其身者，先正其心；欲正其心者，先誠其意；欲誠其意者，先致其知，致知在格物。物格而後知至，知至而後意誠，意誠而後心正，心正而後身修，身修而後家齊，家齊而後國治，國治而後天下平。自天子以至於庶人，壹是皆以修身為本。其本亂而末治者否矣，其所厚者薄，而其所薄者厚，未之有也！此謂**知本**，此謂**知之至**也。

34

子曰：「君子不可小知，而可大受也；小人不可大受，而可小知也。」

孔子說：「君子不可以用身邊小事來知用他，可以天下大事來讓他發揮長才；小人不可以用來做天下大事，只能用他來做身邊小事。」

這是《論語》中君子和小人對舉的十七章之一。這章的對照點在於「大受」和「小知」。這章的關鍵就在於「知」和「受」，以及「大」和「小」。此章的主旨，古注也因為各自強調不同的角度而有不同說法；邢昺認為：「此章言君子小人道德深淺不同之事。」朱子則主張「此言觀人之法」，王夫之則強調：「此為任用人者而言。」我覺得王夫之的講法比較合理。

「小知」——何晏引用王肅說是「小了知」，皇侃稍加解釋說：「君子之道深遠，不與凡人可知，故云不可小知也。」邢昺又多添了幾個字，講得和皇侃差不多：「君子之道深遠，仰之彌高，鑽之彌堅，故不可小了知」。朱子說：「知，我知之也。」戴望說：「知，猶用也。」黃懷信說：「知，謂了解。」

「大受」——何晏沒有解釋，皇侃說：「德能深潤物，物受之深，故云而可大受也。」邢昺的解釋很晦澀：「使人饜飫而已。」朱子說是「彼所受」。黃懷信說是「受大任」。

劉寶楠的解釋引用了《淮南子・主術訓》〈18〉，強調人主「用人唯才」，他的解釋比較持平：「君子所知，皆深遠之道，不可以小了知也。小人祇知淺近，故可以小了知。」古注都略過對「大」和「小」的解釋。黃懷信只解釋了：「小，謂以小事，從小處……大受，受大任。」

我認為有一條可能的解釋線索：孔子在樊遲問學稼學圃的時候，教他要把握「禮、義、信」這些大本，而捨棄「農圃」這種小事（〈子路4〉）。君子之道就是要先掌握這種「本末、終始、先後」（《禮記・大學》〈1〉）。換句話說，要讓有志於君子之道的人事事從天下、大局著想，要如何「尚公」（為人民服務）這樣的「大受」，而不是只想著自己的溫飽或升官發財這種為己的「小知」。

很不幸，有人要給這樣的想法戴上「鄙視勞動的資產階級封建思想」，這應該不是「少也賤，故多能鄙事」（〈子罕6〉）的孔子所會有的想法吧？

附錄

《淮南子・主術訓》〈18〉人主之居也，如日月之明也。天下之所同側目而視，側耳而聽，延頸舉踵而望也。是故非澹薄無以明德，非寧靜無以致遠，非寬大無以兼覆，非慈厚無以懷眾，非平正無以制斷。是故賢主之用人也，猶巧工之制木也，大者以為舟航柱梁，小者以為楫楔，修者以為櫚榱，短者以為朱儒枅櫨。無小大修短，各得其所宜；規矩方圓，各有所施。天下之物，莫凶於雞毒，然而良醫橐而藏之，有所用也。是故林莽之材，猶無可棄者，而況人乎？今夫朝廷之所不舉，鄉曲之所不譽，非其人不肖也，其所以官之者非其職也。鹿之上山，獐不能跂也，及其下，牧豎能追之；才有所修短也。是故有大略者，不可責以捷巧；有小智者，不可任以大功。人有其才，物有其形，有任一而太重，或任百而尚輕。是故審豪厘計者，必遺天下之大數；不失小物之選者，惑於大數之舉。譬猶狸之不可使搏牛，虎之不可使捕鼠也。今人之才，或欲平九州，並方外，存危國，繼絕世，志在直道正邪，決煩理挐，而乃責之以閨閣之禮，奧窔之間；或佞巧小具，諂進偷說，隨鄉曲之俗，卑下眾人之耳目，而乃任之以天下之權，治亂之機。是猶以斧劗毛，以刀抵木也，皆失其宜矣。

35

子曰：「民之於仁也，甚於水火。水火，吾見蹈而死者矣，未見蹈仁而死者也。」

孔子說：「人民對於仁德的需要，其實更勝於對水和火的需要。水和火〔有一不慎〕都會〔有可能〕讓人喪命，可是沒見過因為行仁而喪命的。」

這章是孔子鼓勵人行仁道。

「甚」是「勝」（皇侃）。「蹈」是「踐」（《說文解字》）。「死」不像現在的一般用法，而是一種社會等級的說法：「君子曰終，小人曰死。」（《禮記・檀弓上》〈32〉）

馬融說：「水、火與仁皆民所仰而生者。仁最為甚。蹈水火或時殺人，蹈仁未嘗殺人。」皇侃補充說：「仁是恩愛，政行之，故宜為美。若誤履蹈之，則未嘗殺人，故云未見蹈仁而死者也。」

孔子這句話是鼓勵人的場面話，其實他所稱道的「仁者」中，伯夷和比干都可以算是蹈仁而死：伯夷因為「義不食周粟」而餓死首陽山；比干因為諫言商紂不成而被剖心。

換個角度來說，沒有水火人都活不了，如果沒有「仁」（人和人之間的親愛），大家爾虞我詐，人人自私為己，最後非弄到你死我活，同歸於盡的地步，這恐怕就是孔子擔心的脫序狀態。

這和下一章恐怕有點關係。且聽下回分解。

36

子曰：「當仁不讓於師。」

孔子說：「碰到當下要行仁的情況，〔就得馬上去做，〕甚至要搶在老師〔或眾人〕前頭去做。」

這章接續前章鼓勵行仁，孔子主張「行仁」要積極搶先，學生不能謙恭地讓給老師或眾人。「當」——王夫之說是「當其時、當其位」；黃懷信說是「應當」。「仁」——皇侃這裡說是「周窮濟急之謂」。「當仁」——朱子說是「以仁為己任」。「不讓」——黃懷信說是「爭先」。「師」——一般解作「老師」，或是當時的「盲眼樂師」，黃式三引用別解：「師，眾也」。

在一般情況之下，按禮來說，學生要「讓於師」，講話和行動都要合於尊卑長幼之禮，不能「僭禮」搶在老師前頭。可是碰到「當仁」的這種特別情況，為了人命的更高價值，可以捨棄平常禮讓的拘束。所以，平日「禮」的優位性高於「仁」，非常時期「仁」的優位性高於「禮」。

這章也教人「通權達變」，不能在特殊狀況之下還死守著平常的禮，而不知變通。這是講「時」和「權」的「仁禮互用」的行事原則，表面看來像是不守信用或禮法的小人，實際上還是守正行仁的藏道君子。

學校老師都是教學生要「當仁不讓於師」，可是回到家，家長總會告誡子女「別多管閒事，以免惹禍上身」。家長信奉的是庶民智慧：「各人自掃門前雪，休管他人瓦上霜。」也許正是因為這樣「顧己不顧人」的心態，才讓孔子在上一章驚嘆：「未見蹈仁而死者也。」（〈衛靈公35〉）。

這也是孔子教人以「公」為念的「則天」或「法天」的教學理念。天下為公，世界太平。這不正是現在「全球倫理」的倡議者所要追求的終極目標嗎？

37

子曰：「君子貞而不諒。」

孔子說：「一個君子堅守信念而且行事正直，但是不會死守著不合時宜的小信。」

這章講君子。雖然沒有提到「小人」，但是讀者可以舉一反三。

「貞」是「正」（孔安國、皇侃和《易經・師卦》〈1〉）或「正而固」（朱子），這個字在《易經》中是常用字，而在《論語》中只出現過這麼一次。「諒」是「信」（孔安國、皇侃和《說文解字》），或是「不擇是非而必於信」（朱子），或「信而不通」（劉寶楠）。

《論語》中「諒」出現過四次，有時是正面的意思（〈季氏4〉），有時是負面的（〈憲問17〉和本章），有時是中性的（〈憲問40〉）。這裡和〈憲問17〉的匹夫匹婦的「之為諒」，或是〈子路20〉硜硜然小人哉的「言必信」都是孔子責難的「死守著一個不合時宜的信而不知變通」。《孟子・離婁下》〈39〉也強調「大人者」是要考慮到「義」（時宜）行事，言行的信果都要以義為最高判準。這也是《易經・乾卦》〈24〉強調的「知進退存亡而不失其正」的「聖人」境界。

這和前一章說的「當仁不讓於師」也是同樣的強調「時」、「權」的優位價值。這是死腦筋的人所不懂的事。後來號稱儒門子弟的人都學不來這一套，所以也應驗了孔子說的：「可與共學，未可與適道；可與適道，未可與立；可與立，未可與權。」（〈子罕30〉），後人感嘆「儒門淡薄」實在是因為弟子無能企及老師的境界啊！

這幾章放在一起，反覆致意，別有編輯者的用心。讀《論語》不能忽略這樣的文本脈絡。這也是「依脈絡解經」的重要理據。

附錄

《孟子・離婁下》〈39〉孟子曰：「大人者，言不必信，行不必果，惟義所在。」

38

子曰：「事君，敬其事而後其食。」

孔子說：「幫君上做事，要先恭敬審慎將事情做好，然後才能安心收受俸祿。」

這章是教臣下要先有工作倫理，盡責之後才能理所當然地享受俸祿。「敬其事」的「敬」是「自急敕」（劉寶楠），不如「恭敬謹慎」來得讓人明白易懂，「事」是「民事」（戴望），也就是以人民的福利為考慮重點。「食」是「祿」（朱子），也就是現在所說的薪水或工資。

這章強調的「先勞而後祿」後來也被列在儒者當有的行為準則中（《禮記·儒行》〈6〉和《孔子家語·儒行解》〈7〉）。

關於「事君」，《論語》曾經反覆致意，多少也能看出這種「政事」也是孔子教學的重點項目。孔子強調「事君」要「盡禮」（〈八佾18〉）、「以忠」（〈八佾19〉）、「以道」（〈先進24〉）、「勿欺也，而犯之」（〈憲問22〉）。孔子還認為讀《詩經》因為詩的「興、觀、群、怨」四種作用，所以也可以「事君」（〈陽貨9〉）。

到了孔子的弟子，說法就略有不同：子夏說要「能致其身」（〈學而7〉）、子游說要小心「事君數」有「辱」的惡果（〈里仁26〉）。前者容易滑落到「賣命效死」的「愚忠」，後者容易變成不敢拂逆上意的唯唯諾諾之臣。這些及門弟子的說法真還不如孔子的私淑弟子說的更貼近孔子的意思：「君子之事君也，務引其君以當道，志於仁而已。」（《孟子．告子下》〈28〉）孟子在這點上堪稱後來居上。

《禮記》中有許多「事君」的教誨：〈檀弓上2〉強調「有犯而無隱」，和子游的說法不同；〈祭統14〉中則主張「必身行之」，從自己做起，推己及人；〈表記32〉則說要「先資其言，拜自獻其身，以成其信」，強調的是言和信；〈33〉更說明言和利祿的關係：「事君大言入則望大利，小言入則望小利；故君子不以小言受大祿，不以大言受小祿。」〈34〉還是強調「下達」和「尚辭」；〈35〉也是強調「擇中而諫」的重要性：「事君遠而諫，則諂也；近而不諫，則尸利也。」〈39〉甚至說：「事君三違而不出竟，則利祿也；人雖曰不要，吾弗信也。」〈37〉又說：「欲諫不欲陳。」〈38〉則說明進退之道：「事君難進而易退，則位有序；易進而難退則亂也。故君子三揖而進，一辭而退，以遠亂也。」〈40〉強調：「慎始而敬終」的一貫態度；〈41〉則強調：「事君可貴可賤，可富可貧，可生可殺，而不可使為亂。」〈42〉更細緻地說明：「事君，軍旅不辟難，朝廷不辭賤；處其位而不履其事則亂也。故君使其臣得志，則慎慮而從之；否，則孰慮而從之。終事而退，臣之厚也。《易》曰：『不事王侯，高尚其事。』」這些都是孔子說的話，雖然沒收入《論語》，但可以看出內容是和《論語》中孔子的說法相符應的，也更詳細些。這些都是孔子留下來給後人的寶貴智慧資產。

不過，先秦古籍也出現過把孝和忠的優位順序結合或錯亂的說法，造成後來「愚忠」的思想依據：《禮記・祭義》〈26〉和《大戴禮記・曾子大孝》〈2〉都說過：「事君不忠，非孝也。」從正面表述這種立場的有：《禮記・大學》〈11〉：「孝者，所以事君也。」

曾子的《孝經・開宗明義》〈1〉中也有一段被懷疑是為了「忠君」才插入的「中於事君」的話。因為文本原來說：「身體髮膚，受之父母，不敢毀傷，孝之始也。立身行道，揚名於後世，以顯父母，孝之終也。」有「始」有「終」，卻沒有「中於事君」的部分。可是文本接下來就在「始」和「終」之間加入了「中於事君」一段：「夫孝，始於事親，中於事君，終於立身。」這樣一來「移孝作忠」就成為後來士大夫或知識人面對昏庸政權的緊箍咒。《孝經》後來有〈事君〉一章，講得還算是符合孔子的教誨：「君子之事上也，進思盡忠，退思補過，將順其美，匡救其惡，故上下能相親也。」這裡的「盡忠」也從「盡己所能」滑落到「賣命而死」。

晉國時期欒盈的家臣辛俞就有「事君以死」（《說苑・復恩》〈13〉）的說法。這個故事更可看出孔子對於「事君」的獨特想法。

這章其實還有一個職業倫理或工作倫理的教誨，這對現代人恐怕更有意義。我問過一位開公司的朋友說如何選拔應徵的人選，他告訴我的心法是：「要找和自己公司有共同理念的新人，而不只是來找一份工作或領一份薪水的人。」順便說一下，他給新人的薪水雖不是最高，但比一般行情高，不是為了節省人事成本而唱高調。

附錄

《禮記．儒行》〈6〉儒有不寶金玉，而忠信以為寶；不祈土地，立義以為土地；不祈多積，多文以為富。難得而易祿也，易祿而難畜也，非時不見，不亦難得乎？非義不合，不亦難畜乎？**先勞而後祿**，不亦易祿乎？其近人有如此者。

《孔子家語．儒行解》〈7〉儒有不寶金玉；而忠信以為寶；不祈土地，而仁義以為土地；不求多積，而多文以為富；難得而易祿也，易祿而難畜也；非時不見，不亦難得乎？非義不合，不亦難畜乎？**先勞而後祿**，不亦易祿乎？其近人情有如此者。

《孝經．開宗明義》〈1〉仲尼居，曾子侍。子曰：「先王有至德要道，以順天下，民用和睦，上下無怨。汝知之乎？」曾子避席曰：「參不敏，何足以知之？」子曰：「夫孝，德之本也，教之所由生也。復坐，吾語汝。身體髮膚，受之父母，不敢毀傷，孝之始也。立身行道，揚名於後世，以顯父母，孝之終也。夫孝，始於事親，中於**事君**，終於立身。《大雅》云：

『無念爾祖，聿修厥德。』」

《說苑．復恩》〈13〉晉逐欒盈之族，命其家臣有敢從者死，其臣曰：「辛俞從之。」吏得而將殺之，君曰：「命汝無得從，敢從何也？」辛俞對曰：「臣聞三世仕於家者君之，二世者主之；**事君以死**，事主以勤，為之賜之多也。今臣三世於欒氏，受其賜多矣，臣敢畏死而忘三世之恩哉？」晉君釋之。

39

子曰：「有教無類。」

孔子說：「（我的）教學是不管學生的血緣和階級的。」

這章是《論語》中數一數二有名的篇章，後來有些孔廟中就掛有這一則的匾額。「類」是本章的關鍵，古注在此都不太多說，好像這是一個不辯白明的觀念。《說文解字》的解釋不太有幫助：「類，種類相似，唯犬為甚。從犬，類聲。」這裡拿狗當例子說明「種類相似」更是沒見到當今狗類的多樣性。

有些「類」應該講的是種族，所謂的「非我族類，其心必異」（《春秋左傳・成公四年》〈2〉）就是個好例子。

孟子曾經引用有若贊美過孔子的話：「聖人之於民，亦類也。出於其類，拔乎其萃。自生民以來，未有盛於孔子也。」《孟子・公孫丑上》〈2〉這裡的類，恐怕就是「人類」，說孔子「出類拔萃」也是讚美他是「人中之龍」。

從《呂氏春秋．孟夏紀》〈勸學1〉所說的：「師之教也，不爭輕重尊卑貧富，而爭於道。其人苟可，其事無不可，所求盡得，所欲盡成，此生於得聖人。」來看，這裡的「類」恐怕是指階級。

孔子的時代教育掌握在王室和貴族手中，一般人是沒有受教育的機會。孔子後來以「有教無類」的目標教學，打破了傳統「世襲社會」的狹隘教育管道，訓練一批弟子可以透過自己的真才實學，而為君上所用，以遂行他理想中的禮運大同之道。

現代多數社會裡，教育是憲法規定的人民的義務，不過義務教育往往只到小學和中學階段，再加上還有城鄉差距，教育反而成為進一步社會階級分類的工具。根據許多社會學家跨國家的研究發現，雖然教育普及了，個別人才雖然有著階級流動的機會和經歷，可是透過文化、經濟和社會資源的不平均分配，宏觀的階級結構還是由掌權的和掌錢的兩種家族管控。

要打破「有教無類」的一種辦法，恐怕是讓國民都能接受免費的高等教育。國家拿人民的納稅錢，就應該投資在自己的人民身上。否則像現在這樣受過高等教育的人社會地位高過沒受過高等教育的人，這樣教育就成為另一種分類的工具，而離孔子當初的理想就更遠了。

另外，網路上的公開課也是讓人可以好好學習的另一條管道。這能讓更多的人接受更多更豐富的教育課程。我很支持這樣的做法，所以就申請將自己的八門課都放在「臺灣大學開放式課程網站」上，有興趣的人都可以上網收看課程，還有免費的講義可以下載，大陸人甚至不用翻牆就可以收看比其他大陸網站轉載的要更完整的版本。這也是響應孔子「有教無類」的做法。

附錄

《春秋左傳·成公四年》〈2〉秋，公至自晉，欲求成於楚，而叛晉。季文子曰：「不可，晉雖無道，未可叛也。國大臣睦，而邇於我，諸侯聽焉，未可以貳。史佚之志有之曰：『**非我族類，其心必異**』，楚雖大，非吾族也，其肯字我乎！」公乃止。

《孟子·告子上》〈7〉孟子曰：「富歲，子弟多賴；凶歲，子弟多暴，非天之降才爾殊也，其所以陷溺其心者然也。今夫麰麥，播種而耰之，其地同，樹之時又同，浡然而生，至於日至之時，皆熟矣。雖有不同，則地有肥磽，雨露之養，人事之不齊也。故凡同類者，舉相似也，何獨至於人而疑之？聖人與我同類者。」

40

子曰：「道不同，不相為謀。」

孔子說：「〔如果兩個人〕要行的道不同，就〔各自努力，〕不必為彼此謀劃。」

這章孔子說的話常常被現代人拿來當成不相往來的用語。「道」是指「路」（王夫之）或「思想主張」（黃懷信）。「不同」指的是「善惡邪正之異」（朱子）。「謀」是「慮難」（《說文解字》）或「謀劃」（黃懷信）。

〈衛靈公32〉中說過君子要「謀道」，不要「謀食」，顯然「道」的價值位置是比較高的。可是在〈子罕30〉中，「適道」是在共學之上，卻在「與立」和「與權」之下。配合此章來看，「道」都不同，就不必往上談「與立」和「與權」。這樣讀來，孔子似乎很堅持自己的道而不和人交流。這卻和以「兼容並包」來解釋「攻乎異端」的孔子，或是《禮記・中庸》〈31〉中表現「兼容並包」的「萬物並育而不相害，道並行而不相悖」又不太符應。

孟子不是把「道」當成終極目標來看，而是行事的手段，這恐怕接近孔子「兼容並包」的想法：他在〈公孫丑上2〉上提到伯夷、伊尹和孔子這三位古聖人不同「道」，後來在〈告子下26〉又提到伯夷和伊尹，卻沒提孔子改提柳下惠，也說這三人「不同道」，可是他們的終極目標是「仁」，這點卻是一樣的。他也因此反問道：「何必同〔道〕？」這裡似乎已經肯定了作為終極目標的「道」是相同的，作為手段的「道」則有不同，因此變成是「謀之道」不同的問題。這樣看來就比較像台灣習慣說的「兄弟登山各自努力」，終極目標是登山，只是登山的路線不同，並沒有要和人「絕交」的意思。「不相為謀」就沒有那種「排除異己」的意涵。

現代社會各職業中，因為職業機密和競爭專利的問題，就算「道」相同，恐怕更要「謹慎為謀」。所以問題恐怕又不是「謀」或「不謀」，而是「為誰而謀」和「為何而謀」。

《禮記・禮運》〈1〉最後有著「謀閉而不興」（《孔子家語・禮運》〈1〉多一字作「姦謀閉而不興」），多少可以透露出〈禮運〉的「謀」不是正面的意思。如果「謀」字當成「陰謀」，那麼「道不同」，也不要用「陰謀」來算計別人，或是認為別人都懷有「陰謀」，這恐怕還是符合「兼容並包」的解釋路線。

附錄

《孟子》〈公孫丑上2〉曰：「伯夷、伊尹何如？」曰：「**不同道**。非其君不事，非其民不使；治則進，亂則退，伯夷也。何事非君，何使非民；治亦進，亂亦進，伊尹也。可以仕則仕，可以止則止，可以久則久，可以速則速，孔子也。皆古聖人也，吾未能有行焉；乃所願，則學孔子也。」

——〈告子下26〉孟子曰：「居下位，不以賢事不肖者，伯夷也；五就湯，五就桀者，伊尹也；不惡汙君，不辭小官者，柳下惠也。三子者**不同道**，其趨一也。一者何也？曰：仁也。君子亦仁而已矣，何必同？」

《禮記・禮運》〈1〉昔者仲尼與於蜡賓，事畢，出游於觀之上，喟然而嘆。仲尼之嘆，蓋嘆魯也。言偃在側曰：「君子何嘆？」孔子曰：「大道之行也，與三代之英，丘未之逮也，而有志焉。」大道之行也，天下為公。選賢與能，講信修睦，故人不獨親其親，不獨子其子，使老有所終，壯有所用，幼有所長，矜寡孤獨廢疾者，皆有所養。男有分，女有歸。貨惡其棄於地也，不必藏於己；力惡其不出於身也，不必為己。是故**謀閉**而不興，盜竊亂賊而不作，故外戶而不閉，是謂大同。

《孔子家語・禮運》〈1〉孔子為魯司寇，與於蜡。既賓，事畢，乃出遊於觀之上，喟然而歎。言偃侍，曰：「夫子何歎也？」孔子曰：「昔大道之行，與三代之英，吾未之逮，而有記焉。大道之行，天下為公，選賢與能，講信修睦。故人不獨親其親，不獨子其子。老有所終，壯有所用，矜寡孤疾皆有所養。貨惡其棄於地，必不藏於己；力惡其不出於身，不必為人。是以**姦謀閉**而弗興，盜竊亂賊不作，故外戶而不閉。謂之大同。

41

子曰：「辭達而已矣。」

孔子說：「公開場合說的話要能正確表達內心的道德意圖，並且要考量到場合和對方的肢體語言，以及言語的可能後果。」

這章是講言語要以「達」為目標。

「辭」，《說文解字》說是「訟」，可是沒有古注是從這種訴訟的角度來解釋這句話。戴望引用《周禮・春官宗伯》〈132〉說「辭」有六種，表達階層的高低和關係的親疏遠近：「一曰辭，二曰命，三曰誥，四曰會，五曰禱，六曰誄。」這種獨門解釋就將「辭」從「日常生活的講話」放大到「公開場合的文字或言語的表述」，這比較像是「言」（公開場合）和「語」（私下場合）的一種區分，恐怕不是沒有道理。

戴望也說：「達，通也，以通上下、親疏、遠近」。這也是其他古注都輕輕放過不解釋的。〈顏淵20〉中子張問過孔子「達」，孔子的回答是：「質直而好義，察言而觀色，慮以下人。」從這個定義來看這章，達就不是「不要有過度的修飾」這麼簡單的意思，恐怕還要加入說話者的用心需要「質直而好義」，而且說話要看當下場合和對方的臉色表情等肢體語言（察言而觀色），並且要替別人多想想說話的後果（慮以下人）。

孔安國解釋這章是一種後世古注家的定調說法：「凡事莫過於實，辭達則足矣，不煩文豔之辭。」朱子的說法也類似：「辭取達意而止，不以富麗為工。」強調的都是講話要樸實無華。

董仲舒的《春秋繁露》對春秋之「辭」和「達」都有「經」（平常時期的常態做法）和「變」（非常時期的變通做法）的交替互用，不可拘泥原則而不知變通。他說：「《詩》無達詁，《易》無達佔（占卜），《春秋》無達辭」（《詩經》不是只有一種解釋，《易經》不是只有一種占卜的方式，《春秋》不是只有一種固定用辭）（《春秋繁露・精華》〈6〉），所以恐怕「辭達而已矣」也不是一成不變的原則。這也許是孔子修《春秋》的「微言大義」。古注似乎都輕忽了這一章。

問題不在於華麗辭藻的空虛內容，而在於精簡字句中蘊藏的壓縮的訊息和道德含量。這是孔子的「辭達」表現嗎？還是「辭不達」？

附錄

《儀禮・聘禮》〈35〉辭無常，孫而說。辭多則史，少則不達。辭苟足以達，義之至也。

《春秋繁露》〈玉英4〉《春秋》有經禮，有變禮。為如安性平心者，經禮也。至有於性，雖不安，於心，雖不平，於道，無以易之，此變禮也。是故昏禮不稱主人，經禮也。辭窮無稱，稱主人，變禮也。天子三年然後稱王，經禮也。有故則未三年而稱王，變禮也。婦人無出境之事，經禮也。母為子娶婦，奔喪父母，變禮也。明乎經變之事，然後知輕重之分，可與適權矣。難者曰：《春秋》事同者辭同。此四者俱為變禮，而或達於經，或不達於經，何也？曰：《春秋》理百物，辨品類，別嫌微。修本未者也。是故星墜謂之隕，螽附謂之雨，其所發之處不同，或降於天，或發於地，其辭不可同也。今四者俱為變禮也同，而其所發亦不同。或發於男，或發於女，其辭不可同也。是或達於常，或達於變也。

——〈精華6〉難晉事者曰：《春秋》之法，未逾年之君稱子，蓋人心之正也。到里克殺奚齊，避此正辭而稱君之子，何也？曰：所聞《詩》無達詁，《易》無達佔，《春秋》無達辭，從變從義，而一以奉人。仁人錄其同姓之禍，固宜異操。晉，《春秋》之同姓也。驪姬一謀而三君死之，天下之所共痛也。本其所為為之者，蔽於所欲得位而不見其難也。《春秋》疾其所蔽，故去其正辭，徒言君之子而已。若謂奚齊曰：嘻嘻！為大國君之子，富貴足矣，何必以兄之位為欲居之，以到此乎云爾。錄所痛之辭也。故痛之中有痛，無罪而受其死者，申生、奚齊、卓子是也。惡之中有惡者，己立之，己殺之，不得如他臣之弒君者，齊公子商人是也。故晉禍痛而齊禍重。《春秋》傷痛而敦重，是以奪晉子繼位之辭與齊子成君之號，詳見之也。

42

師冕見，及階，子曰：「階也。」及席，子曰：「席也。」皆坐，子告之曰：「某在斯，某在斯。」師冕出，子張問曰：「與師言之道與？」子曰：「然！固相師之道也。」

有個叫做冕的盲人樂師來拜見孔子。（孔子出來迎接，）到上台階之前，孔子提醒他說：「有台階。」（進了屋）到了跪坐的席位之前，孔子提醒他說：「這是席位。」等到賓客都跪坐定位，孔子就告訴他說：「某某人跪坐在這裡，某某人跪坐在那裡。」等到盲人樂師冕離開以後，（跟在孔子身旁的）子張就請問孔子說：「這些都是對待盲人樂師所要說的話嗎？」孔子回答說：「當然！這就是引導盲人該說的話。」

這章鮮活地展現了孔子對待盲人樂師的親切態度。

「師」是「樂人盲者」（孔安國），「師冕」是「魯之樂師」（皇侃）。「見」是「來見孔子」（皇侃）。「及」是「至」（皇侃）。「階」是「孔子家堂階也」（皇侃）。「皆」是「俱」（皇侃）。「某」是「席中人」（皇侃）。「師冕出」是「見孔子事畢而出去」（皇侃）。「道」是「禮」（皇侃和戴望）。「相」是「導」（馬融）或「助」（朱子）。

我曾看到歌手蔡依林幫助盲人的公益廣告，也強調只要告訴盲人朋友飯、菜、筷子和杯子的位置在哪裡就可以了，不必幫忙餵食，這樣對盲人朋友是沒有幫助的。如果還能加上說要告訴盲人朋友在場的人士和所坐的位置，恐怕更能符合孔子這章的教誨。孔子這種兩千多年前引導盲人的做法，到現在還適用。

順便提一下孔子學習音樂的精神，這在《孔子家語・辯樂解》〈1〉和《史記・孔子世家》〈34〉都有記載：孔子跟樂師師襄子學彈古琴。學了十天都停留在原來的進度上，沒有更換。師襄子就催促說：「可以換學別的曲子了。」孔子回答說：「我只學了旋律，還沒學到技巧。」過了一段時間，師襄子催促說：「技巧已經學好，可以換學別的曲子了。」孔子說：「可是我還沒學到曲子背後的思想。」又過了一段時間，師襄子催促說：「已經學到曲子背後的思想了，可以換首曲子了。」孔子說：「我還不知道這是誰作的曲。」又過了一陣子，孔子穆然沉思，展現出志向高遠的模樣，眺望著遠處，說：「我已經清楚這首曲子的作曲者是怎樣的人了。他皮膚黝黑、身材修長、志向廣遠、統治四方，除了周文王，誰還能作出這樣的樂曲呢？」師襄子聽完，趕緊離席，向孔子拱手行禮說：「您真是聖人啊！這首古琴曲就是流傳下來的《文王操》。

我也找了古琴曲《文王操》來聽，完全達不到孔老夫子的意境。人家是聖人，我只是聖人剩下的「剩人」。禮和樂是孔子生活和思想的重心，從此章他對待樂師，以及上面學琴曲的故事，可見到他認真的模樣。

附錄

《孔子家語・辯樂解》〈1〉孔子學琴於師襄子。襄子曰：「吾雖以擊磬為官，然能於琴。今子於琴已習，可以益矣。」孔子曰：「丘未得其數也。」有間，曰：「已習其數，可以益矣。」孔子曰：「丘未得其志也。」有間，曰：「已習其志，可以益矣。」孔子曰：「丘未得其為人也。」有間，曰。孔子有所繆然思焉，有所睪然高望而遠眺，曰：「丘迨得其為人矣。黯而黑，頎然長，曠如望羊，掩有四方，非文王其孰能為此？」師襄子避席葉拱而對曰：「君子聖人也！其傳曰：《**文王操**》。」

《史記・孔子世家》〈34〉孔子學鼓琴師襄子，十日不進。師襄子曰：「可以益矣。」孔子曰：「丘已習其曲矣，未得其數也。」有間，曰：「已習其數，可以益矣。」孔子曰：「丘未得其志也。」有間，曰：「已習其志，可以益矣。」孔子曰：「丘未得其為人也。」有間，〔曰〕有所穆然深思焉，有所怡然高望而遠志焉。曰：「丘得其為人，黯然而黑，幾然而長，眼如望羊，如王四國，非文王其誰能為此也！」師襄子辟席再拜，曰：「師蓋云**文王操**也。」

季氏

•

第十六

1

季氏將伐顓臾。冉有、季路見於孔子曰：「季氏將有事於顓臾。」孔子曰：「求！無乃爾是過與？夫顓臾，昔者先王以為東蒙主，且在邦域之中矣，是社稷之臣也。何以伐為？」冉有曰：「夫子欲之，吾二臣者皆不欲也。」孔子曰：「求！周任有言曰：『陳力就列，不能者止。』危而不持，顛而不扶，則將焉用彼相矣？且爾言過矣。虎兕出於柙，龜玉毀於櫝中，是誰之過與？」冉有曰：「今夫顓臾，固而近於費。今不取，後世必為子孫憂。」孔子曰：「求！君子疾夫舍曰欲之，而必為之辭。丘也聞有國有家者，不患寡而患不均，不患貧而患不安。蓋均無貧，和無寡，安無傾。夫如是，故遠人不服，則修文德以來之。既來之，則安之。今由與求也，相夫子，遠人不服而不能來也；邦分崩離析而不能守也。而謀動干戈於邦內。吾恐季孫之憂，不在顓臾，而在蕭牆之內也。」

主掌魯國大政的季康子準備要攻伐顓臾這個地方。冉有和季路（子路）求見孔子，告訴老師說：「我們上司季氏準備要進攻顓臾。」孔子回答說：「冉求！這就是你沒盡到家臣職責之處。顓臾這個地方，以前我們魯國的先王曾經讓他當蒙山的主祭，而且它也在魯國的疆域中，怎麼說都算是魯國的社稷之臣。怎麼去攻打它呢？」冉有〔有點委屈地〕回答說：「這是我上司想要的，我們兩個當家臣的其實都不願意這樣啊！」孔子〔嚴厲地〕回答說：「冉求啊！周任曾經說過這麼一句話：『要盡力去做，盡力了還無法完成就離職求去。』看盲人有危難而不去幫忙，他要摔倒了還不去扶，那要你們這種導盲人還有什麼用呢？而且你說的也不對。老虎和犀牛這些凶猛的野獸要是跑出了獸欄，美好的龜甲和玉石如果在收藏的小盒子中毀壞了，這又要算是誰的過錯呢？」冉有〔振振有詞地答辯〕說：「顓臾這個地方和費這個地方很近〔，有極高的戰略地位〕，現在要是不把它拿下，恐怕將來會成為子孫的後患。」孔子〔聽了冉求的強辯，怒不可遏地〕說：「冉求啊！君子最討厭的就是嘴裡說不要卻暗地裡想要，還找一堆藉口。我曾經聽人說過，有邦國和有家族的領導人，擔心的不是糧食稀少，而是怕糧食分配不公平，擔心的不是人民經濟生活貧困，而是怕人民生活沒有安全感。因為糧食平均分配，就沒有貧困，能調和大眾就沒有糧食稀少的問題，有安全感國家就不會動盪不安。如果能這樣，遠方的人不服我們的治理，我們就要自修自身的德性以便招來對方和我們來往。他和我們來往，雙方就都會有安全感〔，而不必兵戎相見〕。現在子路和冉有你們兩位當季氏的家臣，遠方的人不服從我們的治理，你們也想不出辦法改善，邦國分崩離析快要守不住了，就想著發動戰爭〔來轉移國人的焦點〕。我恐怕季氏的最大隱憂不在於外在的顓臾這個地方，而在於邦國之內隱藏的不安政局。」

這是第十六篇，因為開頭是「季氏」兩個字，所以就用這兩個字當篇名。這篇總共十四章，沒有版本上的差異。這篇每次提到孔子說的話時，都不像前面和後面的篇章用「子曰」，而是「孔子曰」，所以有人認為恐怕是當初流傳在齊國的《論語》（簡稱「齊論」，和《魯論》及《古論》三者是《論語》最初的三個版本）。

這章是孔子弟子子路和冉有當了季康子的家臣，準備要進攻顓臾（音專於）這個地方，先來探探孔子的意見，結果被孔子教訓了一頓。值得注意的是喜歡搶著說話的子路，這次卻一句話都沒吭，而且敘事時也沒有依照前面弟子的年齒順序將子路放在冉有前面，孔子的回答中也只提冉有，沒提到子路。

顓臾和魯國的關係，孔安國說得很清楚：「顓臾，宓（孫案：同「伏」）犧之後，風姓之國。本魯之附庸，當時臣屬魯。季氏貪其地，欲滅而有之。」

「伐」，《說文解字》說是「擊」，《春秋左傳・莊公二十九年》〈2〉說：「凡師有鐘鼓曰伐，無曰侵，輕曰襲。」這麼說戰爭規模應該不小。「有事」是「有征伐之事」（皇侃）。「陳」是「布」（朱子）。「列」是「位」（朱子）。「止」是「去位」（劉寶楠）。「危」是「行傾側」（劉寶楠）。「持」是「握」（《說文解字》）。「顛」是「失隊（墜）」。「扶」是「左（佐）」（《說文解字》）或「護」（《方言・第十三》〈87〉）。「相」是「瞽者之相」（朱子）。「兕」是「如牛而色青」（皇侃）或「野牛」（朱子）。「柙」或作「匣」，是「檻」（馬融）或「貯虎兕之器也」（皇侃）。「龜」是「守龜」（劉寶楠）。「玉」是「命圭」（劉寶楠）。「櫝」是「匱」（馬融）或：「函也，函貯龜玉之匣也。」（皇侃）「固」是：「城郭完整，兵甲利也。」（馬融和皇侃）或「城郭完固」（朱子），或「險固」（戴望）。「舍」是「除」（皇侃）或「止」

（戴望）。「欲之」是「貪其利」（朱子）。「有國」是「諸侯」（孔安國和皇侃）。「有家」是「卿大夫」（孔安國和皇侃）。「寡」是「民少」（朱子）或「民多流亡也。」（劉寶楠）。「貧」是「財乏」（朱子）。「均」是「各得其份」（朱子）或「均平如一」（戴望），或「班爵祿、制田里皆均平也。」（劉寶楠）；「和」是「地邑民居參相得」（戴望）。「安」是「上下相安」（朱子和戴望）或「施以教養之術，使之各遂其生也。」（劉寶楠）。「遠人」是「顓臾」（朱子）。「來」是「勞來遠人」（戴望）或「召來之也」（劉寶楠），這和「近悅遠來」（〈子路16〉）是相呼應的。「分」是「民有異心」（孔安國）。「崩」是「欲去」（孔安國）。「離析」是「不可會聚」（孔安國）。「干」是「楯」（孔安國）。「戈」是「戟」（孔安國）。「蕭」是「肅」（鄭玄和皇侃）。「牆」是「屏」（鄭玄和皇侃）。「蕭牆」是「君臣相見之禮，至屏而加肅敬焉，是以謂之蕭牆」（鄭玄）或「門屏」（黃懷信）。

朱子認為整件事情，「冉有實與謀，以孔子非之，故歸咎於季氏」。孔子不高興冉求幫忙季氏都沒能以「正道」諫之，在〈八佾6〉他指責冉求不能諫止季康子旅於泰山這種僭禮的行為；在〈先進17〉孔子又認為他替季康子聚斂，甚至號召弟子可以「鳴鼓而攻之」，簡直就是不承認這個學生是自己教出來的。看來學生沒學到老師的真傳而讓老師失望，恐怕也不是一天兩天的事了。這真的只能有教無「淚」，欲哭無淚。

劉寶楠提到伐顓臾的事情後來沒有成，難道是夫子一席話的結果嗎？如果是，那真就是「一言興邦」（〈子路15〉）。

孔子在這章明白表示了不希望弟子「助紂為虐」，特別強調士的職業倫理是要以「天下太平」為念，不要時時刻刻想著征伐之事。

另外這章也留下了「分崩離析」和「禍起蕭牆」這樣的負面成語。我每次念到這章，都會想起自己碰到的和歷史上人事問題，很惋惜這種劇碼不斷換人演出而感到膽戰心驚啊！

還有，納粹時期許多人都以「服從上級命令」為藉口做出傷天害理的事情，這恐怕也正是孔子擔心的事情。讀聖賢書，所學何事？連在孔子身邊都學成這樣，怎麼不令人棄書而嘆呢？

學生打著老師的招牌，卻做出老師不認同的事情，這是誰的悲哀呢？

2

孔子曰：「天下有道，則禮樂征伐自天子出；天下無道，則禮樂征伐自諸侯出。自諸侯出，蓋十世希不失矣；自大夫出，五世希不失矣；陪臣執國命，三世希不失矣。天下有道，則政不在大夫。天下有道，則庶人不議。」

孔子說：「天下如果都走向王道，那麼不管是平時的禮樂或是戰時的征伐，都會依照天子的命令而行；天下如果混亂不走王道，那麼不管是平時的禮樂或戰時的征伐，都由諸侯來發起。如果從諸侯發號施令，那麼還可以維持十個世代；如果從大夫發號施令，那麼還可以維持五個世代。如果是家臣還發號施令，那麼能超過三個世代的並不多見。天下如果都走向王道，那麼政令就不會由大夫主持。天下如果走向王道的話，那麼一般不是貴族的平民百姓，就不會有什麼政治上的怨言。」

廣義來說，這章也是拿有道和無道對比，不過以前都是以「邦」為標準，這章是以「天下」為標準。這也看成是孔子對當時歷史的一種反思和感嘆。

「十世」是指「天子」（戴望）。「五世」指「諸侯」（戴望）。「三世」是指「大夫」（戴望）。「希」是「少」（孔安國、皇侃和邢昺）。「陪」是「重」（馬融、邢昺和戴望），「其為臣之臣，故云重也」（皇侃）或「大夫之臣於諸侯，故曰陪臣」（戴望）。「陪臣」就是「家臣」（馬融、邢昺和朱子）。「議」是「語」（《說文解字》）或「謀」（《廣雅・釋詁》），或「謗訕」（邢昺），或「春秋上譏王公卿大夫也」（戴望），或「議論國政」（黃懷信）。

戴望認為「十世」是指「天子」，「五世」指「諸侯」，「三世」是指「大夫」。劉寶楠則認為這三世都是約略言之，所以才有：「及世而未失者，亦有未及世而失者，運有遲速，終於失之，匪為人事，抑天道矣！」

孔安國就從歷史上補充這章的說法：「周幽王為犬戎所殺，平王東遷，周始微弱。諸侯自作禮樂，專行征伐，始於隱公，至昭公十世失政，死於乾侯矣！季文子初得政，至桓子五世，為家臣陽虎所囚也。」然後馬融接著補充說：「陽虎為季氏家臣，至虎三世而出奔齊。」

《白虎通德論・卷四》〈誅伐3〉基本上也同意本章的看法：「諸侯之義，非天子之命，不得動眾起兵誅不義者，所以強幹弱枝，尊天子，卑諸侯。」

天下有道，周天子「居其所」，其餘的諸侯、卿、大夫和士都會「眾星拱之」，人人各在其位，各司其職，效法天體秩序一樣，形成一種人間秩序或是治理秩序。天下無道，禮樂崩壞，政治秩序也蕩然無存，諸侯不理天子，其他等級的人也上行下效，自然就出現這種下凌上的僭越現象。這就是孔子身在春秋晚期的社會現象，也是孔子希望能夠撥亂反正的背景。

不少人認為孔子要恢復封建制度的禮樂秩序，可是從《禮記．禮運》〈1〉來看，孔子恐怕不是要復古，而是要創新，製造一個史無前例的大格局。

《禮記．中庸》〈29〉特別強調「非天子，不議禮、不制度、不考文……雖有其位，苟無其德，不敢作禮樂焉；雖有其德，苟無其位，亦不敢作禮樂焉。」如此說來，要德位雙全的君子才有這種制禮作樂的資格。孔子有德無位，可以嗎？從孔子以後，孔子所代表的「道統」永遠勝過歷代一家一姓的「政統」。君不見，不管朝代怎麼換，政體怎麼改，孔子永遠屹立不搖，像木鐸一樣警示著後代的子孫一個尚未完成的「禮運大同」之夢。只有在這種「禮運大同」的制度之下，才有永續發展的可能。這不就是打臉歷代「有位無德」的君王嗎？

再讀一讀這麼一段話吧：「大哉，聖人之道！洋洋乎發育萬物，峻極於天。優優大哉！禮儀三百，威儀三千，待其人然後行。故曰：苟不至德，至道不凝焉。故君子尊德性而道問學，致廣大而盡精微，極高明而中庸。溫故而知新，敦厚以崇禮。是故居上不驕，為下不倍；國有道，其言足以興，國無道，其默足以容。《詩》曰：『既明且哲，以保其身。』其此之謂與！」

附錄

《白虎通德論．卷四》〈誅伐3〉諸侯之義，非天子之命，不得動眾起兵誅不義者，所以強幹弱枝，尊天子，卑諸侯。《論語》曰：「天下有道，則禮樂、征伐自天子出；天下無道，則禮樂、征伐自諸侯出。」世無聖賢方伯，諸侯有相滅者，力能救者可也。《論語》曰：「陳恒弒其君，孔子沐浴而朝，請討之。」王者侯之子篡弒其君而立，臣下得誅之者，廣討賊之義也。《春秋傳》曰：「臣弒君，臣不討賊，非臣也。」又曰：「蔡世子班弒其君，楚子誅之。」

《禮記．禮運》〈1〉昔者仲尼與於蜡賓，事畢，出游於觀之上，喟然而嘆。仲尼之嘆，蓋嘆魯也。言偃在側曰：「君子何嘆？」孔子曰：「大道之行也，與三代之英，丘未之逮也，而有志焉。」**大道之行也，天下為公。選賢與能，講信修睦，故人不獨親其親，不獨子其子，使老有所終，壯有所用，幼有所長，矜寡孤獨廢疾者，皆有所養。男有分，女有歸。貨惡其棄於地也，不必藏於己；力惡其不出於身也，不必為己。是故謀閉而不興，盜竊亂賊而不作，故外戶而不閉，是謂大同。**

《孔子家語．禮運》〈1〉孔子為魯司寇，與於蜡。既賓，事畢，乃出遊於觀之上，喟然而歎。言偃侍，曰：「夫子何歎也？」孔子曰：「昔大道之行，與三代之英，吾未之逮，而有記焉。**大道之行，天下為公，選賢與能，講信修睦。故人不獨親其親，不獨子其子。老有所終，壯有所用，矜寡孤疾皆有所養。貨惡其棄於地，必不藏於己；力惡其不出於身，不必為人。是以姦謀閉而弗興，盜竊亂賊不作，故外戶而不閉。謂之大同。**

《禮記》〈中庸29〉子曰：「愚而好自用，賤而好自專，生乎今之世，反古之道。如此者，災及其身者也。」**非天子，不議禮，不制度，不考文。**今天下車同軌，書同文，行同倫。**雖有其位，苟無其德，不敢作禮樂焉；雖有其德，苟無其位，亦不敢作禮樂焉。**

——〈28〉大哉，聖人之道！洋洋乎發育萬物，峻極於天。優優大哉！禮儀三百，威儀三千，待其人然後行。故曰：**苟不至德，至道不凝焉。**故君子尊德性而道問學，致廣大而盡精微，極高明而中庸。溫故而知新，敦厚以崇禮。是故居上不驕，為下不倍；國有道，其言足以興，國無道，其默足以容。《詩》曰：「既明且哲，以保其身。」其此之謂與！

3

孔子曰：「祿之去公室，五世矣；政逮於大夫，四世矣；故夫三桓之子孫微矣。」

孔子〔感嘆地〕說：「諸侯不能主掌頒發爵祿的事情，已經有五個世代這麼久了。國政由大夫掌權，也已經有四個世代這麼久了。所以，〔照這種趨勢看來〕魯國三桓的後代子孫也是越來越沒有勢力了。」

這章是接續上一章對於禮樂秩序崩壞的感嘆。

鄭玄認為，孔子說這句話是在魯定公時，往上推「五世」就是從魯宣公開始，經過成公、襄公和昭公到定公，一共五世，都是政在大夫。這和魯宣公的即位有關。當時文公薨，公子遂殺子赤，立宣公，宣公一開始就是傀儡，大權旁落。孔安國則認為「四世」是指文子、武子、悼子和平子。「三桓」是仲孫、叔孫、季孫，因為三家都是源出魯桓公，所以稱為「三桓」（三個魯桓公的後代）。「公」是「均」（皇侃）。「公室」是「諸侯的後代子孫或是諸侯的政權」（《辭源》）。「祿之去公室」

是說「制爵祿出於大夫，不復關君也。制爵祿不關君於時已五世也，故云去公室五世也」（皇侃）。「逮」是「及」（《爾雅》、皇侃和邢昺）。

這也是孔子身處春秋晚期「君不君、臣不臣、父不父、子不子」（〈顏淵11〉）的情況，他希望如果被國君重用，就要從「正名」做起，讓君臣之間各安其位，各盡其能，這樣就可以「言順」、「事成」、「禮樂興」和「刑罰中」（〈子路3〉），而且人民也有一個明確的禮法可以遵循。這樣一來統治者居其所，下屬的諸侯、卿、大夫和士都可以「眾星拱之」，形成一個和天體秩序相應的人間秩序。

不過，如果大權這麼一路從天子旁落到諸侯，諸侯旁落到卿、大夫、士，再往下走，傳統封建宗法世襲制度崩壞，再來不就是人民當家作主了嗎？這是不是孔子的「潛台詞」？如果是這樣，孔子要恢復的恐怕就不是封建的宗法秩序，而是遙望一個禮運大同世界的到來？

4

孔子曰：「益者三友，損者三友。友直，友諒，友多聞，益矣。友便辟，友善柔，友便佞，損矣。」

孔子說：「能讓一個人道德繼續成長的朋友有三種，讓一個人道德逐漸淪喪的朋友也有三種。和正直的人、有信用的人和博學多聞的人交朋友是對自己的道德成長有正面幫助的。和表面裝模作樣、外表柔順和說話好聽卻內心沒誠意的人交朋友是對自己的道德有負面的影響。」

這章是講兩種讓自己道德成長或墮落的朋友。

「益」是「增益，謂能增益於己」（黃懷信）。「損」是「減損，謂能減損於自己」（黃懷信）。「直」是「正直」（邢昺），朱子說「友直則聞其過」。「諒」是「信」（皇侃）或「誠信」（邢昺），朱子說「友諒則進於誠」。《論語》其他處提到「諒」都是指「不知變通的小信」，這裡應該不是這樣的意思。「多聞」是「博學」（邢昺），朱子說「友多聞則進於明」。「便辟」是「巧辟人之所忌以求容媚者」（馬融），或「語巧能為避人所忌者」（皇侃），或「巧辟人之所忌，以求容媚者也」（邢昺），或「習於威儀而不直」（朱子）。「善柔」是「面柔」（馬融或邢昺），或「面從而背毀者」（皇侃），或「工於媚悅而不諒」（朱子）。「便」是「辯」（鄭玄），或「辨」（邢昺），或「習熟」（朱子）。「便佞」是「佞而辯也」（鄭玄），或「辯而巧」（皇侃），或「佞而復辨」（邢昺）或「習於口語而無聞見之實」（朱子）。

清朝的黃式三和劉寶楠都把這章和其他相關章節搭配來看，「便辟」就是「足恭」（〈公治長25〉）、「善柔」就是「令色」（〈學而3〉、〈公治長25〉和〈陽貨17〉），「便佞」就是「巧言」（〈學而3〉、〈公治長25〉、〈衛靈公27〉和〈陽貨17〉）。

劉寶楠引證何休的《春秋公羊解詁》認為本章的「三友」和下一章的「三樂」都是指人君而言：「直者能正言極諫，諒者能忠信不欺，多聞者能識政治之要。人君有此三者，皆有益也。」此外，他也認為這「三益」和「三損」是按照順序一一對反的：「便辟」和「直」相反，「善柔」和「諒」相反，「便佞」和「多聞」相反。

《易經》有「損」和「益」兩卦。損卦的象傳強調：「君子以懲忿窒欲」，和此章的「損者三友」來看，似乎都在強化個人的「忿」和「欲」這些情緒層面的放縱，所以《易經》特別強調要「懲」和「窒」（〈損卦1〉），讓這樣的負面私欲不再增生。益卦的象傳則強調：「見善則遷，有過則改」（〈益卦1〉），這要有「直友」、「諒友」和「多聞友」的輔佐才容易達成「改過遷善」的目標。

可是，人就是不愛聽不中聽的話，總覺得是人家的誤解，甚至是誹謗。所以，平心靜氣來看孔子這裡的教誨，千古之後依然受用，只要能聽能改能行。

5

孔子曰：「益者三樂，損者三樂。樂節禮樂，樂道人之善，樂多賢友，益矣。樂驕樂，樂佚遊，樂宴樂，損矣。」

孔子說：「能讓人增長德行的的嗜好有三種，能讓人減損德行的嗜好也有三種。喜好有節制的禮樂，喜好稱讚別人做的好事，喜好和賢能的人交朋友，這些都是能增長自己德行的事。喜好驕傲自樂，喜好沒有節制的遊樂，喜好找朋友沒有節制的吃喝，這些都是減損自己德行的事。」

這章有十一個「樂」字，如果念成「音樂」的「樂」，是名詞，例如：「禮樂」；「樂」當動詞要念成「要」，如「仁者樂山，知者樂水」。不過念成「快樂」的「樂」既可以當名詞、動詞之外，還可以當形容詞，古音念成「洛」。

這章是講能夠讓人增長或減損德行的幾種嗜好。

「節」是「辨其制度聲容之節」（朱子）或「止」（戴望）。「樂節禮樂」是「動靜得於禮樂之節」（何晏），或「凡所動作，皆得禮樂之節也」（邢昺），或「心之失中和者，節以禮之中、樂之和也」（黃式三）。「道」是「說」（劉寶楠）。「賢友」是「直諒多聞」（劉寶楠）。「驕樂」是「恃尊貴以自恣」（孔安國和邢昺），或「驕肆之樂」（黃式三），或「恃高位以自恣」（戴望）。「佚」是「放」（劉寶楠），「佚遊」是「出入不知節也」（王肅、邢昺和戴望）。「晏樂」是「沈荒淫瀆也」（孔安國和邢昺），或「燕私之樂」（黃式三和戴望）。

「益者三樂」的首要是「樂節禮樂」，「禮樂」可以興國（〈子路3〉），而且也是天下有道與否的徵兆（〈季氏2〉），對於君子來說，不管有怎樣的才能，最後還是要「文之以禮樂」（〈憲問12〉），所以「禮樂」對於君子的修身和治國平天下都是有助益的。其次「樂道人之善」就是「揚善」，消極的做法是「隱惡而揚善」（《禮記．中庸》〈6〉），積極的做法就是「遏惡揚善」（《易經．大有卦》〈1〉）。第三「樂多賢友」就是上一章所說的「友直、友諒、友多聞」（〈季氏4〉）。這三者是息息相關，環環相扣的：自己能夠「樂節禮樂」，自然能舉手投足都在「中庸」之道上，和人交往也自然能「見賢思齊」（〈里仁17〉）而「樂道人之善」，「樂道人之善」自然就會「樂多賢友」並且讓自己效法賢友，「以文會友，以友輔仁」（〈顏淵24〉）同登至善境界。

至於「損者三樂」當然就是君子要「見不賢而內自省也」（〈里仁17〉），自我反省一下是否沾染這樣的惡習，如果有就要改過遷善。

這章也可以和「君子謀道不謀食」一起搭配來看，君子重視和追求的是禮樂、人善和賢友，讓自己可以在道德上精進。這三種都是在禮樂的內外節制之下。相反的，超越了禮樂節制的「三損樂」的

「驕奢淫逸」都該棄絕。

這章講的是很簡單的道理，但是「知之者不如好之者，好之者不如樂之者」（〈雍也20〉），如果真能樂在其中，做一個悅樂君子，這才是孔門的好子弟。

6

孔子曰：「侍於君子有三愆：言未及之而言謂之躁，言及之而不言謂之隱，未見顏色而言謂之瞽。」

孔子說：「在君王旁邊服務的時候，要避免犯下三種說話的錯誤：沒輪到你說話你就說話，叫做輕舉妄動；叫你講話你又不吭聲，這叫做說話不坦誠；說話時不看君王臉色的變化，就叫做瞎了眼。」

這章是提醒說話要看時機。

「君子」是「有德位之人」（朱子）或「人君」（戴望），我覺得戴望說的比較有理。「愆」音千，是「過」（孔安國、皇侃和《說文解字》）。「隱」是「匿不盡情實也」（孔安國）或「不疏其指」（戴望）。「躁」是「不安靜」（鄭玄）。「瞽」是「未見君子顏色所趣向而便逆先意語者」（周生烈）或「盲人」（皇侃），或「無目之人」（邢昺），或「無目，不能察言觀色」。

這章說的「三愆」和《荀子・勸學》〈16〉的說法有兩個相同之處：「未可與言而言，謂之傲；可與言而不言，謂之隱；不觀氣色而言，謂之瞽」，荀子最後還強調「君子不傲、不隱、不瞽，謹順其身」。

除了對君上要注意這章的道理之外，其實在一般情況講話時也是通用的。講話要注意順序、要表達內心想法和考慮對方臉色，也就是「時然後言，人不厭其言」（〈憲問13〉）。孔子也強調過要「知言」和「知人」，以免「失人」和「失言」：「可與言而不與之言，失人；不可與言而與之言，失言。知者不失人，亦不失言。」（〈衛靈公8〉）。此外，孔子也說：「君子不以言舉人，不以人廢言。」（〈衛靈公23〉）。最後，特別是被編排在《論語》的最後一章，孔子強調「不知言，無以知人也」（〈堯曰3〉）。這些都是孔子要人「慎言」的教誨。可惜，有人走向「多言」，有人走向「不言」，少有篤守「慎言」的中道。

7

孔子曰：「君子有三戒：少之時，血氣未定，戒之在色；及其壯也，血氣方剛，戒之在鬪；及其老也，血氣既衰，戒之在得。」

孔子說：「一個立志成為有德君子的人要（在人生的不同階段）戒除三件事情：青春期的時候，因為生理發展還未成熟，要特別小心生理欲望的節制；等到成年的時候，因為生理發展已經成熟，要特別小心與人爭鬥的節制；等到老年的時候，生理發展開始衰退，要特別小心對自己過去成就的貪戀。」

這章是孔子提到人在一生的三個生命歷程階段中所會碰到而需要警戒的三項重大的事情。

「戒」是「警」（《說文解字》）。「少」指「三十以前」（皇侃）或「年二十九以下」（邢昺）。「壯」是「大」（《說文解字》），或指「三十」（《禮記・曲禮上》〈12〉），或「三十以上」（皇侃）。「老」指「五十以上」（皇侃和邢昺）或「七十」（〈12〉）。「血氣」是「形之所待以生者，血陰而氣陽也」（朱子），大概就是生理或加上「社會—心理」發展的綜合狀態。「鬬」是「爭」（劉寶楠）。「得」是「貪得」（孔安國、皇侃、邢昺和朱子）或是「志得意滿」，特別是常常愛提「當年勇」，讓年輕人聽得不耐煩。這其實和記憶衰退的生理因素有關，更可能是阿茲海默症的前兆。這是年輕人應該體諒的事，因為活得夠久，誰都會走到這一步的。

這章將人的一生粗分成三個階段，和孔子說過的名言：「老者安之，朋友信之，少者懷之。」（〈公冶長26〉）可以當成正負兩面的不同說法。孔子自述：「十有五而志於學，三十而立。」（〈為政4〉）這也是讓血氣未定的自己有一個一生奮鬥的方向，「賢賢易色」（〈學而7〉），以「志氣」壓過「血氣」此正其時；孔子：「三十而立，四十而不惑，五十而知天命。」（〈為政4〉）這些都讓自己在血氣方剛之時，不會和人爭鬥價值不高的世俗名利，而且自知天命在身，所以人生的目標更加堅定；孔子「六十而耳順，七十而從心所欲不踰矩」，也是在自己血氣既衰之後，不貪得，也不志得意滿，仍然行健不息，一心想的還是「為天地立心，為生民立命，為往聖繼絕學，為萬世開太平」的禮運大同之夢。

被後世列為雜家的《淮南子》，也在〈詮言訓11〉有一段類似本章的話：「凡人之性，少則倡狂，壯則暴強，老則好利。」

孔門後學的荀子對這三種不同的人生階段，強調的都是要「學」，要「不停地學」（「學不可以已」）：「君子有三思而不可不思也：少而不學，長無能也；老而不教，死無思也；有而不施，窮無與也。是故君子少思長，則學；老思死，則教；有思窮，則施也。」這些都可以說是以「教」節制不合中庸之道的「性」和「道」（《禮記・中庸》〈1〉）。

現在以通過考試為主的大學教育，都忽略青春期成長教育中的「立志」這件事。學生只是被教導「念個好大學，找個好工作」這種短期的「生涯」規劃，一旦沒找到工作，就不會有其他更高遠的「生活」和「生命」目標，更不會懂得「生生不息」的努力。就算找到工作，最後也會在驀然回首的那一剎那，驚覺自己人生的沒有意義，產生「中年危機」。當了一輩子「學生」，結果只被教到要解決「職業生涯」的「近憂」，沒有長遠「生活」、「生命」和「生生不息」的人生規劃這種「遠慮」。

孔子希望人要立志成為有德的君子，特別在四十、五十這種壯年時期要對社會有所貢獻，如果成為事事只想著自己的小人，這樣就失去了君子人生更高遠的意義（〈子罕23〉和〈陽貨26〉）。所以壯年的「戒之在鬬」是指「只爭自己的利益，不管他人死活」的生存信仰。

老年該「戒之在得」，其實從許多公眾人物在老年所出版的回憶錄就可以看出一斑。一生功名其實豈在於自我的評價？這些人如果看看孔子的一生，不會覺得自己的那些成就實在微不足道嗎？

附錄

《禮記．中庸》〈1〉**天命之謂性，率性之謂道，修道之謂教。**道也者，不可須臾離也，可離非道也。是故君子戒慎乎其所不睹，恐懼乎其所不聞。莫見乎隱，莫顯乎微。故君子慎其獨也。喜怒哀樂之未發，謂之中；發而皆中節，謂之和；中也者，天下之大本也；和也者，天下之達道也。致中和，天地位焉，萬物育焉。

8

孔子曰：「君子有三畏：畏天命，畏大人，畏聖人之言。小人不知天命而不畏也，狎大人，侮聖人之言。」

孔子說過：「一個立志當君子的人要對三件事情敬佩敬畏：要敬畏老天爺的命令和決定，要敬佩大人，（還要）敬佩古聖先賢所說過的話。小人不管老天爺的命令和決定，很輕佻對待大人，還蔑視古聖先賢所說過的話。」

這是《論語》中拿君子和小人對照的十七章之一。這章的主旨從〈季氏6〉說的「三愆」、〈季氏7〉的「三戒」到本章的「三畏」，可以算是一個君子要戒慎恐懼的三個聯篇。「畏」是「心服」（皇侃和邢昺）或「嚴憚之意也」（朱子），也就是從內心發出敬佩之意。「天命」是「順吉逆凶」（何晏和邢昺），或「作善降百祥，作不善降百殃」（皇侃和邢昺），或「天所賦之正理」（朱子），或「兼德命、祿命而言」（劉寶楠），或「自然之命」（黃懷信）。「大人」，一說：「即聖人，與天地合其德者。」（何晏和邢昺）；或：「聖人也，見其含容而曰大人，見其作教正物而曰聖人也。」（皇侃）一說是「居位為君者」（皇侃），或「天子諸侯為政教者」（鄭玄和戴望）。「聖人之言」是：「謂五經典籍，聖人遺文也。」（皇侃）「狎」是「慣忽」（鄭玄和邢昺），或「媟狎」（戴望），或「輕侮，不尊重」（黃懷信）。「侮」是「輕慢」（邢昺），或「戲玩」（朱子），或「惕也，輕也」（戴望），或「輕慢、不以為然」（黃懷信）。

這裡的「君子」應當是指有德的人，如果當成有位的人，或是領導人，那麼他還要「畏大人」就說不通了。

「天命」是一個重要的觀念。這裡的「天命」可以有幾種說法：一、是一種反映民意的天命的展現，也就是「天視自我民視，天聽自我民聽」（《尚書．周書》〈泰誓中2〉和《孟子．萬章上》〈5〉）；二、「天命之謂性」（《禮記．中庸》〈1〉），如果是這樣，也就等於君子要「畏性」，也許是因為君子要用「教」將「性」導正在「中庸」的範圍內，不使太過或不及。三、「天命」是人力所無法控制的外在神秘因素：「君子恭儉以求役仁，信讓以求役禮，不自尚其事，不自尊其身，儉於位而寡於欲，讓於賢，卑己而尊人，小心而畏義，求以事君，得之自是，不得自是，以聽天命。」（《禮記．表記》〈23〉）這就是「盡人事、聽天命」，和荀子後來「制天命而用之」（《荀子．天論》〈15〉）的想法是相左的。孔子自述自己五十歲才知道「天命」，以上三種意思都有可能。

「畏大人」的理由，皇侃說是因為：「聖人在上，含容覆熹，雖不察察，而君子畏之也。」邢昺也是類似的理由。這裡雖然沒有明說，但是「大人」值得敬佩的是他「與天地合其德，與日月合其明，與四時合其序，與鬼神合其吉凶」（《易經．乾卦》〈23〉）的「法天德行」，而不是懼怕大人的權力和威勢。雖然後者恐怕是歷代許多為人下屬的慘痛經驗。日據時代臺灣人稱呼日本警察叫「大人」，要嚇小孩時就說「大人來了」，這就賦予「大人」一個時代的意義。

「聖人之言」應該就是在古籍上流傳下來古人的智慧，這些都可以啟發當代，甚至後代的人的智慧。「聖人之言」就是一個民族文化的傳世寶藏。

這些都是君子所重視而小人所輕忽的。

用最簡單的話說，小人自私，做了傷天害理之事，不怕老天爺的報應。學《易經》不為修身和天下，只為自己能趨吉避凶，如此不知「天命」，難怪後人要說「易為君子謀，不為小人謀」（張載《正蒙》）。小人也不把大人的德行當成效法的對象而以為這些都是迂腐和不切實際。最後，小人也看不起古代流傳下來的智慧，把它們看成沒有用的、落伍的東西。無怪乎以前毓老師常常提醒同學：「不是古書沒有智慧，是現代人沒有讀古書的智慧。」

清末有一位外國傳教士Samuel Wells Williams有個「衛三畏」的中文名字。我教書這麼多年，沒碰過一個中國人叫做「三畏」的。好名字都不用，可惜了！

9

孔子曰：「生而知之者，上也；學而知之者，次也；困而學之，又其次也；困而不學，民斯為下矣。」

孔子說：「生來就有懂得道（或德，或禮）的人是最高一等的；學了以後才知道有道（或德，或禮）的人是第二等；生活上碰到無法解決的困難才開始要去學道（或德，或禮）是第三等；生活上碰到無法解決的難題還不想辦法去學突破困境的道（或德，或禮）的人，是最下等。」

這章孔子將人的知和學的關係分成四種，有人認為是四等，但是很明顯有勸人向學的意思。「困」是「有所不通」（孔安國和朱子）或「明有所擽」（戴望）。「下」是「下愚」（戴望）。「斯」是「離」（戴望）。「之」字都沒人解釋，我覺得可以解釋成「道」或「德」，或「禮」，也就是孔子教學的目標。這可以從《禮記・中庸》〈20〉上下文的脈絡看出「生而知之，學而知之、困而學之」的

「之」是之前說的「達道」和「達德」。皇侃把「生而知之者」稱為「上智聖人」，「學而知之者」稱之「上賢」，「困而學之」稱為「中賢」，「困而不學」稱為「下愚」。邢昺接受前兩者稱呼。

古注都認為這是孔子將人分成四等，劉寶楠則認為這只是「言人資質之殊，非為其知有淺深也」。

〈中庸20〉也提到「生而知之」、「學而知之」和「困而知之」三種，不過強調這三種知之的結果是一樣的「知」，也就是三種知的方式不同，但是殊途同歸，只要努力向學，都可以「知道」、「知德」和「知禮」。這也就是顏淵說的：「舜何？人也！予何？人也！有為者亦若是。」（《孟子》〈滕文公上1〉）以及「人皆可以為堯舜」（〈告子下22〉）的意思。這裡的「困而不學」就是後來孟子說的「人病不求耳」（〈22〉）。

孔子雖然被當世人認為博學多聞，但是他自謙自己並不是「生而知之者」，而是「好古敏以求之者也」（〈述而20〉），這也是鼓勵後人可以透過不斷的努力達到孔子一樣的「知道」、「知德」和「知禮」的境界。

《白虎通德論・卷四》〈辟雍1〉也提到這章的前兩句，強調的是「雖有自然之性，必立師傅焉」。這種強調「學」和「教學者」的重要性，在《禮記・學記》〈3〉中提升到「教學相長」的更高境界：「雖有至道，弗學，不知其善也。故學然後知不足，教然後知困。知不足，然後能自反也；知困，然後能自強也，故曰：教學相長也。」這裡也表明要學的是「至道」，而不是我們學生和家長現在念茲在茲的「謀生技能」。此外，這種學道的歷程是永不止息的。

《孔子家語・困誓》〈1〉有一個相關的故事，有一次子貢跟孔子說：「我學習學累了，而且我對道也有困惑。我想不要學事君之道了，可以嗎？」孔子引用《詩經》的話來勸說子貢：「事君之道是很困難的，要不斷學習，怎麼可以停止呢？」子貢退而求其次說：「那麼我想不要學事親之道了。」孔子又引用《詩經》教誨他說：「事親之道是很困難的，要不斷學習，怎麼可以停止呢？」子貢又退而求其次說：「那麼我不想學夫妻相處之道了。」孔子又引用《詩經》告誡他說：「和妻子相處是很不容易的事，怎麼可以停止學習夫妻相處之道呢？」子貢又退而求其次說：「那麼我不想學朋友之道了。」孔子又引用《詩經》說：「朋友之道是不容易的事，怎麼可以停止學習呢？」子貢又退而求其次說：「那麼我不想學習耕種之道了。」孔子又引用《詩經》說：「耕種之道是很不容易的事情，怎麼可以停止學習呢？」子貢絕望地說：「那麼我都不能停止學習嗎？」孔子說：「等到你死的那天吧！」這個故事講的就是此章的「困而不學，民斯為下矣」這點，子貢真的就是遠不如顏淵，孔子就說過顏淵「吾見其進也，未見其止也」（〈子罕21〉）。

孔子的學生學到的「生」不僅僅是「生涯」，還有「生活」和「生命」的更高價值，以及「生生不息」的孔門法天的精神。

荀子懂這個道理，所以他引用「君子」的話說：「學不可以已。」（《荀子．勸學》〈1〉），又說「學惡乎始？惡乎終？曰：其數則始乎誦經，終乎讀禮；其義則始乎為士，終乎為聖人。真積力久則入。學至乎沒而後止也。」（〈12〉）我想孔子一定很高興荀子這樣的後生給予精準的闡發。

可惜孔廟大成殿中的四配十二哲有孟子而沒有荀子，我覺得這是不公平也是不對的。

附錄

《孔子家語・困誓》〈1〉子貢問於孔子曰：「賜倦於學，困於道矣。願息而事君，可乎？」孔子曰：「《詩》云：『溫恭朝夕，執事有恪。』事君之難也。焉可息哉？」曰：「然則賜願息而事親。」孔子曰：「《詩》云：『孝子不匱，永錫爾類。』事親之難也。焉可以息哉？」曰：「然則賜請願息於妻子。」孔子曰：「《詩》云：『刑於寡妻，至於兄弟，以御於家邦。』妻子之難也。焉可以息哉？」曰：「然則賜願息於朋友。」孔子曰：「《詩》云：『朋友攸攝，攝以威儀。』朋友之難也。焉可以息哉？」曰：「然則賜願息於耕矣。」孔子曰：「《詩》云：『晝爾於茅，宵爾索綯，亟其乘屋，其始播百穀。』耕之難也。焉可以息哉？」曰：「然則賜將無所息者也？」孔子曰：「有焉。自望其廣，則睪如也；視其高，則填如也；察其從，則隔如也。此其所以息也矣。」子貢曰：「大哉乎死也！君子息焉！小人休焉！大哉乎死也！」

10

孔子曰：「君子有九思：視思明，聽思聰，色思溫，貌思恭，言思忠，事思敬，疑思問，忿思難，見得思義。」

孔子說：「君子有九件事需要審慎思考：看的時候應該看清楚，聽的時候應該聽清楚，臉上應該常常有溫暖的表情，容貌上應該要有謙恭的外表，說話應該表達內心真誠的想法，做事應該周到和敬慎，有疑處應該發問，生氣時應該體諒別人的難處，見到有利可圖的東西應該考慮該不該拿取。」

這章講君子需要審慎考慮的九件事情。

這章的關鍵字就是「思」，只有劉寶楠引用孫奇逢的說法認為「九思，皆思誠者之事」，黃懷信說是「想，心欲明也」，我覺得應該和下面所引的「五事」的「曰」是相似的作用，有著「應該」的意思。「聰」是「察」（《說文解字》）或「耳聰」（黃懷信）。「色」是「顏色」（劉寶楠）或「表情」（黃懷信）。「貌」是「禮容」（劉寶楠）或「儀態」（黃懷信）。「忠」是「誠實」（劉寶楠）或「由衷」（黃懷信）。「事」是「行事」（黃懷信）。「敬」是「認真」（黃懷信）。「疑」是「有疑問」（黃懷信）。「忿」是「忿怒」（黃懷信）。「難」是「災難、後患」（黃懷信）。「義」是「宜」（黃懷信）。

其他古籍中都有提到「五事：貌、言、視、聽、思」（《春秋繁露・五行五事》〈2〉、《史記・宋微子世家》〈12〉和《尚書・周書》〈洪範4〉），少了這章的其他「四事」：色、疑、忿和見得。董仲舒的解釋是：「夫五事者，人之所受命於天也，而王者所修而治民也。故王者為民，治則不可以不明，準繩不可以不正。」（《春秋繁露・五行五事》〈2〉）所以，這五事是君王生活上的禮儀規範和行事原則。

根據董仲舒的看法：「貌曰恭」就是要恭敬；「言曰從」和「視曰明」要分清楚下屬的賢愚不肖，公正分明；「聽曰聰」就是能夠了解聽到事情的來龍去脈；「思曰容」是要「有容人諫言之雅量」。只是孔子在此要求的是「君子」而不是「君王」。

「五事」要求的是自身的修為，其他四項則是補充：「事思敬」和「敬事」（〈學而5〉）或「敏於事」（〈學而14〉）；「疑思問」是「學而不思則罔」（〈為政15〉）或「問之弗知弗措也」（《禮記》〈中庸22〉）；「忿思難」是「喜怒哀樂之未發謂之中，發而皆中節謂之和」（《禮記・中庸》〈1〉），或「一朝之忿，忘其身以及其親」（〈顏淵21〉），或「惡言不出於口，忿言不反於身。不辱其身，不羞其親，可謂孝矣」（《禮記》〈祭義29〉）的「情緒管理」；「見得思義」就是「不義而富且貴，於我如浮雲」（〈述而16〉）或「見利思義」（〈憲問12〉）。

這君子的「九思」其實也就是孔子自己對自身和弟子的修身的要求吧！

11

孔子曰：「見善如不及，見不善如探湯。吾見其人矣，吾聞其語矣。隱居以求其志，行義以達其道。吾聞其語矣，未見其人也。」

> 孔子說：「看到善事就急著想去做，怕不能及時行善，見到不好的事情就像碰到熱水一樣，避之惟恐不及。我見過這樣的人，也聽過古人說過這樣的話。隱身居於陋巷但仍然堅持行道之志，看情況做事為了能夠實踐自己想信的道。我聽過古人說過這樣的話，卻沒見過這樣的人。」

這章是孔子感嘆有些人的善行可以見到，甚至也能耳聞，可是有些更高的達道的義行卻只聽到過，沒見過這麼踐行的人。

「及」是「逮」（戴望），「如不及」是「如己所不及也」（劉寶楠）。「探」是「試」（戴望），「湯」是「熱水」（《說文解字》），「探湯」是「去惡疾」（孔安國），或「以手探熱，易致傷害也」（劉寶楠），或「喻避難之疾速」（黃懷信）。「語」是「古語」（朱子和戴望）。「求」是「終」（戴望）或「探尋」（黃懷信）。「志」是「理想」（黃懷信）。「達」是「實現」（黃懷信）。「道」是「主張」（黃懷信）。

孔子在這裡都沒有舉例，所以讀者很難知道他想到的到底是什麼人。前面提到的「見善不及，見不善如探湯」的人，似乎不是孔子在〈述而26〉說過的那種自己「不得而見之」的「善人」，可能比較接近〈公冶長28〉所說的「十室之邑」都可以找到的「忠信」之人，特別是「見不善如探湯」和〈里仁6〉所說的「惡不仁者」很類似，因為「惡不仁者，其為仁矣，不使不仁者加乎其身」。朱子則替孔子舉出顏回、曾子、閔子騫和冉雍四人。其實真要列舉應該全列「孔門德性四傑」：顏回、閔子騫、冉伯牛和仲弓，曾子這個小輩應該還排不上序才對。

至於「隱居以求其志、行義以達其道」的人，孔子沒舉例，朱子大膽提出「伊尹」和「太公」兩人，劉寶楠則列舉「伊尹」和「湯」兩人。

其實孔子在《論語》中講自己沒見過的人或事的不只這章：〈里仁6〉已經提過他未見過「好仁者和惡不仁者」，在〈公冶長11〉說未見「剛者」，在〈公冶長27〉說未見過「能見其過而內自訟者」，在〈子罕18〉和〈衛靈公13〉都說未見過「好德如好色者」，在〈子罕21〉說他未見過顏回「止」於學道，在〈衛靈公35〉說未見過「蹈仁而死者」。這六種「孔子未見」都是修己安人的基本德行。

孔子沒有見過「隱居求志」和「行義達道」的人，但是他希望自己和弟子都能朝這個目標邁進。他在〈泰伯13〉就說：「篤信好學，守死善道。危邦不入，亂邦不居。天下有道則見，無道則隱。邦有道，貧且賤焉，恥也；邦無道，富且貴焉，恥也。」孔子提倡「隱居」不「隱道」，特別因為有教無類，所以從來不對求教的學生隱道不宣（〈述而24〉）。孟子很難遵循孔子的這種精神，所以他說：「士窮不失義，達不離道。窮不失義，故士得己焉；達不離道，故民不失望焉。古之人，得志，澤加於民；不得志，修身見於世。窮則獨善其身，達則兼善天下。」只是孔子真碰到「窮」的時候，從來也沒有「獨善其身」，依然「弦歌不絕」，藏道於民。這是他從十五歲開始就立下的志願，也是他在五十歲的時候肯認的天命。

很可惜，孔子沒有機會見到他的弟子原憲後來的表現，他其實就是遵循著老師的教誨。我必須再提一次這個我很喜歡而且也提過好多次的故事，在這章又特別貼切：子貢在孔子死後，在衛國當官，飛黃騰達。有一天非常威風凜凜地去衛國的野外向隱居的，以知恥聞名的原憲炫耀自己的功成名就。原憲穿著一身破爛出來見客，讓子貢很訝異地問原憲是否病了，怎麼變成這樣？原憲引用孔子說過的話提醒來拜訪的學長說：「沒錢的人叫做貧，學了道卻不去行道的人才叫做病。我是貧，不是病！」一句話當場讓學長子貢慚愧到無地自容。

我覺得原憲正符合孔子在此章所說的「隱居以求其志，行義以達其道」。《孔子家語．七十二弟子解》〈19〉記載：原憲是宋國人，字子思，少孔子三十六歲，清淨守節，貧而樂道。孔子為魯司寇，原憲嘗為孔子宰。孔子卒後，原憲退隱，居於衛。《史記．游俠列傳》〈1〉提到他雖然是「閭巷人也」，但是：「讀書懷獨行君子之德，義不苟合當世，當世亦笑之……原憲終身空室蓬戶，褐衣疏食不厭。死而已四百餘年，而弟子志之不倦。」最後一句話特別是「藏道於民」的最好注腳。

顏回早死，可是原憲秉持著同樣的精神，傳了四百餘年，這就是經常被忽略長活在民間的力量。孔學走入民間，靠的不是講學，而是身體力行。孔學走上講堂，好像靠的全是一張嘴。

嗚呼哀哉！還好孔子早死，不然看到弟子及打著他招牌的後學文人也如此，不知還要說多少遍：「吾聞其語矣，未見其人也！」嗚呼哀哉！

12

齊景公有馬千駟，死之日，民無德而稱焉。伯夷、叔齊餓於首陽之下，民到於今稱之。其斯之謂與？

孔子說過：「齊景公有四千匹好馬（，權勢如日中天），可是他死了之後，人民發現他沒有什麼值得稱道的事蹟。（反觀）伯夷和叔齊兩兄弟（因為發誓不吃周朝土地所長出來的糧食而）在首陽山上餓死，人民卻到今天都還稱頌他們的德行。這才對啊！」

這章可能少了「孔子曰」三個字，主旨在說明人有德而不是有權或有財才會被後世的人民稱頌。「千駟」是「四千匹馬」（孔安國、皇侃）。「稱」是「稱道」，像〈憲問33〉中有點費解的「驥不稱其力，稱其德也」，恐怕和此章也有點關聯，有時也有「宣揚」的意思，如〈陽貨24〉說的「惡稱人之惡者」。「斯」是「此」（皇侃）。

齊景公曾經問政於孔子，孔子像說相聲似地回答他說：「君君、臣臣、父父、子子。」他也好像有所感悟地說：「說得好啊！如果君不君、臣不臣、父不父、子不子，就算是有人民繳交的糧食，我也沒法吃得上吧！」（〈顏淵11〉）後來，齊景公告訴孔子，他沒辦法像魯國重用季氏那樣重用他，推辭說自己年紀大了，權力不在手上。孔子聽完當然知道是藉口，就離開了齊國。（〈微子3〉）從以上的狀況看來，齊景公完全不了解孔子的長才，這樣不明事理，用人不分賢愚的君主，當然無德可讓後人稱述。

相較之下，伯夷和叔齊這對讓國的兄弟，就讓孔子誇耀不已：孔子認為他們「不念舊惡，怨是用希」（〈公冶長23〉）；又說他們是「古之賢人」，「求仁得仁」，所以沒有怨言（〈述而15〉）；又將他們列名七位「逸民」的頭兩位，說他們「不降其志，不辱其身」（〈微子8〉）。總之，兩人是高風亮節的代表。雖然這兩個人當初在武王伐紂時曾經扣馬而諫，沒被採納，當時武王身邊的人想把兩人殺了，武王念及他們是賢人，便阻止這樣的殺戮。兩人後來到了首陽山，決定不吃周朝土地上長出的東西，而改食「草木」，被人譏諷說：「這也是周朝土地上長的東西」，於是兩人就連草木都不吃，七天後活活餓死。

這種現代人看來幾近迂腐的信念和行為，怎麼會是人民稱道的德行呢？

孔子說過：「君子疾沒世而名不稱焉。」（〈衛靈公20〉）所以總要有遺德在人間。有了德，後生小人才有稱道和效法的根據。孔子本身就是最好的例子。我們到現在不還是在稱頌他的德行嗎？

13

陳亢問於伯魚曰：「子亦有異聞乎？」對曰：「未也。嘗獨立，鯉趨而過庭。曰：『學詩乎？』對曰：『未也。』『不學詩，無以言。』鯉退而學詩。他日又獨立，鯉趨而過庭。曰：『學禮乎？』對曰：『未也。』『不學禮，無以立。』鯉退而學禮。聞斯二者。」陳亢退而喜曰：「問一得三，聞詩，聞禮，又聞君子之遠其子也。」

陳亢請問（孔子的兒子）伯魚說：「令尊教您的是不是和教我們學生的不一樣？」（伯魚恭敬地）回答說：「沒有。有一次家父一個人在庭院中站著，我要偷偷從旁邊溜出去。（被他看到，就叫住我）說：『學過《詩經》嗎？』（我）回答說：『還沒有。』（他就說：）『不學《詩經》，將來怎麼在正式場合發表談話呢！』於是我就回去念《詩經》。又有一天，家父又一個人在庭院中站著，我又想偷偷從旁邊溜出去。（又被他看見，就叫住我）說：『學過禮嗎？』（我）回答說：『還沒有。』（他就說：）『沒學過禮，將來怎麼跟人在社會上往來。』於是我就退回去學禮。我聽過跟各位可能有不一樣的地方就是這兩樣而已。」陳亢告辭出來之後就喜形於色地說：「問一件事卻得到三個有益的答案，學到了《詩經》的重要性，禮的重要性，還有君子不親近自己的兒子。」

這章孔子並未現身，而是透過陳亢和孔子的兒子伯魚的對話，展現出孔子教養兒子的生活片段。《孔子家語・七十二弟子解》〈39〉說，陳亢是陳國人，字子元，一字子禽，少孔子四十歲。可是《史記・仲尼弟子列傳》卻沒有這個人的紀錄。在《論語》中以「子禽」或「陳子禽」出現過兩次，對孔子都不太尊敬，看來應該不是弟子，兩次都是他問子貢的話：一次是他覺得孔子到處求官做，子貢回以著名的「夫子溫、良、恭、儉、讓」（〈學而10〉）；一次是他誇獎子貢比孔子強，讓子貢嚇得連忙撇清「夫子之不可及也」（〈子張25〉），這個覺得自己連顏回都比不上的人，怎麼敢和自己的老師相提並論？《史記・仲尼弟子列傳》〈38〉還提到他問子貢孔子到底是跟誰學的，可是在〈子張22〉中卻列載這個問題是衛國的公孫朝問的，司馬遷可能因為「行萬里路」又「讀萬卷書」，累了，所以記錯了。要不然這就是當時的人最喜歡知道孔子的FAQ（Frequently Asked Question，最常問到的問題）。

伯魚是孔子的獨子孔鯉，命名的緣由是當時魯國國君送了一條鯉魚來，為了報答國君的送禮，就取了這麼個名字。我覺得「鯉」和「禮」同音，恐怕是更好的命名理由。孔子十九歲時結婚，二十歲時伯魚誕生，伯魚五十歲過世，當時孔子七十歲（《孔子家語・本姓解》〈1〉和《史記・孔子世家》〈79〉）。在〈陽貨10〉伯魚又出現一次，這次孔子也是教導他要學《詩經》的〈周南〉和〈召南〉兩篇，這樣才不會在正式場合中碰壁。其他書中還有記載伯魚的母親過世後一年，伯魚還忍不住悲傷而哭，被孔子知道以後，教誨他說「這已經逾越了正常的禮」，伯魚才因此止住了悲傷（《禮記・檀弓上》〈28〉和《孔子家語・曲禮子貢問》〈29〉）。這是伯魚的兒子子思，後來在〈中庸〉第一章就說過的：「喜怒哀樂之未發謂之中，發而皆中節謂之和。」可見孔子的家教是以理制情，走中庸之道，絕對不會不及，也不許太過。在《孔子家語・致思》〈11〉中，孔子也和此章一樣，教誨伯魚「學」的重要性。

至於孔子教誨伯魚的《詩》和禮兩項：〈泰伯8〉中孔子就說過：「興於《詩》，立於禮。成於樂。」所以嚴格說來，學生和兒子都有學的是「詩和禮」，不過學生多學了一個「成於樂」。有束修還是有差別的。陳亢其實還有第四個可以高興的理由。

孔子強調《詩》的重要性，其實是處處可見的：〈為政2〉他說過《詩經》三百篇都是「無邪」（「思」字並無意義），可是他也指出：「就算是學了《詩經》三百篇，出使外交任務不能應對得體，背了這麼多詩，也是枉然。」（〈子路5〉），他甚至強調《詩經》有「興」、「觀」、「群」、「怨」的眾多效果，無論是在家孝順父母或是出門服侍公卿來說都是利器，甚至還可以學到許多鳥獸草木的名稱（〈陽貨9〉）。諷刺的是，現代人透過社交網絡發抒「興」、「觀」、「群」、「怨」，在眾多訊息中卻無法讓作者和讀者都感到「無邪」。

孔子對禮的強調就更不用多說了，在〈堯曰3〉中，孔子最後耳提面命三個教誨之一就是和此章相互輝映的：「不知禮，無以立也。」

至於陳亢的第三個體悟：「君子之遠其子也」，這變成傳統中國父親和兒子疏離的罪魁禍首，這恐怕不是孔子的原意吧？

父子關係方面，孔子不是現代人的好榜樣。

附錄

《禮記・檀弓上》〈28〉**伯魚**之母死，期而猶哭。夫子聞之曰：「誰與哭者？」門人曰：「鯉也。」夫子曰：「嘻！其甚也。」**伯魚**聞之，遂除之。

《孔子家語》〈曲禮子貢問29〉**伯魚**之喪母也，期而猶哭。夫子聞之，曰：「誰也？」門人曰：「鯉也。」孔子曰：「嘻！其甚也，非禮也！」**伯魚**聞之，遂除之。

——〈致思11〉孔子謂**伯魚**曰：「鯉乎！吾聞可以與人終日不倦者，其惟學焉。其容體不足觀也，其勇力不足憚也，其先祖不足稱也，其族姓不足道也；終而有大名，以顯聞四方，流聲後裔者，豈非學者之效也？故**君子不可以不學**，其容不可以不飭。不飭無類，無類失親，失親不忠，不忠失禮，失禮不立。夫遠而有光者，飭也；近而愈明者，學也。譬之污池，水潦注焉，雚葦生焉，雖或以觀之，孰知其源乎？」

14

邦君之妻，君稱之曰夫人，夫人自稱曰小童；邦人稱之曰君夫人，稱諸異邦曰寡小君；異邦人稱之亦曰君夫人。

國君的妻子，國君要稱她為夫人，她要自稱為小童，國內的人民要稱呼她為君夫人，和外邦人在外交場合見面時，她要自稱為寡小君，外邦人（和國內的人民一樣也）要稱呼她君夫人。

這章在《論語》中很突兀，因為不是孔子說的話，好像是一種定義式的筆記錯擺在《論語》裡。後人尊重經典的完整性，都知道這章格格不入，卻也沒人敢把它給刪了。程樹德引用梁啟超的說法，懷疑這是後人在竹簡的空白處任意附記他事，所以往往有頭無尾。又有說法認為此章在《古論》和《魯論》都有，所以也不是後人隨便摻入。皇侃說：「當時禮亂，稱謂不明，故此正之也。」好像是孔子有深意在焉。

這章內容的「寡小君」、「小童」和《禮記・曲禮下》〈110〉的記載雷同。《白虎通德論・卷九》〈嫁娶37〉中解釋了「夫人」和自稱「小童」的原意是：「明當扶進夫人，謂八妾也。國人尊之，故稱君夫人也。自稱小童者，謙也，言已智能寡少如童蒙也。」

這裡其實可以用社會學中的角色、地位和情境的稱謂概念來看，有對自己的謙稱，以及對他人的尊稱的不同：一個女人的角色相對於邦君而言，邦君稱她為「夫人」，她在回應時自稱「小童」；在邦人面前，她的角色又要被稱為「君夫人」，在這種角色之下，她要自稱是「寡小君」。邦人和異邦人在稱呼她時，並沒有差別，一律都是稱呼「君夫人」。這裡看得出親疏遠近的關係會影響到稱謂的不同。我們今天其實也是一樣：關係比較親密的人在私下場合我們可以用上暱稱，可是在正式或公開場合，還是要用正式的稱謂。

關係的親疏和場合，決定了我們的自稱和別人稱呼我們的方式。不過，這種規矩已經不常見了。有一次公開演講場合，我讓學生先問三個有關我個人的問題，有個學生馬上舉手問我：「你和你老婆是怎麼認識的？」我故意裝作很嚴肅地回答說：「同學，我是老師，和你也不熟識，你不能稱我太太『你老婆』，你要稱呼『師母』，這樣才有禮貌。現在請你更正稱呼，然後把問題重複一遍。」結果學生就把原來問句中的「老婆」直接改成「師母」，問題就變成：「你跟『你師母』是怎麼認識的？」我就回答說：「我跟我師母不認識，但是我跟你師母認識。」然後引來哄堂大笑。這樣的事情在不同學校竟然發生過三次。

從上面的故事看來，也許老師或長輩教學生或下一代人有關人際關係的稱謂，還是很有時代意義的。

附錄

《白虎通德論．卷九》〈嫁娶37〉天子妃謂之后何？後君也。天下尊之妃至尊，故謂之後，明海內小人之君子也，天下尊之，故繫王言之。《春秋傳》曰：「迎王后於紀。」國君之妻稱之曰夫人何？明當扶進夫人，謂八妾也。國人尊之，故稱君夫人也。自稱小童者，謙也，言己智能寡少如童蒙也。《論語》曰：「國君之妻，稱之曰夫人，夫人自稱曰小童，國人稱之曰君夫人，稱諸異邦曰寡小君。」謂聘問兄弟之國及臣他國稱之。謙之詞也。

陽貨

•

第十七

1

陽貨欲見孔子，孔子不見，歸孔子豚。孔子時其亡也，而往拜之，遇諸塗。謂孔子曰：「來！予與爾言。曰：『懷其寶而迷其邦，可謂仁乎？』曰：『不可。』『好從事而亟失時，可謂知乎？』曰：『不可。』日月逝矣，歲不我與！」孔子曰：「諾。吾將仕矣。」

陽貨（或陽虎）想要會見孔子談事情。孔子故意託詞沒空，陽貨就準備了一隻小豬送給（知禮的）孔子（，因為禮尚往來，這樣孔子就沒有不見面的藉口）。孔子（其實還是不想和陽貨見面，可是人家送了禮來，又不能不回禮，）就趁著（打聽到）陽貨不在家的時候去拜訪陽貨。（萬萬沒想到）在半路上就遇到了（陽貨）。陽貨就跟孔子說：「過來！我有話跟你說。有人說過：『自己身上藏有寶物卻讓國家迷失方向，這可以算是仁人該有的行為嗎？我想當然是不可以的。一直想著要報效國家卻沒趕上恰當的時機，這可以算是智者該有的行為嗎？我想當然也是不可以的。（你知道吧，）時間過得很快，不會等人的。」孔子就應付地回答說：「好吧！我會出來當官。」

這是《論語》的第十七章，歷來有二十四章和二十六章兩個版本，今人黃懷信別出二十五章本。這章表明了孔子如何應付他不喜歡卻又無法拒絕的鄉長的邀約。這麼一大段文字，孔子沒講幾句話。

「陽貨」就是「陽虎」（孔安國），是孔子的同鄉，也是季氏的家臣，後來囚禁季氏，一度成為魯國實際掌權的人，被稱為「陪臣執國命」（〈季氏2〉和《史記・孔子世家》〈13〉）。「歸」是「餉」（皇侃）或「遺」（邢昺）。「豚」是「豕之小者」（邢昺）。「時」是「伺」（戴望）。「亡」是「無也，謂虎不在家時也」（皇侃）。「塗」是「道」（孔安國和邢昺）或「道路」（皇侃）。「懷」是「藏」（劉寶楠）。「寶」是「道」（皇侃和戴望）。「迷」是「行迷」（戴望）。「亟」是「數」（皇侃、邢昺和朱子）或「屢」（黃懷信）。「失時」是「不及事幾之會」（朱子）。「歲」是「歲月、年歲」（黃懷信）。「逝」是「速」（皇侃）或「往」（邢昺）。「諾」是「應辭」（邢昺）。

這一章其實主要都是陽貨的自問自答，孔子只在陽貨自問自答之後才敷衍地回應一句。有些讀者看到這段的最後一句話，就徑直認為孔子想當官想瘋了，完全不看孔子和陽貨的關係，以及這個對話的脈絡和孔子應答所展現的諸般不願意。其實這章是很生動、有畫面的。

不可諱言，孔子有個「陽貨陰影」：孔子在十七歲母喪之後想去參加季氏的饗宴，被陽貨諷刺說：「不是你這種人可以參加的。」（《孔子家語・公西赤問》〈4〉和《史記・孔子世家》〈3〉），青年孔子的自尊心恐怕受到很大的打擊。孔子後來在匡這個地方被圍困，據說也是當地人把他誤認為是陽貨，因為兩人長得有點像（〈孔子世家22〉、《說苑．雜言》〈18〉、《韓詩外傳．卷六》〈21〉和《莊子．外篇》〈秋水9〉），自己竟然和自己所討厭的人長得像，這真是讓人情何以堪。陽貨身為季氏家臣，又僭越禮法，職掌起魯國的國政。這一切的一切都加深了孔子的「陽貨陰影」，顯然羞與這樣的鄉長為伍。一方水土竟然養出兩樣人，身為同鄉的後輩，真是情何以堪。

孔子這種「陽貨陰影」在本章中展現得非常清楚：孔子不想見，礙於禮尚往來又不得不見，所以就找了個陽貨不在的時候去，免得見面的時候尷尬，沒想到還是在路上碰到了。所以整場對話，陽貨採取咄咄逼人的攻勢，用孔子平常教學生的「仁」和「智」這種「以子之矛攻子之盾」的方法來詰問孔子，讓他沒有回嘴的餘地；孔子都是採取守勢，最後講的話也是為了趕快逃離不舒適圈所回應的場面話（邢昺說是「遜辭遠害」）。孔子的不安和狼狽，歷歷在目。他如果只是想當官，而沒有自己堅持的理想的話，機會多得很。

孟子就指出「古者不為臣不見」，陽貨欲見孔子其實是無禮的行為，此事孔子是「被迫相見」（《孟子．滕文公下》〈12〉）。王充在《論衡．問孔》〈69〉中也質疑孔子前後清濁不一：孔子在陽貨要見一事上表現出他的「清」，可是在公山弗擾和佛肸叛亂的時候，卻又表現出很願意同流合汙的「濁」；而且孔子沒想到會在路上碰到陽貨，這也是聖人不能先知的證明（《論衡．知實》〈7〉）。

至於陽貨，還有幾個值得一提的故事：首先是陽貨在逃出魯國時，管城門的人放走了他，他卻反而將這個人殺傷，這個人氣憤陽貨忘恩負義。後來魯君處理陽貨脫逃的獎懲時，所有沒受傷的人都被處罰，唯有這個受傷的人獲得獎賞（《淮南子．人間訓》〈4〉）；其次是陽貨先逃到齊國，齊國的國君準備接納他，卻有鮑文子反對，認為陽貨是個禍害，所以要將他收押，陽貨才又逃往趙國（《說苑．權謀》

〈28〉）；陽貨到了趙國，趙簡子聽說他有提拔人的美名，可是陽貨認為他提拔的人最後都忘恩負義，讓他很生氣，決定以後不再提拔人（《說苑・復恩》〈20〉和《韓非子・外儲說左下》〈120〉），可是後來兩人也鬧翻了，最後演變成趙簡子要殺陽貨，卻誤把孔子當成陽貨的誤會一場。

最後要特別強調的是，我們經常聽到的「為富不仁」（下面還有一句「為仁不富」）這句「仇富名言」很多人誤以為是孔子說的，但其實是陽貨說的（《孟子・滕文公上》〈3〉）。如果孔子知道後世的這種誤會，恐怕又會增加一條他的「陽貨陰影」。

附錄

《史記・孔子世家》〈13〉桓子嬖臣曰仲梁懷，與**陽虎**有隙。**陽虎**欲逐懷，公山不狃止之。其秋，懷益驕，**陽虎**執懷。桓子怒，**陽虎**因囚桓子，與盟而醳之。**陽虎**由此益輕季氏。季氏亦僭於公室，**陪臣執國政**，是以魯自大夫以下皆僭離於正道。故孔子不仕，退而修詩書禮樂，弟子彌眾，至自遠方，莫不受業焉。

《孔子家語・公西赤問》〈4〉孔子有母之喪，既練，**陽虎**弔焉。私於孔子曰：「今季氏將大饗境內之士，子聞諸？」孔子曰：「丘弗聞也。若聞之，雖在衰絰，亦欲與往。」**陽虎**曰：「子謂不然乎？季氏饗士，不及子也。」**陽虎**出。曾參問曰：「語之何謂也？」孔子曰：「己則喪服，猶應其言，示所以不非也。」

《史記・孔子世家》〈3〉孔子要絰，季氏饗士，孔子與往。**陽虎**絀曰：「季氏饗士，非敢饗子也。」孔子由是退。

《孟子．滕文公下》〈12〉公孫丑問曰：「不見諸侯何義？」孟子曰：「古者不為臣不見。段干木踰垣而辟之，泄柳閉門而不內，是皆已甚。迫，斯可以見矣。**陽貨**欲見孔子而惡無禮，大夫有賜於士，不得受於其家，則往拜其門。**陽貨**瞰孔子之亡也，而饋孔子蒸豚；孔子亦瞰其亡也，而往拜之。當是時，**陽貨**先，豈得不見？曾子曰：『脅肩諂笑，病於夏畦。』子路曰：『未同而言，觀其色赧赧然，非由之所知也。』由是觀之，則君子之所養可知已矣。」

《論衡》〈問孔69〉**陽貨**欲見之，不見；呼之仕，不仕，何其清也？公山、佛肸召之，欲往，何其濁也？公山不擾與**陽虎**俱畔，執季桓子，二人同惡，呼召禮等，獨對公山，不見**陽虎**，豈公山尚可，**陽虎**不可乎？

——〈知實7〉「**陽貨**欲見孔子，孔子不見，饋孔子豚。孔子時其亡也，而往拜之，遇諸塗。」孔子不欲見，既往，候時其亡，是勢必不欲見也。反，遇於路。以孔子遇**陽虎**言之，聖人不能先知，六也。

《淮南子．人間訓》〈4〉**陽虎**為亂於魯，魯君令人閉城門而捕之，得者有重賞，失者有重罪。圍三匝，而**陽虎**將舉劍而伯頤，門者止之曰：「天下探之不窮，我將出子。」**陽虎**因赴圍而逐，揚劍提戈而走。門者出之，顧反取其出之者，以戈推之，攘袪薄腋。出之者怨之曰：「我非故與子反也，為之蒙死被罪，而乃反傷我，宜矣其有此難也。」魯君聞**陽虎**失，大怒，問所出之門，使有司拘之，以為傷者受大賞，而不傷者被重罪。此所謂害之而反利者也。

《說苑》〈權謀28〉**陽虎**為難於魯，走之齊，請師於魯，齊侯許之。鮑文子曰：「不可也。**陽虎**欲齊師破，齊師破，大臣必多死，於是欲奮其詐謀。夫虎有寵於季氏而將殺季孫，以不利魯國而容其求焉。今君富於季氏而大於魯國，茲**陽虎**所欲傾覆也。魯免其疾，而君又收之，毋乃害乎？」齊君乃執之，免而奔晉。

——〈復恩20〉陽虎得罪於衛，北見簡子曰：「自今以來，不復樹人矣。」簡子曰：「何哉？」陽虎對曰：「夫堂上之人，臣所樹者過半矣；朝廷之吏，臣所立者亦過半矣；邊境之士，臣所立者亦過半矣。今夫堂上之人，親郤臣於君；朝廷之吏，親危臣於眾；邊境之士，親劫臣於兵。」簡子曰：「唯賢者為能報恩，不肖者不能。夫樹桃李者，夏得休息，秋得食焉。樹蒺藜者，夏不得休息，秋得其刺焉。今子之所樹者，蒺藜也，自今以來，擇人而樹，毋已樹而擇之。」

《韓非子．外儲說左下》〈120〉陽虎去齊走趙，簡主問曰：「吾聞子善樹人。」虎曰：「臣居魯，樹三人，皆為令尹，及虎抵罪於魯，皆搜索於虎也。臣居齊，薦三人，一人得近王，一人為縣令，一人為候吏，及臣得罪，近王者不見臣，縣令者迎臣執縛，候吏者追臣至境上，不及而止。虎不善樹人。」主俛而笑曰：「夫樹橘柚者，食之則甘，嗅之則香；樹枳棘者，成而刺人；故君子慎所樹。」

《史記．孔子世家》〈14〉定公八年，公山不狃不得意於季氏，因陽虎為亂，欲廢三桓之適，更立其庶孽陽虎素所善者，遂執季桓子。桓子詐之，得脫。定公九年，陽虎不勝，奔於齊。是時孔子年五十。

《孟子．滕文公上》〈3〉陽虎曰：「為富不仁矣，為仁不富矣。」

2

子曰：「性相近也，習相遠也。」

孔子說：「人生來的本性都是類似的，後天的學習和踐行讓大家漸行漸遠。」

這章是著名的篇章，講「性」和「習」的關係，強調的是「習」的重要性。「性」是「人所稟以生也」（皇侃），或「人所稟受，以生而靜者也」（邢昺），或「此所謂性，兼氣質而言者也」（朱子）或「生之質」（戴望），這可以說是人力不能控制的先天因素，子貢就說孔子很少公開正式地談論「性」和「天道」的問題（〈公冶長13〉）。「習」是「生後有百儀，常所行習之事也」（皇侃），是學的結果，原來是小鳥練習飛翔的意思，所以引申來看有「踐行」的意思，「學而時習之」（〈學而1〉）就是「知行合一」，和「性」比較起來，這是人自己可以努力和掌握的事情，所以這章應該是鼓勵學生「慎所習」（孔安國和邢昺）。這和孔子強調個人的主體性是主宰自己要「進」或要「止」的關鍵，也就是「吾止也」或「吾往也」操之在「吾」（〈子罕19〉）。

如果和上一章配合來看，這未嘗不是感嘆孔子自己和陽貨同是一方水土之人，「性相近」是同樣的起點，可是後來個人的目標和志向竟然如此天差地別，這不就是「習相遠」了嗎？

孔子罕言「性」，只延續著前人的「恆性」（《尚書・商書》〈湯誥1〉）想法而主張「相近」，所以這並不是他的原創想法。後人都認為他應該隱含著不管「性」是如何，最終人應該向至善邁進。所以不管性善或性惡，或無善無惡，重點還是要特別慎其所「習」，也就是要「學善」和「行善」。這應該是沒有疑義的。

後來的學者就在孔子這裡不談的「性」問題上搶著立下自己的招牌：孟子主張「性善」（《孟子》〈滕文公上1〉和〈告子上2〉），告子主張「性無善無不善」（〈告子上6〉），還有人認為「性可以為善，可以為不善」（〈6〉），或「有性善，有性不善」（〈6〉）；荀子主張「性惡」，他認為「性善都是人為或是習的結果」（〈性惡1〉），董仲舒認為：「性有善質，而未能為善也。」（《春秋繁露・實性》〈1〉）揚雄認為：「人之性也善惡混。」（《揚子法言・修身卷第三》〈2〉）王充也和「周人世碩」以及「宓子賤、漆雕開、公孫尼子之徒」一樣認為「人之性也，有善有惡」（《論衡・率性》〈1〉），他還將孟、荀和揚雄三人的想法以「中人」為準做了劃分：「孟軻言人性善者，中人以上者也；孫卿（即荀子）言人性惡者，中人以下者也；楊（應作「揚」）雄言人性善惡混者，中人也。」（〈本性20〉）。東漢的荀悅也在《申鑒・雜言下》〈9〉整理了幾個人的說法：「孟子稱性善，荀卿稱性惡。公孫子曰：『性無善惡。』揚雄曰：『人之性善惡渾。』劉向曰：『性情相應，性不獨善，情不獨惡。』」最後他判定劉向的說法是對的，不過這裡引出了一個本章沒提到的「情」字。總結來看，主張一偏的「性惡」或「性善」的人不多，大多數後人還是偏向於折中的「有善有惡」的主張。其實，說穿了還是注重「善」，不管是

「性」還是「習」所造成的。

除了荀子之外，孟子的「性善說」應該是在後來的儒家傳人中占上風的。這從孟子的師承可以看出「思孟學派」（曾子→子思→孟子）的鮮明立場。

傳說是孔子孫子子思所作的《禮記．中庸》〈1〉，一開頭也像孔子那樣含糊地說：「天命之謂性，率性之謂道，修道之謂教。」這裡的「性」和「道」都像是孔子在本章說的「性」，也是人無法著力之處，這裡的「教」就是孔子本章說的「習」，是一體的兩面，也是人力可以努力之處。這段話並沒有提到「性善」，可是往下看到《禮記．中庸》〈23〉：「自誠明，謂之性；自明誠，謂之教。」「自誠明」就是本章說的「性」，這裡的「誠」已經有很強烈「性善」的想法，「自明誠」就是本章所說的「習」。三個字的順序不同，顯現出不同的意思。

傳說是曾子寫的《禮記．大學》〈1〉，一開頭也說了：「大學之道，在明明德，在親（新）民，在止於至善。」「明明德」應該就是孔子此章所說的「性」的特質，已經蘊含著「善」的意思，這要靠著修身或是和朋友共修的過程，也就是孔子此章所說的「習」，才能達到「至善」的境界。

我覺得這章其實是在處理「惡」的問題，特別要靠著自我教育和實踐來「除惡」。這也是孔子繼承先人「樹德務滋，除惡務本」（《尚書．周書》〈泰誓下3〉）（等同佛家說的：「諸惡莫作，眾善奉行，自淨其意，是諸佛教。」）的想法。

孟子說孔子是「集大成」（《孟子．萬章下》〈10〉），這章的許多想法是很好的證明。

3

子曰：「唯上知與下愚不移。」

孔子說：「只有智慧很高的人和沒有智慧的人是不會改變的。」

這章是講兩種無法改變的人。「上智（知）」是「聖人」（皇侃）。「下愚」是「愚人」（皇侃）。

古注都認為這章和上一章有關聯。皇侃就說：「前既曰性近習遠，而又有異，此則明之。」邢昺就認為上章的「性近習遠」說的是這章沒說的「中人」，這章所說是補充上一章的不完整。朱子則認為：「此承上章而言。人之氣質，相近之中，又有美惡一定，而非習之所能移也。」黃式三說得更白：「此與上節合言之，則性有上知之不移於惡，有相近之中人本善而可以移於惡，有下愚之不能移於善。」

劉寶楠則將此章和〈季氏9〉聯繫來看，將此章的「上智（知）」當成是「生而知之」，「困而不學」就是「下愚」。他也引用程瑤田的說法，認為智愚和善惡的關係並不是「智者一定善，愚者一定惡」，而是「愚可以為善，智也可以為惡」。這是很有見地的看法。很多人恐怕都可以在生活中找到這樣的經驗。

西方心理學用了測驗的方法來評定人的「智商」，現在也成為大家接受的科學事實。可是「高智商」的人往往「以自我為中心」，看不起「下愚」的人，甚至可以在「客觀、中立、專業」的口號之下，以自己的「聰明」幫助消滅「下愚」，二戰期間納粹科學家的罪行就是最慘痛的例證。這種「上智的不移」真是令人不寒而慄。

許多人都覺得「上智」和「下愚」是不證自明的。可是「以能問於不能，以多問於寡，有若無、實若虛，犯而不校」（〈泰伯5〉）的這種「大智若愚」又有幾個人看得出來？

上智（知）和下愚不移的結果是一樣的，可是原因是不一樣的：上智者志在行道、心繫天下，所以不移；下愚者，志在謀食，一切為己，所以不移。所以這裡講的智和愚雖然未必和善惡有關，恐怕還是有著君子和小人對比之下強烈的道德意涵的。

孔子的觀念裡難道會有「沒有道德的聰明人」這種觀念？不會吧？

4

子之武城，聞弦歌之聲。夫子莞爾而笑，曰：「割雞焉用牛刀？」子游對曰：「昔者偃也聞諸夫子曰：『君子學道則愛人，小人學道則易使也。』」子曰：「二三子！偃之言是也。前言戲之耳。」

孔子到〔子游治理之下的〕武城去，聽到家家戶戶的弦歌聲處處響起〔，認為弟子真照自己的教誨以禮樂治國，成績斐然，心情十分暢快〕。孔子高興地笑著說：「殺一隻雞幹嘛用上宰殺牛的刀具呢？〔潛台詞：這麼一個小城，幹嘛費這麼大的勁教導人民禮樂呢？〕」子游〔很恭敬地〕回答說：「〔可是〕我以前聽老師您說過：『君子學了正道就會愛護人民，小人學了正道就會聽從君子的指揮〔潛台詞：我這樣做都是遵循您平日的教誨啊！〕。』」孔子〔看到子游這麼嚴肅地回答他的玩笑話，就一本正經地跟隨行弟子〕說：「各位同學！言偃同學說的對，我剛剛的話是句玩笑話〔，各位別當真。治國要學言偃同學這樣〕。」

這是孔子看到弟子治國政績後，心情大好、有說有笑時用「玩笑模式」誇獎子游，可是子游卻以為老師不滿意，就以平時的「嚴肅模式」來應答。

「之」是「往」（皇侃）或「適」（邢昺）。「弦」是「琴瑟」（朱子）或「以絲播詩」（戴望），「歌」是「曲合雅」（戴望），「聞弦歌之聲」，皇侃認為有兩解：一是「家家有弦歌之響，由子游政化和樂故也」；一是「子游身自弦歌以教民也」。「莞爾」是「小笑貌」（邢昺和朱子），或「舒張面目之貌」（戴望），或「哈哈大笑」（黃懷信）。「割雞」是「分割肉節」（劉寶楠）。「牛刀」是「大刀」（皇侃）或「割牛刀」（劉寶楠）。

子游的基本資料矛盾處甚多：《孔子家語．七十二弟子解》〈9〉說他是「魯人」、「少孔子三十五歲」，《史記．仲尼弟子列傳》〈49〉卻說他是「吳人」，「少孔子四十五歲」。

東漢王充《論衡．問孔》〈3〉提到這章，特別指出孔子弟子很少敢跟孔子回嘴或追問疑難之處，所以《論語》中才會有這麼多難解之處。這章因此很難得。

〈雍也14〉也提到子游治理武城的時候，孔子問他有沒有找到得力助手，他回答有一位澹臺滅明，並誇獎這人不走後門，公事公辦和他無私交。子游顯然是看賢能用人，而不是看關係。這也是他根據老師的教誨治理武城的政績。

本章孔子戲稱的「割雞焉用牛刀」，除了當笑話講之外，其實也就是「工欲善其事，必先利其器」（〈衛靈公10〉）的意思。這章和「澹臺滅明」那章都是子游能以「利器善事」的明證。他在孔門四科列名「文學」（〈先進3〉）而不是「政事」實在讓我不解。

子游在〈為政7〉請問過孔子「孝」，孔子提醒他要「敬」，否則養人和養犬馬無異。〈里仁26〉

他強調侍奉君上以及和朋友交往都不能「太嘮叨到讓人討厭，甚至讓對方遠離」；〈子張14〉中他強調葬禮重要的是哀戚之情，可惜《論語》中對於他在喪禮方面的專業提得太少，在《禮記》相關章節的記載裡，都可以看出他在眾弟子中的葬禮知識是十分出眾的。

子游很不滿同門有些人的作為，也都大聲說出來，不憋在心裡；子游批評過子夏教導門人的都是些枝微末節不重要的東西，讓子夏反駁說自己不是聖人的教法（〈子張12〉）；子游雖然讚許子張難能可貴，卻也批評子張說：「很難跟這位同門一起合作從事對人好的事情。」（〈子張15〉）後來的荀子批評「子游氏的賤儒」是「偷懶怕事，寡廉鮮恥，好吃懶做，還強辯君子就是這樣不需費力」（《荀子・非十二子》〈17〉），不知道到底根據什麼。

同門之爭，同門沒有群德，聖人之徒及聖門之後生也未能倖免。本章所說的「君子學道則愛人」，這時聽起來就很刺耳。這些同門都跟孔子學了道，可怎麼沒學到「愛同門」，更何況愛同門之外的其他人呢？這些弟子學了半天，都沒學到「君子」的境界？

代表禮樂文明的弦歌之聲在武城響起，卻沒能在孔門之間響起，孔子這下子恐怕無法莞爾了吧？

附錄

《孔子家語・七十二弟子解》〈9〉**言偃**，魯人，字**子游**。少孔子三十五歲，時習於《禮》，以文學著名。仕為武城宰，嘗從孔子適衛，與將軍之子蘭相善，使之受學於夫子。

《史記・仲尼弟子列傳》〈49〉**言偃**，吳人，字**子游**。少孔子四十五歲。

《論衡．問孔》〈3〉孔子笑子游之絃歌，子游引前言以距孔子。自今案《論語》之文，孔子之言，多若笑弦歌之辭，弟子寡若子游之難，故孔子之言遂結不解。以七十子不能難，世之儒生，不能實道是非也。

《荀子．非十二子》〈17〉偷儒憚事，無廉恥而耆飲食，必曰君子固不用力：是子游氏之賤儒也。

5

公山弗擾以費畔，召，子欲往。子路不說，曰：「末之也已，何必公山氏之之也。」子曰：「夫召我者而豈徒哉？如有用我者，吾其為東周乎？」

公山弗擾這個人占據了費這個城叛變，請孔子加入他們的陣營，孔子考慮要前往參加。子路知道後很不高興，就說：「就算無處可以行道，也不必去公山氏那裡吧！」孔子回答說：「沒事真的會邀請我嗎？如果有人知我用我，我難道還會繼續效忠東周嗎？」

這章很微妙地顯示出孔子除了參加叛軍和效忠東周之外的第三種選擇。

這件事發生在魯定公八年末或九年（西元前五〇二年或五〇一年），古籍都有相關，甚至有點衝突的記載（《春秋左傳》〈定公八年2〉、〈定公十二年2〉、《孔子家語・相魯》〈3〉、《史記》〈孔子世家14〉、〈15〉、〈18〉）。

「公山弗擾」也叫「公山不狃（音紐）」，字子洩，當時為季氏的家臣，是費城的主要負責人，與陽虎共同綁架並拘禁了季桓子，而邀請孔子加入他們的陣營。「費」是季氏的采邑。「畔」是「背叛」（皇侃）或「臣背其君曰畔」（戴望）。「末」是「無」（皇侃、邢昺和朱子）。「之」是「適」（孔安國和皇侃）或「往」（戴望）。「已」是「止」（皇侃和邢昺）。「徒」是「空」（皇侃和邢昺），「豈徒哉」是「言必用我也」（朱子）。「東周」是「興周道於東方，故曰東周」（何晏），或「周室東遷洛邑，故曰東周」（皇侃），或：「王城。周自文王宅豐，武王宅鎬，及後伐紂有天下，遂都鎬，稱鎬京焉，天下謂之宗周。迨周公復營東都於郟鄏，是為王城。幽王時，犬戎攻滅宗周，平王乃遷居東都，遂以東都為東周，而稱鎬京為西周也。」（劉寶楠）

孔子的模糊回答「吾其為東周乎？」特別是「其」字是解經的關鍵。根據李運益的《論語詞典》對「其」字的三種解釋：一種是代詞，又可分成，代第三人稱——他，他的、它，它的；代自身——自己，自己的；表指示——那，那些；這，這些。一種是副詞，又可分成，表估計、推測、大概、可能、或許；表行為動作發生在未來——將；表反問——難道，豈；表事實正是如此的推論——就，一定；第三種是助詞，用於被修飾語前，表示修飾語被修飾的關係。

古注沒解釋「其」的意思，好像都解釋成「行為動作發生在未來，將」。他們一致認為孔子欲往不是為了參與叛亂，而是為了復興周道：皇侃說：「魯在東，周在西，云東周者，欲於魯而興周道，故云吾其為東周也。」朱子也這麼想，他引用程子的說法：「聖人以天下無不可有為之人，亦無不可改過之人，故欲往。然而終不往者，知其必不能改故也。」但是要透過「參與叛亂」這種手段，才能達成「復興周道」的目的，這種「為達目的而不擇手段」會是孔子的做法嗎？我很懷疑。

東漢王充的《論衡．問孔》〈68〉將此章的內容和〈陽貨7〉的「佛肸召」一起看，孔子說了：「有是言也：『不曰堅乎，磨而不磷；不曰白乎，涅而不緇。』吾豈匏瓜也哉？焉能繫而不食？」因此認為：「孔子之言，無定趨也。言無定趨，則行無常務矣。」這樣解釋之下，孔子好像真是想當官想瘋了。可是這和其他篇章孔子的言行都是矛盾的。這是「反孔」人士最喜歡的解釋。

毓老師把「其」當成「難道」或「豈」來解，這和孔子思想的三次變化有關：孔子最初崇拜周公制禮作樂，文明燦爛，所以說：「郁郁乎文哉！吾從周。」（〈八佾14〉）接下來開始懷疑周文化的局限，於是有：「甚矣！吾衰也！久矣！吾不復夢見周公。」（〈述而5〉）最後孔子有自己的想法，身在東周，心在禮運大同，所以才說了本章這種「我難道還會為了東周嗎？」的話。這也是『孔子以春秋作新王』的解釋路線。

一個「其」字兩種表述，顯現出後人遙想孔子不同的氣象和面貌。進退存亡還是不能失去堅持不懈的正道，君子小人之分不就在這個關鍵之處嗎？除了參與叛亂和復興周道，孔子恐怕是選擇了自己的禮運大同之道的第三條路。

附錄

《論衡・問孔》〈68〉公山弗擾以費畔，召，子欲往。子路曰：「末如也已！何必公山氏之之也？」子曰：「夫召我者，而豈徒哉？如用我，吾其為東周乎？」「為東周」、欲行道也。公山、佛肸俱畔者，行道於公山，求食於佛肸，孔子之言，無定趨也。言無定趨，則行無常務矣。周流不用，豈獨有以乎？

6

子張問仁於孔子。孔子曰：「能行五者於天下，為仁矣。」請問之。曰：「恭、寬、信、敏、惠。恭則不侮，寬則得眾，信則人任焉，敏則有功，惠則足以使人。」

子張請教孔子什麼是仁。孔子回答說：「能在世界各地都踐行五種德性，這就是仁。」〔子張〕請老師再說得詳細一點。〔孔子〕回答說：「恭己、寬厚待人，講信用，做事考慮周詳，平時就嘉惠於人民。恭己的人〔對自己要求很嚴格〕，別人不會侮辱他；寬厚待人，就會得到民心；講信用就會被人民信任，做事考慮周詳就會有成果，平時嘉惠人民，就容易得到民心讓人民服從。」

這章是孔子用五種當政者該有的德行來回答子張問仁。

「恭」是「謙恭」（黃懷信）。「不侮」是「不見侮慢」（孔安國）或「不見侮」（黃懷信）。「寬」是「寬厚」（黃懷信）。「信」是「誠信」（黃懷信）。「敏」是「疾」（孔安國和皇侃）或「敏捷，動作迅速」

（黃懷信），毓老師愛說「慮深通敏」（「審」（焦循引《春秋公羊傳》疏），也就是毓老師強調的「慮深通敏」，是做事之前考慮周詳，做起事來就會很順暢）。「任」是「倚仗」（朱子）或「保」（戴望）。「惠」是「仁也，謂以仁心行仁政也」（劉寶楠）或「仁惠」（黃懷信）。

這五種德性是對當政者說的。「恭」是「恭己」，是當政者的自我要求，這也正是孔子誇獎舜和子產的德行（〈衛靈公5〉和〈公冶長16〉），子貢說過這是孔子的德行之一（〈學而10〉），弟子也記載平時孔子是「恭而安」（〈述而38〉），孔子強調「居處恭」這種德行是到了夷狄之邦都不能放棄的（〈子路19〉），恭的表現雖然主要在容貌上（〈季氏10〉），但是孔子也強調「恭而無禮則勞」（〈泰伯2〉），以禮來節制，免得白忙一場。

「寬」也是對當政者說的，對治理的人民要「寬」，所以孔子強調「居上不寬」的治理行為是不夠格的，「寬則得眾」（本章和〈堯曰1〉）。

「信」更是當政者要取信於民，才能讓治理順暢：道千乘之國就先要「敬事而信」（〈學而5〉），「上好信，則民莫敢不用情」（〈子路4〉），而且「信則民任焉」（〈堯曰1〉），「信以成之」（〈衛靈公18〉）。子夏也承傳孔子的理念，強調：「君子信而後勞其民，未信則以為厲己也；信而後諫，未信則以為謗己也。」（〈子張10〉），這《論語》中強調的、一般人的信，應該也是一樣的。

「敏」也是當政者該有的德行：他誇獎孔文子就是「敏而好學，不恥下問」才得到「文」的諡號，當政的和有德的君子都應該「敏於事」（〈學而14〉）、「敏於行」（〈里仁24〉）。這是毓老師強調「審慎」和「考慮周到」的「慮深通敏」而不是一般古注所說的「快速敏捷」。

「惠」更是在位的君子不能不注意的，因為「小人懷惠」（〈里仁11〉）。孔子誇獎子產的「君子四道」中，就有「其養民也惠」（〈公冶長16〉）一項。他在回答子張的「從政五美」中也提到「君子惠而不費」，也就是要「因民之所利而利之」（〈堯曰2〉），這也是承繼《尚書．周書》〈泰誓上1〉的「民之所欲，天必從之」的「民本思想」。這不是孔子的獨創，而是他集古人之大成。

「恭、寬、信、敏、惠」五種德行行天下，就是「君道」的精華版，有這樣的治理五德，禮運大同就在不遠處。

附錄

《尚書．周書》〈泰誓上1〉予小子夙夜祗懼，受命文考，類於上帝，宜於塚土，以爾有眾，底天之罰。天矜於民，**民之所欲，天必從之**。爾尚弼予一人，永清四海，時哉弗可失！」

7

佛肸召，子欲往。子路曰：「昔者由也聞諸夫子曰：『親於其身為不善者，君子不入也。』佛肸以中牟畔，子之往也，如之何！」子曰：「然。有是言也。不曰堅乎，磨而不磷；不曰白乎，涅而不緇。吾豈匏瓜也哉？焉能繫而不食？」

> 晉國趙簡子的家臣佛肸（音細）占據中牟城反叛趙簡子，想找孔子去幫忙。子路〔聽到了以後〕說：「我曾經聽老師您自己說過：『自己親自做不善的事情，這是君子不會考慮加入（或不會到這個國家）的。』現在佛肸占據了中牟城，背叛了他的上司趙簡子，您要去幫忙，您要怎樣面對佛肸呢？」孔子〔解釋〕說：「是這樣的。我是說過這樣的話。可是我也說過：最堅固的東西是磨不薄的，最白的東西是染不黑的。我又不像高掛在支架上的匏瓜那樣掛久了〔，失了時，〕就沒人要吃〔，只能用來當勺子〕？」

這章也像〈陽貨1〉和〈陽貨5〉一樣，是孔子對僭禮人的邀約表現出迎拒之間的兩難。

這事情發生的時間也有爭議：戴望認為是魯哀公二年（西元前四九三年），劉寶楠認為是魯哀公五年（西元前四九〇年）。如果照戴望的說法，那時孔子五十九歲；如果是根據劉寶楠的說法，那時孔子六十二歲，都是孔子自述的「耳順」（〈為政4〉）之年。黃懷信認為，那個時期剛好孔子在衛、曹、宋、陳之間奔走，很想施展自己的抱負。

「親」是「自」（朱子）。「不入」是「不入其國」（孔安國）或「不入其黨」（朱子），孔安國的說法比較接近「危邦不入，亂邦不居」（〈泰伯13〉）的意思。「如之何」的「之」是「是也，謂佛肸也」（劉寶楠）。「然」是「如此」（皇侃）。「磷」是「薄」（孔安國、邢昺和朱子）或作：「粼，當言零，零落也。」（戴望）「涅」是「水中黑土，可以染皂」（邢昺），或「染皂物」（朱子），或「皂礬」（戴望）。「緇」是「黑色」（邢昺）或「水黑」（戴望）。「匏」是「瓠」（何晏、邢昺和朱子），「匏瓜」或說是「星名」（《史記．天官書》〈23〉、皇侃和戴望）。「食」是「用」（俞樾），「不食」是「人不食之」（王夫之）。

這章和〈陽貨1〉、〈陽貨5〉對孔子是一樣「行道或求食」的難題，孔子周遊列國，那些君王沒人要理睬，一些背叛主子的家臣卻要孔子幫忙，這是多大的諷刺？如果說這些家臣都是僭禮之人，那麼家臣的主子又何嘗不是僭禮之人？想幫那些邦君，就不能幫這些家臣嗎？以禮著稱的孔子，能夠背禮嗎？欲行道天下的孔子，如果不跟這些人合作，他又能怎麼辦呢？孔子後來退而修《詩》、《書》、禮樂而沒再往現實政治動心，就是他的最後答案，也是他走出的第三條路。

歷來不諒解孔子的人，當然是拿這章的話來譴責他的表裡不一。東漢王充就有這樣的懷疑（《論衡．問孔》〈66〉）。

我覺得這裡要從孔子和子路特有的「開玩笑關係」來看。孔子和子路的年紀比其他弟子接近，子路對孔子講話往往也很直率。這章子路想以孔子講過的話來質問孔子，潛台詞是：「您是個知行合一的人嗎？」孔子當然知道子路的想法，只是想要氣氣他，所以承認說過這樣的話，但是自己是個「中流砥柱」，「出汙泥而不染的人」，最後開個玩笑說自己「怎能像匏瓜那樣，不食人間煙火」。這絕對是玩笑話，否則要是孔子真只想著「求食」而不是「求道」，好機會多的是，何必等到這些三流腳色來邀請才用事呢？

這章沒記載後續，我想子路還是一肚子不高興的，而他這反應會讓孔子很高興。所以有下一章就也合情合理了，且聽下章分解。

附錄

《論衡・問孔》〈66〉或：「權時欲行道也。」即**權時行道**。子路難之，當云「行道」，不言「食」。有權時以行道，無權時以求食。「吾豈**匏瓜**也哉？焉能繫而不食？」自比以**匏瓜**者，言人當仕而食祿。我非**匏瓜**繫而不食，非子路也。孔子之言，不解子路之難。子路難孔子，豈孔子不當仕也哉？當擇善國而入之也。孔子自比**匏瓜**，孔子欲安食也。且孔子之言，何其鄙也！何彼仕為食哉？君子不宜言也。**匏瓜**繫而不食，亦繫而不仕等也。距子路可云：「吾豈**匏瓜**也哉，繫而不仕也？」今吾「繫而不食」，孔子之仕，不為行道，徒求食也。

8

子曰：「由也，女聞六言六蔽矣乎？」對曰：「未也。」「居！吾語女。好仁不好學，其蔽也愚；好知不好學，其蔽也蕩；好信不好學，其蔽也賊；好直不好學，其蔽也絞；好勇不好學，其蔽也亂；好剛不好學，其蔽也狂。」

孔子說：「由啊！你聽過六句有關不學對自己所造成的蔽障吧？」（子路）回答說：「沒有。」「跪坐著。我來告訴你：喜愛仁德卻不愛學，就不會曉得其實人家覺得你愚笨；喜愛求知卻不愛學，就不會曉得其實人家覺得你思想漂蕩無主；喜好講信用卻不愛學，就不會曉得其實人家覺得你不可靠；喜愛直話直說卻不愛學，就不會曉得自己讓聽話的人不舒服；喜歡勇力卻不喜歡學，就不會曉得人家覺得你愛鬧事；個性剛強卻不喜歡學，就不會曉得人家覺得你很狂妄自大。」

這章強調德行如果不學都有流弊，和前章都是孔子和子路的對話。「言」是「語」（黃懷信），解為「一句話」更好，「六言六蔽」是六句有關蔽障的話，劉寶楠認為是古成語。「蔽」是「蔽塞不自見其過也」（邢昺）或「遮掩」（朱子）。「居」是「跪坐」，當時還沒有椅子。「學」是「覺也，所以覺寤未知也」（邢昺）。「蕩」是「無所適守」（孔安國）或「窮高極廣而無所止」（朱子），或「蕩蕩無津厓」（戴望）。「賊」，「父子不知相為隱之輩也」（孔安國）或「傷害於物」（朱子）。「絞」是「切」（邢昺）或「急也、繩也」（戴望）。「狂」是「妄抵觸人。」（孔安國）或「妄」（邢昺），或「躁率」（朱子）。這章強調「學」，其實就是強調「禮」的重要性，六種德行都需以禮節制，不太過或不及，這和〈泰伯2〉子曰：「恭而無禮則勞，慎而無禮則葸，勇而無禮則亂，直而無禮則絞。」的「勇」和「直」兩項一樣。

這裡也強調「蔽」的可怕，所以孔子強調「慎獨」：《禮記．中庸》〈1〉說：「君子戒慎乎其所不睹，恐懼乎其所不聞，莫見乎隱，莫顯乎微。」就是這裡的「蔽」；別人都看得清清楚楚，只有自己不知道，自欺欺人，還以為騙過了別人。《禮記．大學》〈3〉中說：「人之視己，如見其肺肝然，則何益矣！此謂誠於中，形於外。」也是這裡所說「別人都看得到只有自己不知道」的「蔽」。

荀子說：「君子博學而日參省乎己，則智明而行無過矣。」（《荀子．勸學》〈1〉），也就是要從「博學」來反省自己的行為，以便讓自己能智慮清明，才能在行動時不犯錯誤。

不過，學只是開始，是防「蔽」的開始，而不是終點；《說苑．談叢》〈71〉說得好：「君子博學，患其不習；既習之，患其不能行之；既能行之，患其不能以讓也。」這裡強調的還是「行」，和更高的「讓」而不是「爭」。這些都是要保證自己的各種德行能走在正道上。

光是自己覺得自己有德行是不夠的。

附錄

《禮記》〈中庸1〉天命之謂性，率性之謂道，修道之謂教。道也者，不可須臾離也，可離非道也。是故君子戒慎乎其所不睹，恐懼乎其所不聞。莫見乎隱，莫顯乎微。故君子**慎其獨**也。喜怒哀樂之未發，謂之中；發而皆中節，謂之和；中也者，天下之大本也；和也者，天下之達道也。致中和，天地位焉，萬物育焉。

——〈大學3〉所謂誠其意者，毋自欺也，如惡惡臭，如好好色，此之謂自謙，故君子必慎其獨也！小人閑居為不善，無所不至，見君子而後厭然，掩其不善，而著其善。人之視己，如見其肺肝然，則何益矣！此謂誠於中，形於外，故君子必**慎其獨**也。曾子曰：「十目所視，十手所指，其嚴乎！」富潤屋，德潤身，心廣體胖，故君子必誠其意。

《荀子．勸學》〈1〉君子曰：學不可以已。青、取之於藍，而青於藍；冰、水為之，而寒於水。木直中繩，輮以為輪，其曲中規，雖有槁暴，不復挺者，輮使之然也。故木受繩則直，金就礪則利，**君子博學而日參省乎己**，則智明而行無過矣。

《說苑．談叢》〈71〉**君子博學，患其不習；既習之，患其不能行之；既能行之，患其不能以讓也。**

9

子曰：「小子！何莫學夫詩？詩，可以興，可以觀，可以群，可以怨。邇之事父，遠之事君。多識於鳥獸草木之名。」

孔子說：「各位同學！為什麼不多學學《詩經》呢？（《詩經》中的）詩，可以藉此找到你心情的共鳴，可以藉此觀察風俗民情，可以藉此團結志趣相投的人，可以藉此發抒自己對執政者的不滿。從身邊孝順父母一直到替君王服務（，都有相應的詩篇可以適用）。（還可以）多認識飛鳥、走獸、花草、樹木的名稱。」

這章孔子說明讀《詩經》的好處多多。

「小子」是「門人」（包咸和邢昺）。「莫」是「無」（皇侃）或「不」（邢昺）。「夫」是「語助」（皇侃）。「興」是「引譬連類」（孔安國），或「譬喻」（皇侃），或「感發志意」（朱子），或「興起於物」（戴望）。「觀」是「觀風俗之盛衰」（鄭玄和戴望）或「考見得失」（朱子）。「群」是「群居相切磋」（孔安國和戴望）或「和而不流」。「怨」是「怨刺上政」（孔安國和戴望）或「怨而不怒」（朱子）。「邇」是「近」（孔安國和皇侃）。「名」是「散名」（戴望）。

《周禮．春官宗伯》〈108〉說：「教六詩，曰風、曰賦、曰比、曰興、曰雅、曰頌。」劉寶楠引用注說：「賦之言鋪，直鋪陳今之政教善惡；比，見今之失，不敢斥言，取比類以言之；興，見今之美，嫌於媚諛，取善事以喻勸之。鄭司農云：『比者，比方於物也；興者，託事於物』。」

孔子強調《詩》的重要性，其實是處處可見的：在〈泰伯8〉中，他提到「興於詩」，此外還要「立於禮」和「成於樂」；〈為政2〉他說過《詩經》三百篇都是「無邪」（「思」字並無意義）；他也指出：「就算是學了《詩經》三百篇，出使外交任務不能應對得體，背了這麼多詩，也是枉然。」（〈子路5〉）；在〈季氏13〉孔子的兒子也跟陳亢轉述過孔子說的「不學詩，無以言」，這和「事父」和「事君」，以及「多識於鳥獸草木之名」都有關係。

在《禮記．經解》〈1〉中，孔子還認為教導《詩經》能讓人民「溫柔敦厚」，也就是整體社會文明程度的提升。這是提倡「狼性」的人所不能理解的力量。

從現在觀點來讀《詩經》，如果不透過白話翻譯，真還不容易入門，更別提興、觀、群、怨。倒是流行歌曲和社交網路取代了《詩經》這樣的功能。所以，我們還真應該更重視流行歌曲和社交網路而不是遠離或漠視，如果不這樣，恐怕真是自絕於廣大的民眾。

下一章也和《詩經》有關，且看下回分解。

附錄

《禮記・經解》〈1〉孔子曰：「入其國，其教可知也。其為人也：溫柔敦厚，《詩》教也；疏通知遠，《書》教也；廣博易良，《樂》教也；潔靜精微，《易》教也；恭儉莊敬，《禮》教也；屬辭比事，《春秋》教也。故《詩》之失，愚；《書》之失，誣；《樂》之失，奢；《易》之失，賊；《禮》之失，煩；《春秋》之失，亂。

10

子謂伯魚曰：「女為〈周南〉、〈召南〉矣乎？人而不為〈周南〉、〈召南〉，其猶正牆面而立也與？」

孔子對兒子伯魚（孔鯉）說：「你學過了（《詩經》中的）〈周南〉和〈召南〉，一個人要是不學〈周南〉和〈召南〉就像是面對牆壁站立一樣（，什麼也看不著，哪裡也去不了）。」

這章是孔子教誨自己的兒子《詩經》中〈周南〉和〈召南〉兩篇的重要性。和上一章說到《詩經》的整體重要性是相關的。

「為」是「學」（皇侃和朱子）或「依其義說，以循行之」（劉寶楠）；或「治，研治、研讀」（黃懷信）。「正」是「當」（戴望）。「牆面」是「面向牆」（皇侃）。「面」是「鄉（向）」（戴望）。

〈周南〉和〈召南〉是《詩經・國風》的開頭兩篇，〈周南〉收了十一首，〈召南〉收了十四首，總共二十五首。馬融認為：「樂得淑女以配君子，三綱之首，王教之端，故人而不為，如向牆而立。」朱子認為：「〈周南〉、〈召南〉，《詩》首篇名，所言皆修身齊家之事。正牆面而立，言及其至近之地而一物無所見，一步不可行。」劉寶楠認為：「二南之詩，用於鄉人，用於邦國，當時鄉樂未廢，故夫子令伯魚習之。」劉寶楠還說：「二南皆言夫婦之道為王化之始，故君子反身必先修諸己，而後可以刑於寡妻，至於兄弟，以御於家邦……時獲伯魚授室（新婚），故夫子特舉二南以訓之與？」不過《孔叢子．記義》〈9〉中記載：「孔子讀《詩》及《小雅》，喟然而嘆，曰：『吾於《周南》、《召南》見周道之所以盛也。』」看來好像不是講夫妻閨閫之事，而是家國大事，也就是周朝的文明鼎盛。劉寶楠的猜測雖然合理但是似乎不對。再從上一章提到的「興、觀、群、怨」來看，孔子強調《詩經》的作用恐怕還真是在家國天下大事方面的治理和民意的反映。

巧的是孔子的前輩吳國公子季札也是這樣看的。他於魯襄公二十九年（西元前五四四年，孔子八歲）到魯國參訪時，魯國樂公為他歌唱〈周南〉和〈召南〉時，他的感受是：「音樂美極了，王業開始奠定基礎了，但王業還沒有完成，可是百姓為之勞苦卻沒有怨言。」（《史記．吳太伯世家》〈10〉和《春秋左傳．襄公二十九年》〈2〉）季札感受到的也是「王業」這種國家大事，而非兒女私情。

現在人不讀《詩經》，恐怕〈周南〉和〈召南〉原初的作用也無法適用於現代社會了吧。

那麼，現代人如果不學什麼，會像是面牆而立呢？

附錄

《史記．吳太伯世家》〈10〉四年，吳使季札聘於魯，請觀周樂。為歌**周南**、**召南**。曰：「美哉，始基之矣，猶未也。然勤而不怨。」歌邶、鄘、衛。曰：「美哉，淵乎，憂而不困者也。吾聞衛康叔、武公之德如是，是其衛風乎？」歌王。曰：「美哉，思而不懼，其周之東乎？」歌鄭。曰：「其細已甚，民不堪也，是其先亡乎？」歌齊。曰：「美哉，泱泱乎大風也哉。表東海者，其太公乎？國未可量也。」歌豳。曰：「美哉，蕩蕩乎，樂而不淫，其周公之東乎？」歌秦。曰：「此之謂夏聲。夫能夏則大，大之至也，其周之舊乎？」歌魏。曰：「美哉，渢渢乎，大而寬，儉而易，行以德輔，此則盟主也。」歌唐。曰：「思深哉，其有陶唐氏之遺風乎？不然，何憂之遠也？非令德之後，誰能若是！」歌陳。曰：「國無主，其能久乎？」自鄶以下，無譏焉。歌小雅。曰：「美哉，思而不貳，怨而不言，其周德之衰乎？猶有先王之遺民也。」歌大雅。曰：「廣哉，熙熙乎，曲而有直體，其文王之德乎？」歌頌。曰：「至矣哉，直而不倨，曲而不詘，近而不逼遠而不攜，而遷不淫，復而不厭，哀而不愁，樂而不荒，用而不匱，廣而不宣，施而不費，取而不貪，處而不底，行而不流。五聲和，八風平，節有度，守有序，盛德之所同也。」見舞象箾、南籥者，曰：「美哉，猶有感。」見舞大武，曰：「美哉，周之盛也其若此乎？」見舞韶護者，曰：「聖人之弘也，猶有慚德，聖人之難也！」見舞大夏，曰：「美哉，勤而不德！非禹其誰能及之？」見舞招箾，曰：「德至矣哉，大矣，如天之無不燾也，如地之無不載也，雖甚盛德，無以加矣。觀止矣，若有他樂，吾不敢觀。」

《春秋左傳．襄公二十九年》〈2〉吳公子札來聘，見叔孫穆子，說之。謂穆子曰：「子其不得死乎，好善而不能擇人。吾聞君子務在擇人。吾子為魯宗卿，而任其大政，不慎舉，何以堪之？禍必及子。」請觀於周樂，使工為之歌**周南**、**召南**，曰：「美哉！始基之矣！猶未也，然勤而不怨矣。」為之歌邶、鄘、衛，曰：

「美哉！淵乎！憂而不困者也。吾聞衛康叔、武公之德如是，是其衛風乎？」為之歌王，曰：「美哉！思而不懼，其周之東乎！」為之歌鄭，曰：「美哉！其細已甚，民弗堪也，是其先亡乎！」為之歌齊。曰：「美哉！泱泱乎，大國也哉！表東海者，其大公乎！國未可量也。」為之歌豳，曰：「美哉！蕩乎！樂而不淫，其周公之東乎！」為之歌秦，曰：「此之謂夏聲。夫能夏則大，大之至乎其周之舊乎！」為之歌魏，曰：「美哉！渢渢乎！大而婉，險而易行，以德輔此則明主也。」為之歌唐。曰：「思深哉！其有陶唐氏之遺民乎！不然，何憂之遠也，非令德之後，誰能若是？」為之歌陳，曰：「國無主，其能久乎？自鄶以下，無譏焉。為之歌小雅，曰：「美哉，思而不貳，怨而不言，其周德之衰乎？猶有先王之遺民焉。」為之歌大雅，曰：「廣哉！熙熙乎！曲而有直體，其文王之德乎！」為之歌頌，曰：「至矣哉！直而不倨，曲而不屈，邇而不逼，遠而不攜，遷而不淫，復而不厭，哀而不愁，樂而不荒，用而不匱，廣而不宣，施而不費，取而不貪，處而不底，行而不流。五聲和，八風平，節有度，守有序，盛德之所同也。」見舞象箾、南籥者，曰：「美哉！猶有憾！」見舞大武者，曰：「美哉！周之盛也，其若此乎！」見舞韶濩者，曰：「聖人之弘也，而猶有慚德，聖人之難也。」見舞大夏者，曰：「美哉！勤而不德，非禹、其誰能修之。」見舞韶箾者，曰：「德至矣哉！大矣！如天之無不幬也，如地之無不載也，雖甚盛德，其蔑以加於此矣，觀止矣，若有他樂，吾不敢請已。」其出聘也，通嗣君也。故遂聘於齊，說晏平仲，謂之曰：「子速納邑與政。無邑無政，乃免於難。齊國之政，將有所歸，未獲所歸，難未歇也。」故晏子因陳桓子以納政與邑，是以免於欒、高之難。聘於鄭，見子產，如舊相識，與之縞帶，子產獻紵衣焉。謂子產曰：「鄭之執政侈，難將至矣，政必及子。子為政，慎之以禮。不然，鄭國將敗。」適衛，說蘧瑗，史狗，史鰌，公子荊，公叔發，公子朝，曰：「衛多君子，未有患也。」自衛如晉，將宿於戚，聞鍾聲焉，曰：「異哉！吾聞之也，辯而不德，必加於戮。夫子獲罪於君以在此，懼猶不足，而又何樂？夫子之在此也，猶燕之巢於幕上。君又在殯，而可以樂乎？」遂去之。文子聞之，終身不聽琴瑟。適晉說趙文子，韓宣子，魏獻子，曰：「晉國其萃於三族乎？」說叔向，將行，謂叔向曰：「吾子勉之！君侈而多良，大夫皆富，政將在家。吾子好直，必思自免於難。」

11

子曰：「禮云禮云，玉帛云乎哉？樂云樂云，鐘鼓云乎哉？」

孔子說：「〔大家〕都說禮啊禮啊，難道有玉和帛這樣的禮器和禮品就算了嗎？〔大家〕都說樂啊樂啊，難道有鐘和鼓這樣的樂器就算了嗎？」

這章是講禮樂的基本精神不在外在的器物。

「玉」是「珪璋之屬」（鄭玄）。「帛」是「束帛之屬」（鄭玄）。邢昺引用鄭玄的說法，多加了一句「皆行禮之物」。

何晏《集解》引鄭玄解第一句：「言禮非但重此玉帛而已，所貴者，乃貴其安上治民。」引馬融解第二句：「樂之所貴者，移風易俗也，非謂鐘鼓而已。」皇侃基本上遵循著鄭玄對第一句的解釋再加引申：「當乎周季末之君唯知崇尚玉帛而不能安上治民，孔子歎之云也。」朱子的解釋也和前輩差不多：「敬而將之以玉帛則為禮，和而發之以鐘鼓則為樂。遺其本而專事其末，則豈禮樂之謂哉？」

這些都強調禮樂的政治作用。

孔子在這裡表達的禮和樂的本末觀念，在《禮記》中都有呼應的說法：在〈樂記13〉中他就區分了「器」、「文」和「情」，然後說：「鐘鼓管磬，羽籥干戚，樂之器也。屈伸俯仰，綴兆舒疾，樂之文也。簠簋俎豆，制度文章，禮之器也。升降上下，周還裼襲，禮之文也。故知禮樂之情者能作，識禮樂之文者能述。作者之謂聖，述者之謂明；明聖者，述作之謂也。」在這裡彷彿也可以看出知禮樂之「情」是根本；〈41〉更是此章的翻版，還直指這些都是「末節」：「樂者，非謂黃鐘大呂弦歌干揚也，樂之末節也，故童者舞之。鋪筵席，陳尊俎，列籩豆，以升降為禮者，禮之末節也，故有司掌之」。〈仲尼燕居9〉孔子教誨子張禮樂時，也說：「爾以為必鋪几筵，升降酌獻酬酢，然後謂之禮乎？爾以為必行綴兆。興羽籥，作鐘鼓，然後謂之樂乎？言而履之，禮也。行而樂之，樂也。」這些都比這章講得更清楚也更完整。〈樂記〉整章有完整的對於禮樂的探討，可以花點時間去看看。

古代貴族教導子女必以禮樂（《禮記》〈文王世子10〉），就是能將〈中庸1〉說的「性」、「命」、「教」做一個最適當的調配，讓子女成為身心健全的人。〈內則79〉還清楚說明了十三歲先學「樂」，包括誦《詩》、舞《勺》，成童舞《象》，學射御」，二十歲行冠禮時才學禮，具體的做法是「可以衣裘帛，舞《大夏》，惇行孝弟，博學不教，內而不出。」〈明堂位2〉還強調了周公「制禮作樂」這種文化建設的重要性。

《論語》中也有不少禮樂並提的章節：〈八佾3〉強調仁德是禮樂的「本」，光有禮樂而沒有仁德，禮樂也是空的；〈泰伯8〉強調：詩和禮樂的關係密切；〈先進1〉以先進或後進於禮樂來區分野人和君子；〈子路3〉則說明禮樂是從「正名」到「民無所措手足」之間一連串因果關係中很重要的環節；〈憲問12〉中孔子回答子路「成人」之問，舉出有「知（智）」、「不欲」、「勇」和「義」各種美德，還得有禮樂的後天教養，才能真正「成人」，不過他也感嘆當時的成人標準就低多了，少了禮樂這一項了；〈季氏2〉孔子認為「禮樂征伐」掌握在天子手中才是天下有道的表徵；〈季氏5〉中孔子把「樂節禮樂」放在「益者三樂」之中；〈陽貨21〉中想要放棄三年之喪的宰我，就以孔子之矛攻孔子之盾，拿「君子三年不為禮，禮必壞；三年不為樂，樂必崩」來當作廢棄三年之喪的藉口，讓孔子氣到罵他「不仁」。這些章節都呼應孔子對禮樂的重視。

這應該就是孔子把制禮作樂的周公當成偶像的原因，他晚年構思的禮運大同世界，不也是仿效周公「制禮作樂」嗎？

附錄

《禮記》〈文王世子10〉凡三王教世子必以**禮樂**。**樂**，所以修內也；**禮**，所以修外也。禮樂交錯於中，發形於外，是故其成也懌，恭敬而溫文。

——〈內則79〉**十有三年學樂**，誦《詩》，舞《勺》，成童舞《象》，學射御。**二十而冠，始學禮**，可以衣裘帛，舞《大夏》，惇行孝弟，博學不教，內而不出。

——〈明堂位2〉昔殷紂亂天下，脯鬼侯以饗諸侯。是以周公相武王以伐紂。武王崩，成王幼弱，周公踐天子之位以治天下；六年，朝諸侯於明堂，**制禮作樂**，頒度量，而天下大服；七年，致政於成王；成王以周公為有勛勞於天下，是以封周公於曲阜，地方七百里，革車千乘，命魯公世世祀周公以天子之**禮樂**。

12

子曰：「色厲而內荏，譬諸小人，其猶穿窬之盜也與？」

孔子說：「表面裝得正氣凜然而內心卻沒有定見（，隨波逐流），這樣的小人不就像心中有個挖牆進屋偷東西的小偷一樣（從外表上看不出來）？」

這章是講小人表裡不一，道理和小偷不是從外表就可以看出來是一樣的。

「厲」是「矜正」（皇侃）或「矜莊」（邢昺），或「威嚴」（朱子）。「荏」是「柔」（孔安國）或「柔佞」（皇侃和邢昺），或「柔弱」（朱子）。「色厲而內荏」就是「外自矜厲而內柔佞」（孔安國）或「人有顏色矜正於外，而心柔佞於內者也」。「小人」是「細民」（朱子）或「人格低下之人」（黃懷信）。「穿」是「穿壁」（邢昺和朱子）。「窬」是「窬牆」（邢昺），或「踰牆」（朱子），或「門邊小竇」（戴望），或「在牆上打洞」（黃懷信）。

其他提到相似內容的古籍有：《鹽鐵論・卷五》〈利議3〉中簡明扼要地說：「色厲而內荏，亂真者也。」曹魏時期劉劭的《人物志・八觀》〈5〉也說：「處虛義則色厲，顧利慾則內荏，是厲而不剛者。」朱子在《朱子語類・論語二十九》〈色厲內荏章1〉指出把色厲內荏和穿窬之盜相比理由是：「為他意只在要瞞人，故其心常怕人知，如做賊然。」〈色厲內荏章2〉又說：「不直心而私意如此，便是穿窬之類。」又云：「裡面是如此，外面卻不如此；外面恁地，裡面卻不恁地。」簡單來說，就是表裡不一。

順便說一句，毓老師教的多半是先秦典籍，但是也特別教《人物志》，主要原因是這本書發揮了很多《論語》的要義，值得參考。

下一章的文句簡短，其實也和本章可以相互發揮。且聽下回分解。

13

子曰：「鄉愿，德之賊也。」

孔子說：「為了讓人接納自己而同流合汙，就是拋棄了自己應該堅持的德性。」

這章和上章所說的「色厲內荏」那種「表裡不一」，是一樣的。

「鄉」是「鄉里」（皇侃）或「鄙俗」（朱子）。「愿」或作「原」，「原」是「原本」（皇侃），「鄉愿」是「鄉人之愿者」（朱子）或「以其善原人意，鄉里之人皆好之，故謂之鄉愿」（戴望）。「德之賊」是「賊害其德」（皇侃）。

孟子是闡釋「鄉愿」說法的第一人。《孟子．盡心下》〈83〉中萬章請教孟子「鄉愿」的意思時，孟子說：「這樣的人言行不一，講話都提古人怎樣怎樣，而且是『閹然媚世』，只求討好別人。」萬章不解地追問：「可是大家都喜歡這樣的人，為什麼孔子要說這樣的人是賊害道德呢？」孟子再進一步說明：「這種人，要指責他，卻又舉不出什麼大錯來；要責罵他，卻也無可責罵，他只是同流合汙，為人好像忠厚老實，行為好像方正清潔，大家都喜歡他，他自己也以為正確，但是與堯、舜之道完全違背，所以說他是賊害道德的人。」（這段白話翻譯引自楊伯峻的《孟子譯注》。）

何晏的解釋說：「人不能剛毅，而見其人輒原其趨向，容媚而合之，言此所以賊德也。」後來皇侃也採取這樣的解釋，不過他還多引用了張憑的獨特說法：「鄉愿，原壤也，孔子鄉人，故曰鄉愿。彼遊方之外，行不應規矩，不可以訓，故每抑其迹，所以弘德也。」這種解釋把一個總稱的名稱變成一個特指的人物。

有的人將「鄉愿」白話翻譯成「好好先生」或「老好人」。這些人只求大家不要衝突，凡事以和為貴，完全不管是非對錯，當然更沒有堅持任何立場。很不幸的是，這些人隨處可見，也常被認為是團體中不可多得的和事佬。

可是「是非對錯」不正是道德展現的指標嗎？如果不堅持這些，不「扼惡揚善」卻「隱惡揚善」，惡的勢力不斷累積和增長，人類的文明怎麼提升呢？

這句話承傳孔子的道德義憤，現在卻變成讀書人罵人的話。

下一章也是。且聽下回分解。

附錄

《孟子・盡心下》〈83〉〔孟子曰〕……孔子曰：「過我門而不入我室，我不憾焉者，其惟鄉愿乎！鄉愿，德之賊也。」曰：「何如斯可謂之鄉愿矣？」曰：「何以是嘐嘐也？言不顧行，行不顧言，則曰：古之人，古之人。行何為踽踽涼涼？生斯世也，為斯世也，善斯可矣。閹然媚於世也者，是鄉愿也。」萬子曰：「一鄉皆稱原人焉，無所往而不為原人，孔子以為德之賊，何哉？」曰：「非之無舉也，刺之無刺也；同乎流俗，合乎汙世；居之似忠信，行之似廉潔；眾皆悅之，自以為是，而不可與入堯舜之道，故曰德之賊也。孔子曰：『惡似而非者：惡莠，恐其亂苗也；惡佞，恐其亂義也；惡利口，恐其亂信也；惡鄭聲，恐其亂樂也；惡紫，恐其亂朱也；惡鄉愿，恐其亂德也。』君子反經而已矣。經正，則庶民興；庶民興，斯無邪慝矣。」

14

子曰：「道聽而塗說，德之棄也。」

孔子說：「在路上隨便聽人說就到處去傳述，這是有德行的人不會做的事。」

這章還是談德的負面。

「道」和「塗」都是「道路」（皇侃和邢昺）。「棄」是「廢棄、禁絕」（黃懷信）。這段話皇侃的解釋是：「記問之學不足以為人師，師人必當溫故而知新，研精久習，然後乃可為人傳說耳。若聽之於道路，道路仍即為人傳說，必多謬妄，所以為有德者所棄也，亦自棄其德也。」戴望也說：「入乎耳、出乎口、無著乎心，是棄德言也。」

朱子的解釋比較費解：「雖聞善言，不為己有，是自棄其德也。」他似乎認為道聽而塗說如果有善言，應該也可以增長自己的德行，如果不然，就是自棄其德。

劉寶楠認為這是要提醒「闇於大道，不知審擇者戒也」。

「君子疑則不言」（《荀子・大略》〈82〉和《大戴禮記・曾子立事》〈12〉）是「慎言」和「知言」的具體實踐。

道聽塗說或稱馬路消息的，往往是沒有根據的話，說的人沒提供證據，聽了然後傳的人更沒有根據可言，就這樣以訛傳訛，誰都不必負責，因為都是聽別人說的。這樣的謠言或流言，往往會有可怕的影響力，如果涉及到個人或團體的名譽，更可能造成毀滅性的結果，讓人陷入萬劫不復的深淵。特別是在這個網路時代，許多已經被證實為假的訊息，仍然會繼續傳播。

當我們不是道聽塗說中的當事人時，不會感覺這件事情對人或團體的傷害，總覺得這就是茶餘飯後的談資，無須大驚小怪。一旦我們成了道聽塗說中的當事人，汙名上身，就知道孔子為什麼認為是「德之棄」也。

德是一種對自己和對別人實事求是的態度和責任。私德和公德（群德）一樣重要。

附錄

《荀子・大略》〈82〉**君子疑則不言**，未問則不言，道遠日益矣。

《大戴禮記・曾子立事》〈12〉**君子疑則不言**，未問則不言，兩問則不行其難者。

15

子曰：「鄙夫！可與事君也與哉？其未得之也，患得之；既得之，患失之。苟患失之，無所不至矣。」

孔子說：「那些只想著當官的人啊！難道可以跟這樣的人一起在朝廷為君王效命嗎？這些人在沒有得到祿位之前，心中想的就是如何獲取祿位；獲得之後，心中想的又是如何不要失去自己的祿位。如果只是為了怕失掉自己的祿位，那麼什麼卑鄙壞事都做得出來啊！」

這章是講那些謀食不謀道的人，為了保住自己的祿位而無所不為。

「鄙」是「小」（戴望），「鄙夫」是「庸惡陋劣之稱」（朱子）或「小丈夫」（戴望）。「與」是「共」（戴望）。「得之」和「失之」的「之」是指「祿位」（劉寶楠）。「苟」是「誠」（邢昺），也就是「假設」。

何晏認為「患得之者，患不能得之」是當時楚國的俗語。我們現在說人家「患得患失」，典故就出於這章，不過，現在只用來強調一個人行事舉棋不定，未必是專指祿位的事情。一句話能流傳這麼久，大概也是因為這種情形一直存在。

這章的題旨很清楚，朱子說得最難聽：「小則吮癰舐痔，大則弒父與君，皆生於患失而已。」他還引用胡氏（胡安國）的話說：「許昌靳裁之有言曰：『士之品大　有三：志於道德者功名不足以累其心；志於功名者富貴不足以累其心；志於富貴而已者，則亦無所不至矣。』志於富貴，即孔子所謂鄙夫也。」簡言之，鄙夫應該就是「謀食不謀道」（〈衛靈公32〉）的人，他們為了保住自己的飯碗可以做出令人難以想像、沒尊嚴的事。後世有些人為了養家活口，又不得不陷入這種不人道的情境，其可悲可嘆一也。孔子大概想的不是這種「人在江湖，身不由己」的事。

這章對沒有理想性的上司的描述，真是入木三分。雖然沒有具體說明是誰，但我們彷彿都見過，或知道這樣的人。

希望大家都不是這樣的人，也不要成為為了生活而委曲求全的人。

16

子曰：「古者民有三疾，今也或是之亡也。古之狂也肆，今之狂也蕩；古之矜也廉，今之矜也忿戾；古之愚也直，今之愚也詐而已矣。」

孔子說：「以前的人有三種偏離中道的行為，現在的人或許沒有〔，但是也沒好到哪裡去〕。古代的狂表現出肆無忌憚，現在的狂則是放蕩不羈；古代的莊重強調是廉潔不貪，現在廉潔的人強調的則是情緒上的強烈宣洩；古代的愚昧表現在於直來直往，現在的愚昧表現則在於拐彎抹角。」

這章是從狂、矜和愚三方面比較孔子當時和古時的偏離中道的行為。

「古」是「淳時」（皇侃）。「疾」是「病」（皇侃）或「氣失其平則為疾，故氣否之偏者亦謂之疾」（朱子），或「病、毛病」（黃懷信）。「今」是「澆時」（皇侃）。「亡」是「無」（皇侃、邢昺或黃懷信）或「喪」（戴望）。「狂」是「狂放不羈」（黃懷信）。「肆」是「極意敢言」（包咸和邢昺）或「遂」（戴望）。

「蕩」是「無所據」（孔安國、皇侃）是「放，謂放於禮法」（戴望），或「放蕩無所憑據」（黃懷信）。「矜」是「莊」（皇侃），或「自堅持」（戴望），或「莊矜自持的人」（黃懷信）。「廉」是「有廉隅」（馬融），或「有廉隅、自檢束」（邢昺），或「隅」（皇侃），或「嚴利」（戴望），或「收斂」（黃懷信）。「忿」是「怒」（戴望），「忿戾」是「惡理多怒」（孔安國）或「暴躁」（黃懷信）。「愚」是「愚昧」（黃懷信）。「直」是「直情逕行」（戴望）或「直來直去、無邪曲」。「詐」是「欺騙」（黃懷信）。

孔子在此比較古今的「狂」、「矜」、「愚」三項中，只有「矜」字沒有在《論語》其他部分有論述。對於「狂」，孔子說過他不知道該拿「狂而不直」（〈泰伯16〉）的人怎麼辦，也說過「狂」是「好剛不好學」（〈陽貨8〉）的流弊。在其他兩處，孔子都提到「狂」和「簡」（〈公冶長22〉）或「狷」（〈子路21〉），同樣都是偏離中道的行為。不知道這些孔子會歸類為本章的「狂也肆」還是「狂也蕩」？看來孔子原來說的「肆」和「蕩」的差異並不明顯。

對於「愚」，孔子曾經以為顏回的默然不應是「如愚」，後來發現他能發揮所學，所以其實是「不愚」（〈為政9〉）。不過，他認為學生高柴是「愚」（〈先進18〉），因為他沒舉實例，所以我們也很難知道高柴的愚到底表現在哪方面。不過他說過「愚」是「好仁不好學」（〈陽貨8〉）的流弊。他指出寧武子在邦家有道和無道時會有智和愚不同的表現，特別是邦家無道時會表現出「愚」的樣子，甚至是「愚不可及」（〈公冶長21〉），這種「愚」應該也算是本章所說的「詐愚」。

這種古今比較都只是強調差異，沒有誰好誰壞的問題。要認真對待的是「狂」、「矜」和「愚」都要靠著「好學」或「好禮」而加以避免的惡行。下一章還會提到要避免的事情。且聽下回分解。

17

子曰：「巧言令色，鮮矣仁。」

孔子說：「表面說好聽的話，擺出好臉色給人看，往往（不是反映內心的感受，這就）是缺乏仁德。」

這章雖然和〈學而3〉重複，可是和上一章有一貫的道理，都提醒人們要避免的行為。何晏引用王肅的說法說得精簡：「巧言無實，令色無質。」這裡的「實」和「質」才是「仁德」的基礎，也就是做人的基礎。不過，孔子沒把話講死，是「『鮮』矣仁」，而不是「無仁」。

這句話除了在〈學而3〉出現過之外，在〈公冶長25〉中除了「巧言」和「令色」之外，還加上「足恭」（表面上對人恭敬），下一段又加上「匿怨而友其人」（和討厭的人還虛情假意交朋友）也都只是「表面行為」而已。〈衛靈公27〉中孔子說「巧言亂德」，和下一章的「利口之覆家邦者」（〈陽貨18〉）是相關了，這應該也是說一個人的「喜怒哀樂」沒有「發而中節」（《禮記・中庸》〈1〉）。

「巧言」就是「言不由中」，或者「花言巧語」（《朱子語類・論語二》〈巧言令色鮮矣仁章3〉）。「巧言令色」和「和顏悅色」應該是類似的意思，兩者如果有差別就正在於是否「內心有實」當基礎。表裡如一，才有仁德可言。光是表面，只是踏出第一步。這足以為現在的服務業的基礎教育。

附錄

《禮記・中庸》〈1〉天命之謂性，率性之謂道，修道之謂教。道也者，不可須臾離也，可離非道也。是故君子戒慎乎其所不睹，恐懼乎其所不聞。莫見乎隱，莫顯乎微。故君子慎其獨也。**喜怒哀樂之未發，謂之中；發而皆中節，謂之和**；中也者，天下之大本也；和也者，天下之達道也。致中和，天地位焉，萬物育焉。

《朱子語類・論語二》〈巧言令色鮮矣仁章3〉或以巧言為言不誠。曰：「據某所見，巧言即所謂花言巧語。如今世舉子弄筆端做文字者，便是。看做這般模樣時，其心還在腔子裡否？」

18

子曰：「惡紫之奪朱也，惡鄭聲之亂雅樂也，惡利口之覆邦家者。」

孔子說：「我厭惡（的是下面三件事：）紫色搶奪了正紅色的正色，鄭國的流行音樂錯亂了正式場合的雅樂，說了滿嘴天花亂墜把國家給搞垮的人。」

這章講的是孔子厭惡的幾種「奪」、「亂」、「覆」。「紫」是「間色之好者」（孔安國和邢昺），或「間色」（皇侃和朱子），或「北方間色」（戴望）。「奪」是「剝奪、取代」（黃懷信）。「朱」是「正色」（孔安國、邢昺和朱子）或「南方正色」（戴望）。「鄭聲」是「淫聲之哀者」（包咸和邢昺）。「雅」是「正」（朱子），「雅樂」是「聲正」（皇侃）。「利口」是「辯佞之口」（皇侃），或「捷給」（朱子），或「伶牙俐齒之人」（黃懷信）。「覆」是「傾敗」（朱子）或「傾覆」（黃懷信）。「邦」是「諸侯」（皇侃），「家」是「卿大夫」（皇侃），「邦家」是「國家」。

這些「色」、「聲」、「口」三方面的事情都是偏離中庸或常道的情況。《孟子・盡心下》〈83〉

曾經引用孔子說過比本章更多的話：「惡似而非者；惡莠，恐其亂苗也；惡佞、恐其亂義也；惡利口，恐其亂信也；惡鄭聲，恐其亂樂也；惡紫，恐其亂朱也；惡鄉原，恐其亂德也。」這算是集孔子所厭惡之「六亂」（「亂苗」、「亂義」、「亂信」、「亂樂」、「亂朱」和「亂德」）之大成。

孔子希望「撥亂反正」，他厭惡的「亂」可以從〈陽貨12〉到本章看出，而他嚮往的「正」，就是他的「禮運大同」理想。

接下來孔子還會和子貢談論各自厭惡的人，各位可以期待。

19

子曰：「予欲無言。」子貢曰：「子如不言，則小子何述焉？」子曰：「天何言哉？四時行焉，百物生焉，天何言哉？」

孔子說：「我想不要說話了。」子貢（很驚駭地）說：「老師您如果不說話，我們這些當學生的怎麼傳述您的主張呢？」孔子（抬頭看著天，淡淡地）說：「老天爺說話了嗎？四季不照樣運行，各種生物不照樣成長。老天爺說話了嗎？」

這章是孔子對子貢行無言之教。

「言」是「教化之言」。「小子」是「弟子」（皇侃）。何晏認為孔子「言之為益少，故欲無言」；皇侃補充說：「孔子忿世不用其言，其言為益之少，故欲無所復言也……天既不言而事行，故我亦欲不言而教行，是欲則天以行化也。」邢昺則略有修正地說：「君子訥於言而敏於行，以言之為益少，故欲無言……以喻人若無言，但有其行，不亦可乎？」劉寶楠則說：「夫子本以身教，孔弟子徒以言求之，故欲無言，以發弟子悟也。」黃懷信則認為：「所言已多也。天不言而四時行，百物生，天道使之然也。予欲無言，舊言足述矣！」我比較欣賞劉寶楠的解釋。

《孟子．萬章上》〈5〉也承繼了孔子這章的想法：「天不言，以行與事示之而已矣！」接下來的問題是：天的行和事又是什麼呢？毓老師常講「則天」，天有什麼可以效法之處？答案恐怕就在於「尚公」或「無私」，「行健不息」以及「生生不息」。孔子的一生就是這麼一個活生生的則天展現，所以稱讚孔子為「孔則天」應該也不是太過溢美之詞。

子貢是「孔門言語科」（〈先進3〉）高足，孔子如果「不言」，「言語科」不就沒有著落？這恐怕就是子貢的擔心。可是孔子強調的是「行」而不是「言」；能「言行如一」（〈子路3〉）是最上策，退而求其次就是「行先言後」（〈為政13〉、〈里仁24〉），等而下之就是「言過其行」（〈憲問27〉）或「言而不行」。如果是「不言不行」大概就是「活死人」，不需要討論。在「言」「行」之間，孔子也強調要「聽言觀行」（〈公冶長10〉），不巧的是這剛好也是「孔門言語科」（〈先進3〉）的另外一位弟子宰予讓孔子有這樣的體悟。

孔子的意思應該是讓言語科的弟子多注意「不言之教」，也就是多留心於「行」，自己的行和老師的行，法天則天，加惠於民的「四時行焉，百物生焉」。子貢顯然沒有了解孔子的用心，所以在那個我多次徵引的子貢和原憲在孔子死後見面的故事中，他才會被原憲指正說：「學而不能行才是病。」孔子這章要教子貢的正是原憲說的這個基本道理。這應該是孔門教學的基本道理才是。子貢在孔子死後單獨廬墓六年，比所有同學都多一倍時間守在孔子的墳墓旁邊，卻沒有悟到這個基本道理，孔子大概會因此更加「無言」吧！時間沒換來智慧！悲哉！

〈鄉黨〉以及《論語》其他篇章都有對孔子行為的描述，不一定有孔子講的話。從孔子的這些行為中，一樣可以體會孔子的不言之教。下一章就是一個例子。

20

孺悲欲見孔子，孔子辭以疾。將命者出戶，取瑟而歌。使之聞之。

孺悲想要召見孔子〔，就派傳話人來請孔子〕。孔子推辭說自己身體不舒服，無法應召去見面。替孺悲傳話的人出去後，孔子就拿出瑟這個樂器開始彈唱。讓傳話人聽到〔回去告訴孺悲〕。

這章孔子沒有用言語說話，卻是用行動表達了他的想法。

「將」是「奉」（邢昺），「將命者」是「孺悲所使之人」（皇侃）或「主人傳辭出入人」（邢昺）。「出戶」是「受孔子疾辭畢而出孔子之戶以去也」（皇侃）。

乍看這段話，大家都會覺得很奇怪。首先，孺悲為什麼要派人來傳話，為什麼不直接來拜見孔子？其次，孔子為什麼不願意見孺悲？最後，既然不見他，為什麼還要彈瑟讓孺悲的傳話人聽到？

孺悲是魯國人，朱子說他曾經跟孔子學過「士喪禮」（《禮記・雜記下》〈124〉），但是孺悲得罪過孔子

（朱子沒舉實例），所以孔子才這麼做，想「以警教之」。黃式三和劉寶楠都認為這章是孺悲當初求見的事，經過了這層的體悟，孔子才傳授孺悲「士喪禮」。故事有時間先後之別。顯然孔子的不見是讓孺悲悟到了，但後世的讀者對此可真是一頭霧水。

我想這章應該是孺悲初識孔子之時，如果孔子已經傳授他士喪禮，孔子這樣做似乎也太不近人情。因為初識，而且大概是因為孺悲不懂請教老師應該是自己親自來見而不是派下屬來傳話，所以孔子就這樣讓傳話人回去，告訴孺悲說孔子明明在，但就是不見傳話人，也讓孺悲知道「禮聞來學，不聞往教」（《禮記．曲禮上》〈7〉）的道理。這或許就是孔子的一項「不言之教」吧？

求見長輩老師，應該有求見之禮，孔子當時就已經有不講禮之人，我們又何必苛求千百年後的後生之輩呢？

附錄

《禮記》〈雜記下124〉恤由之喪，哀公使**孺悲**之孔子學士喪禮，士喪禮於是乎書。

——〈曲禮上7〉禮，不妄說人，不辭費。禮，不逾節，不侵侮，不好狎。修身踐言，謂之善行。行修言道，禮之質也。禮聞取於人，不聞取人。**禮聞來學，不聞往教**。

21

宰我問：「三年之喪，期已久矣。君子三年不為禮，禮必壞；三年不為樂，樂必崩。舊穀既沒，新穀既升，鑽燧改火，期可已矣。」子曰：「食夫稻，衣夫錦，於女安乎？」曰：「安。」「女安則為之！夫君子之居喪，食旨不甘，聞樂不樂，居處不安，故不為也。今女安，則為之！」宰我出。子曰：「予之不仁也！子生三年，然後免於父母之懷。夫三年之喪，天下之通喪也。予也，有三年之愛於其父母乎？」

宰我請教〔孔子〕說：「三年之喪的時間太長了，一年就算很久了。一個統治者三年不習禮，禮就荒廢，三年不作樂，樂就會崩壞；舊的稻穀吃完，新的稻穀上市，用完一輪木頭取火，這樣一年就差不多了。」孔子回答說：「〔服喪期間〕吃著好的米，穿著好的衣服，你的心會安嗎？」宰我回答說：「會啊！」〔孔子氣著回答說：〕「你覺得心安理得就去做吧！一位有德的君子，吃著美食也不覺得美，聽到好的音樂也快樂不起來，住著安穩也不會心安，所以才不會這樣做！」宰我離開後，孔子〔痛罵他說〕：「這個宰我真是一個沒有仁德的人啊！小孩子出生三年後，才能夠脫離父母親的懷抱。這三年之喪是天下人都遵循的喪禮。難道宰我對自己父母的愛都不滿三年嗎？

這章孔子講三年之喪這種制度背後有著回報親恩的道理。

「三年之喪」，鄭玄認為是二十七個月，王肅以為二十五個月。「期」是「周年」（朱子）或「期限」（黃懷信）。「君子」是「人君」（皇侃）。「壞」是「漸敗」（皇侃），或「毀」（戴望），或「不健全」（黃懷信）。「崩」是「墜失」（皇侃）或「遺忘」（黃懷信）。「沒」是「盡」（朱子和劉寶楠）。「升」是「登」（朱子）或「成」（戴望）。「燧」是「取火之木」（朱子），「鑽燧」是「鑽木取火之名」（皇侃）。「改火」是「年有四時，四時所鑽之木不同，若一年則鑽之一周，變改已遍也」（皇侃），或「春取榆、柳之火，夏取棗、杏之火，季夏取桑，柘之火，秋取柞、楢之火，冬取槐、檀之火，亦一年而周也」（朱子），或「四時變火」（戴望）。「已」是「止」（朱子）。「旨」是「美」（孔安國和邢昺）或「甘」（朱子）。「懷」是「抱」（朱子）。「通」是「達」（邢昺）。

《論語》中有兩次提到「三年無改於父之道」（〈學而11〉和〈里仁20〉），也提到殷高宗「三年不言」（〈憲問40〉）。孟子更說三年之喪是天子以至於庶人都實行的事（《孟子・滕文公上》〈2〉），他更舉出堯、舜、禹和湯的先例，認為這些古聖賢君都謹守著三年之喪（《孟子》〈萬章上4〉、〈5〉、〈6〉）。

《禮記・檀弓上》〈2〉更提到除了「事親」要「致喪三年」之外，「事君」要「方喪三年」，「事師」則要「心喪三年」。

劉寶楠引用很多古代的文獻，認為三年之喪隨著周禮的衰微，已經久不實行了。孔子弟子中只有子夏和閔子騫兩人仍然奉行三年之喪，算是能遵從師教而身體力行的人。程樹德也呼應劉寶楠的看法。孔子逝世之後，弟子也都謹守三年心喪，所以結廬在孔子墳墓之旁，子貢還多守了一倍的時間。

可是有一次子路恥笑一位早上剛服完一年喪事，晚上就放聲唱歌的魯國人，孔子要他不要這樣批評人，他也覺得三年之喪太久了（《禮記．檀弓上》〈16〉）。這是孔子自打嘴巴嗎？

另外一件小事的各家解釋也不同：孔子為什麼要等宰我出去才開罵？皇侃認為是宰我被孔子罵了，所以離開；邢昺認為宰我「愚執」，孔子不想當面讓他難堪，所以等他走了才罵他；朱子認為孔子開罵是怕宰我以為真可以自己心安就去做。我覺得這些解釋都不太實際，宰我人都走了，難道要同學傳話給他嗎？我想孔子是真氣了！這些孔門言語科的人就是這樣「巧言亂德」的！老夫子氣到罵人停不下來，人走了還罵。這是孔子的真性情啊！

每次我到孔廟大成殿中看到宰我陪祀在內，都想著：孔子罵歸罵，畢竟還是愛著學生的。有教無類（或有教無「淚」，總不是欲哭無淚吧）！

附錄

《孟子》〈滕文公上2〉然友之鄒問於孟子。孟子曰：「不亦善乎！親喪固所自盡也。曾子曰：『生事之以禮；死葬之以禮，祭之以禮，可謂孝矣。』諸侯之禮，吾未之學也；雖然，吾嘗聞之矣。**三年**之喪，齊疏之服，飦粥之食，自天子達於庶人，三代共之。」然友反命，定為

三年之喪。父兄百官皆不欲，曰：「吾宗國魯先君莫之行，吾先君亦莫之行也，至於子之身而反之，不可。且志曰：『喪祭從先祖。』」曰：「吾有所受之也。」謂然友曰：「吾他日未嘗學問，好馳馬試劍。今也父兄百官不我足也，恐其不能盡於大事，子為我問孟子。」然友復之鄒問孟子。孟子曰：「然。不可以他求者也。孔子曰：『君薨，聽於冢宰。歠粥，面深墨。即位而哭，百官有司，莫敢不哀，先之也。』上有好者，下必有甚焉者矣。『君子之德，風也；小人之德，草也。草尚之風必偃。』是在世子。」然友反命。世子曰：「然。是誠在我。」五月居廬，未有命戒。百官族人可謂曰知。及至葬，四方來觀之，顏色之戚，哭泣之哀，弔者大悅。

——〈萬章上4〉孟子曰：「否。此非君子之言，齊東野人之語也。堯老而舜攝也。《堯典》曰：『二十有八載，放勳乃徂落，百姓如喪考妣，**三年**，四海遏密八音。』孔子曰：『天無二日，民無二王。』舜既為天子矣，又帥天下諸侯以為堯**三年**喪，是二天子矣。」

——〈5〉堯崩，**三年**之喪畢，舜避堯之子於南河之南。天下諸侯朝覲者，不之堯之子而之舜；訟獄者，不之堯之子而之舜；謳歌者，不謳歌堯之子而謳歌舜，故曰天也。夫然後之中國，踐天子位焉。而居堯之宮，逼堯之子，是篡也，非天與也。《太誓》曰：『天視自我民視，天聽自我民聽』，此之謂也。

——〈6〉昔者舜薦禹於天，十有七年，舜崩。**三年**之喪畢，禹避舜之子於陽城。天下之民從之，若堯崩之後，不從堯之子而從舜也。禹薦益於天，七年，禹崩。**三年**之喪畢，益避禹之子於箕山之陰。朝覲訟獄者不之益而之啟，曰：『吾君之子也。』謳歌者不謳歌益而謳歌啟，曰：『吾君之子也。』丹朱之不肖，舜之子亦不肖。舜之相堯，禹之相舜也，歷年多，施澤於民久。啟賢，能敬承繼禹之道。益之相禹也，歷年少，施澤於民未久。舜、禹、益相去久遠，其子之賢不肖，皆天也，非人之所能為也。莫之為而為者，天也；莫之致而至者，命也。匹夫而有天下者，德必若舜禹，而又有天子薦之者，故仲尼不有天下。繼世以有天下，天之所廢，必若桀紂者也，故益、伊尹、周公不有天下。伊尹相湯以王於天下。湯崩，太丁未立，外丙二年，仲壬四年。太甲顛覆湯之典刑，伊尹放之於桐。**三年**，太甲悔過，自怨自艾，於桐處仁遷義；**三年**，以聽伊尹之訓己也，復歸於亳。周公之不有天下，猶益之於夏，伊尹之於殷也。孔子曰：『唐虞禪，夏后、殷、周繼，其義一也。』

《禮記》〈檀弓上2〉事親有隱而無犯，左右就養無方，服勤至死，致喪**三年**。事君有犯而無隱，左右就養有方，服勤至死，方喪**三年**。事師無犯無隱，左右就養無方，服勤至死，心喪**三年**。

——〈16〉魯人有朝祥而莫歌者，子路笑之。夫子曰：「由，爾責於人，終無已夫？**三年之喪，亦已久矣夫**。」子路出，夫子曰：「又多乎哉！逾月則其善也。」

22

子曰：「飽食終日，無所用心，難矣哉！不有博弈者乎，為之猶賢乎已。」

孔子〔感嘆地〕說：「每天吃飽了沒事做，也不想做點對仁道有用的事情，這樣的人真是難以成德啊！就算是那些好賭博下棋的人〔至少還用點心〕，都比這樣〔不用心〕的人要強得多。」

這章是孔子講那些只顧物質生活而不學，還虛耗人生的人。

「用心」是「思考、動腦筋」（黃懷信），「無所用心」是「於理義皆不知思，其不說學可知」（劉寶楠）。「難」是「難以成德」（劉寶楠）。「博」是「十二棊對而擲采者」（皇侃）或「局戲」（朱子）。「弈」是「圍棊」（皇侃、邢昺和朱子）。「賢」是「勝」（皇侃）或「勞，由勞於止不用心者」（戴望）。「已」是「止」（皇侃）。

在「食」與「道」不能兩全時，孔子砥礪自己和學生都要「志於道」（〈里仁9〉和〈述而6〉）或

「謀道」或「憂道」（〈衛靈公32〉），而不必「恥惡衣惡食」或「謀食」或「憂食」。管子主張：「倉廩實，則知禮節；衣食足，則知榮辱。」（《管子．牧民》〈1〉）孔子也主張要「足食」為先（〈顏淵7〉），但是如果「足食」之後沒有更高文化層次的提升，反而追求更多的酒色財氣，這就是孔子擔心的「飽食終日、無所用心」的「土豪」生活。

順便提起一段往事，「飽食終日」這句話是我小時候看香港電影《梁山伯與祝英台》裡的一個橋段：由諧星蔣光超飾演的馬文才一角，在被老師考問「飽食終日的下一句」時，蔣光超回答說：「飽食終日就不餓了。」當時全場觀眾大笑，年幼沒學過《論語》的我，完全不知道「笑點」在哪裡！真是「飽食終日，無所用心，難矣哉」！

後來我在「愛情歷史社會學」課堂上碰到一位顯然不愛上課的同學，同學問他「梁山伯與祝英台」的故事時，他竟然對這個故事一無所知。就算他沒聽我花了三堂課分析這個故事，也應該有點基本中華文化的常識吧！這也真是讓我感嘆：「飽食終日，無所用心，難矣哉！」

這幾句話是孔子流傳下來給我們這些當老師的「千古一嘆」啊！不就「用點心」（別只想到下午茶）嗎？有這麼難嗎？

23

子路曰：「君子尚勇乎？」子曰：「君子義以為上。君子有勇而無義為亂，小人有勇而無義為盜。」

子路請問（孔子）：「一位有德的君子會強調勇力嗎？」孔子回答說：「一位有社會地位的君子首要考量的是事情合宜於否。就算是有社會地位的君子如果只有勇而沒有義來當指引就會悖禮作亂，而沒有社會地位的小人有了勇而沒有考量到事情是否合宜就會當上強盜。」

這章可能是當初孔子收服子路當學生時的記載，其中也提到君子和小人有勇而無義的不同展現。「上」通「尚」（邢昺）或「上之」（朱子）。「君子」是「指在位者」（邢昺和朱子）。「義」是「合宜」（邢昺）。「亂」是「以己力奪人之是」（戴望）。「盜」，戴望解釋：「春秋有三盜：微殺大夫謂之盜，非所取而取之謂之盜，辟中國之正道以襲利謂之盜。」

子路個性鄙俗，好勇，曾經陵暴孔子，孔子設禮誘導他走向正道（《史記・仲尼弟子列傳》〈20〉），這章可能就是子路自以為有勇就可以混跡江湖，沒想到被孔子批評這還不是最上層的道德，還要有判斷場合以及道德是否合宜的能力才算真勇。

子路好勇，自詡自己如果有機會治國，也會讓人民「有勇」（〈先進26〉）。孔子要「乘桴浮於海」就要帶子路當保鏢，子路信以為真，孔子馬上就潑他冷水說：「好勇過我，無所取材。」（〈公冶長7〉）

孔子誇獎過「勇者不懼」（〈子罕29〉和〈憲問28〉）。可是「勇」要和「義」搭配的說法可以說是孔子的一貫主張：「見義不為，無勇也。」（〈為政24〉）在「仁」和「勇」的關係上，孔子認為「仁者必有勇，勇者不必有仁」（〈憲問4〉），「仁」和「勇」的道德位階，高下立判；孔子也兩次提到如果有「勇而無禮」（〈泰伯2〉）或是「好勇不好學」（〈陽貨8〉）的流弊都是「亂」，此外，「好勇疾貧」也會導致「亂」（〈泰伯10〉）。這些都是說明光是「勇」不足以成事。孔子和子貢在談論各自所厭惡的事情時，孔子厭惡的是「勇而無禮者」，子貢厭惡的是「不孫以為勇者」，這些都不是真勇（〈陽貨24〉）。

《禮記．聘義》〈11〉中也有一段討論「義」和「勇」之間關係的段落：「有行之謂有義，有義之謂勇敢。故所貴於勇敢者，貴其能以立義也；所貴於立義者，貴其有行也；所貴於有行者，貴其行禮也。故所貴於勇敢者，貴其敢行禮義也。故勇敢強有力者，天下無事，則用之於禮義；天下有事，則用之於戰勝。用之於戰勝則無敵，用之於禮義則順治；外無敵，內順治，此之謂盛德。故聖王之貴勇敢強有力如此也。勇敢強有力而不用之於禮義戰勝，而用之於爭鬬，則謂之亂人。刑罰行於國，所誅者亂人也。如此則民順治而國安也。」這裡所說的道理和《論語》的說法是一致的：勇要有禮義的節制，如果用於爭鬥則亂。

這章其實和孔子教誨子路「強」(可以當成此章的「勇」)的區別是相關的(《禮記・中庸》〈10〉)：孔子先說「南方之強(勇)」是「寬柔以教，不報無道」這種老子式的「強」(勇)，再說「衽金革，死而不厭」這種「暴虎馮河，死而無悔」(〈述而11〉)的這種「強」(勇)，不過這都不是孔子所希望的，他希望的「強」(勇)包括：「和而不流」、「中立而不倚」，以及「不管國有道無道都堅持正道」的這種「強」(勇)。這也就是「合禮」和「合義」的「勇」。

附錄

《史記・仲尼弟子列傳》〈20〉子路性鄙，好勇力，志伉直，冠雄雞，佩豭豚，**陵暴孔子**。**孔子設禮稍誘子路，子路後儒服委質**，因門人請為弟子。

《禮記》〈聘義11〉有行之謂有**義**，有**義**之謂**勇**敢。故所貴於**勇**敢者，貴其能以立**義**也；所貴於立**義**者，貴其有行也；所貴於有行者，貴其行禮也。故所貴於**勇**敢者，貴其敢行禮**義**也。故**勇**敢強有力者，天下無事，則用之於禮**義**；天下有事，則用之於戰勝。用之於戰勝則無敵，用之於禮**義**則順治；外無敵，內順治，此之謂盛德。故聖王之貴**勇**敢強有力如此也。**勇**敢強有力而不用之於禮**義**戰勝，而用之於爭鬬，則謂之亂人。刑罰行於國，所誅者亂人也。如此則民順治而國安也。

——〈中庸10〉子路問**強**。子曰：「南方之**強**與？北方之**強**與？抑而**強**與？寬柔以教，不報無道，南方之**強**也，君子居之。衽金革，死而不厭，北方之**強**也，而**強**者居之。故君子和而不流，**強哉矯**！中立而不倚，**強哉矯**！國有道，不變塞焉，**強哉矯**！國無道，至死不變，**強哉矯**！」

24

子貢曰：「君子亦有惡乎？」子曰：「有惡：惡稱人之惡者，惡居下流而訕上者，惡勇而無禮者，惡果敢而窒者。」曰：「賜也亦有惡乎？」「惡徼以為知者，惡不孫以為勇者，惡訐以為直者。」

子貢請問（孔子）說：「老師您有厭惡的人嗎？」孔子回答說：「有的：（像我就）厭惡稱揚別人所做的壞事的人，厭惡為人臣下（不用諫爭）卻毀謗君上的人，厭惡有勇力卻沒有禮法約束的人，厭惡果斷卻頭腦僵固不講道理的人。」（孔子然後反過來）問（子貢）說：「賜啊！你也有厭惡的人嗎？」（子貢回答說：）「（我）厭惡那些抄襲別人的知識成果當成自己東西的智者，厭惡那些不守理法卻自以為是英勇的人，厭惡那些專揭發人隱私卻認為自己是很正直的人。」

這章是孔子和子貢各自講出自己所厭惡的三件事。

從上下文來看，「君子」是「夫子」（皇侃引用江熙、邢昺），而不是一般指「有位者」或「有德者」，但是黃懷信認為是泛指，而非指夫子。「惡」是「憎疾」（皇侃）。「訕」是「毀」（孔安國和戴望）或「謗毀」（皇侃、邢昺和朱子）。「窒」是「窒塞」（馬融、皇侃、邢昺和戴望）或「不通」。「徼」是「抄」（皇侃和邢昺）或「伺察」（朱子），或作「繳」是「刺人過以為明知」（戴望）。「孫」是「順」（邢昺），「不孫」是「不循禮」（戴望）或「不謙遜」（黃懷信）。「訐」是「攻發人之陰私」（包咸、邢昺和朱子），或「面發人之陰私」（皇侃），或「橫議是非」（戴望），或「攻發」（劉寶楠），或「當面斥責人」（黃懷信）。

「惡稱人之惡」在《論語》中並沒有其他相似的段落。倒是董仲舒說過：「稱人之惡謂之賊。」（《春秋繁露・仁義法》〈1〉）管子也把「惡稱人之惡」當成君子的五種「惡」之一（《管子・版法解》〈16〉）。

「居下流」的部分則有「君子惡居下流，天下之惡皆歸焉」（〈子張20〉），和此章的「訕上」無關。

「勇而無禮」呼應「勇而無禮則亂」（〈泰伯2〉）、「勇而無義則亂」（〈陽貨23〉）、「好勇不好學，其蔽也亂」（〈陽貨8〉）；孔子要求的是「勇者不懼」（〈子罕29〉和〈憲問28〉）。這章其實和孔子教誨子路「強」（可以當成此章的「勇」）的區別是相關的（《禮記・中庸》〈10〉）：孔子先說「南方之強（勇）」是「寬柔以教，不報無道」這種老子式的「強」（勇），再說「衽金革，死而不厭」這種「暴虎馮河，死而無悔」（〈述而11〉）的這種「強」（勇），不過這都不是孔子所希望的，他希望的「強」（勇）包括：「和而不流」、「中立而不倚」，以及「不管國有道無道都堅持正道」的這種「強」（勇）。這也就是「合禮」和「合義」的「勇」。

君子有厭惡的事情，就跟鄉愿有了區別。

〈陽貨18〉中孔子說過他有「三惡」：「惡紫之奪朱也，惡鄭聲之亂雅樂也，惡利口之覆邦家者。」〈子張20〉中子貢也跟本章一樣，指出：「君子惡居下流，天下之惡皆歸焉。」〈子路24〉中，師徒倆討論如何看待鄉人好惡的問題，孔子提出：「鄉人之善者好之，其不善者惡之。」〈衛靈公28〉中，孔子又補充說：「眾惡之，必察焉；眾好之，必察焉。」不要被民粹的意見所左右；孔子也教誨過子張「尊五美，屏四惡」，其中居上位者應該屏除「虐」、「暴」、「賊」和「有司」四件惡事：「不教而殺謂之虐；不戒視成謂之暴；慢令致期謂之賊；猶之與人也，出納之吝，謂之有司。」

最後要提醒，許多人習慣奉行「隱惡而揚善」（《禮記．中庸》〈6〉），但是毓老師強調應該採取更積極的「遏惡揚善」（《易經．大有卦》〈1〉）才能讓社會更是非分明。這也是君子和鄉愿的最大差別。

附錄

《春秋繁露．仁義法》〈1〉故自稱其惡謂之情，**稱人之惡**謂之賊；求諸己謂之厚，求諸人謂之薄；自責以備謂之明。責人以備謂之惑。是故以自治之節治人，是居上不寬也；以治人之度自治，是為禮不敬也。為禮不敬，則傷行而民弗尊；居上不寬，則傷厚而民弗親。弗親則弗信，弗尊則弗敬。

《管子．版法解》〈16〉管子對**曰**：「不然，夫學者所以自化，所以自撫，故君子**惡稱人之惡**，惡不忠而怨妒，惡不公議而名當稱，惡不位下而位上，惡不親外而內放，此五者，君子之所恐行，而小人之所以亡，況人君乎？」

《禮記．中庸》〈10〉子路問**強**。子**曰**：「南方之**強**與？北方之**強**與？抑而**強**與？寬柔以教，不報無道，南方之**強**也，君子居之。衽金革，死而不厭，北方之**強**也，而**強**者居之。故君子和而不流，**強**哉矯！中立而不倚，**強**哉矯！國有道，不變塞焉，**強**哉矯！國無道，至死不變，**強**哉矯！」

——〈6〉子曰：「舜其大知也與！舜好問而好察邇言，**隱惡而揚善**，執其兩端，用其中於民，其斯以為舜乎！」

《易經·大有卦》〈1〉火在天上，大有；君子以**遏惡揚善**，順天休命。

25

子曰：「唯女子與小人為難養也，近之則不孫，遠之則怨。」

孔子說：「只有女人和小人是很難伺候得體的，靠他們太近的話，他們就會狹暱而不順服，離他們太遠的話，他們又會抱怨連連。」

這章是近代最引起女性厭惡的一章。

「養」是「使」（戴望），或「待」（劉寶楠），或「養活、侍候」（黃懷信）。「近」是「親近」（黃懷信）。「遠」是「疏遠」（黃懷信）。「孫」或作「遜」是「恭遜、恭敬」（黃懷信）。

皇侃解釋說：「女子、小人並稟陰，閉氣多，故其義淺促，所以難可養立也。」這是現代人無法接受的解釋。

邢昺認為：「女子與小人皆無正性，難畜養。」不過他認為也有例外而不可以一概而論。這種解釋也看得出是男性的偏見。

朱子認為此章的「女人」是「臣妾」，「小人」是指僕隸下人。這就把普稱的說法轉成特稱的對象。戴望的解釋似乎是遵循著朱子的解釋脈絡：「女子以形事人，小人以力事人，皆志不在義，故為難養。」黃懷信認為「女子」是指自己的妻室，所以才有下面「近之」的說法。這種說法大概沒有讓自己的妻子信服吧！

我認為此章的重點不在「女子」和「小人」而在於下一句：「近之則不孫，遠之則怨」。如果「近之」或「遠之」都不討好，難道不是該採取「不近不遠」的「中庸之道」或「時近時遠」的「君子時中」（《禮記・中庸》〈2〉）之道嗎？這不是孔子說的：「中庸之為德也，其至矣乎，民鮮久矣！」（〈雍也29〉和《禮記・中庸》〈3〉）

另外，我們也可以更人性地來看孔子。或許這正是他被太太和小孩煩到不行時的抱怨之言；也或許周遊列國的某一天，他想起了這個當時是抱怨現在卻是個美好回憶的時刻，因而被弟子記住了他的感嘆。我們往往習慣用聖人角度仰望孔子，忘掉了人性的孔子！

附錄

《禮記・中庸》〈2〉仲尼曰：「**君子中庸**，小人反中庸。君子之中庸也，**君子而時中**；小人之中庸也，小人而無忌憚也。」

26

子曰：「年四十而見惡焉，其終也已。」

孔子說：「年紀到了四十歲還被人厭惡，恐怕這一輩子再也很難有善行了。」

這章是孔子感嘆有人到了四十歲還沒有被人稱道的善行，真是白活了。

古注都認為此章在鼓勵人及時改過遷善。皇侃說：「人年未四十則德行猶進，當時雖未能善，猶望可改。若年四十已在不惑之時，猶為眾人共所見憎惡者，則當終其一生無復有善理，故云其終也已。」邢昺的說法差不多：「此章言人年四十猶為惡行，而見憎惡於人，則是其終無善行也已。以其年在不惑，而猶為人所惡，必不能追改故也。」朱子說得比較簡短：「四十成德之時，見惡於人，則止於此而已，勉人及時遷善改過也。」可是，四十歲的人就不能改過？這不是年齡歧視嗎？

孔子自述四十歲時能夠「不惑」（〈為政4〉），毓老師說是「不惑於欲」，我認為應該是學會情緒管理，而不再「愛之欲其生，惡之欲其死」（〈顏淵10〉），或是不再「一朝之忿，忘其身以及其親」

（〈顏淵21〉）。這章的「年四十而見惡焉」，恐怕就是還沒學會情緒管理而讓人厭惡。大人不像大人，還有小孩脾氣，真是自己迷惑也讓人困惑。此外，孔子也說過，一個人到了四十或五十還沒有值得稱述的善行，就沒什麼值得敬畏的（〈子罕23〉）。

在《禮記》中也有數處對「四十」的描述：「四十曰強，而仕。」（《禮記》〈曲禮上12〉）也就是說，四十歲正值年輕力壯，是做官的適當年齡。台灣總統候選人必須年滿四十歲，不知和這段話有沒有關係；「四十始仕，方物出謀發慮，道合則服從，不可則去。」（〈內則80〉），更進一步說明做官是要行道而不是謀食而已，所以才會說：「道合則服從，不可則去。」《大戴禮記·曾子立事》〈31〉也說：「三十、四十之間而無蓺，即無蓺矣；五十而不以善聞矣；七十而無德，雖有微過，亦可以勉矣。」有藝在身或以善聞都要趁早變成生活踐行的一部分，否則就晚了。

西方人發現許多人的「中年危機」也多半在四十左右，似乎也多少有著將「四十」當成「人生折返點」的意思。

微子

•

第十八

1

微子去之，箕子為之奴，比干諫而死。孔子曰：「殷有三仁焉。」

〔殷商末年，紂王荒淫無道〕紂王的同父異母兄長微子啟屢次勸諫不聽，離開朝廷，紂同族父執輩的箕子偽裝自己發神經病而自願為奴，另一位父執輩比干也屢次勸諫紂王不聽，被紂王剖開胸膛，挖出心臟。孔子〔感嘆這三個殷商貴族的境遇〕說：「殷商有三位具有仁德的人。」

這是《論語》第十八篇的開始，總共十一章，這是所有版本的共識。本章以開頭「微子」兩字作為篇名。孔子列舉了殷商的三位仁人。

這章的關鍵是三位仁人的背景介紹：「微子」是「紂之庶兄」（馬融），也就是同父異母的長兄；「箕子」和「比干」則是「紂之諸父」（馬融），也就是父執輩。

這三個人的故事流傳得很廣，《竹書紀年．帝辛》〈29〉、《史記》的〈殷本紀33〉、〈宋微子世家2—4〉、《韓詩外傳》〈卷四1〉和〈卷十14〉都有比較詳細的記載。《列女傳・孽嬖》〈殷紂妲己2〉還特別說明比干諫諍的是紂王的寵妃妲己。

何晏認為這章的主旨在於：「三人行異而同稱仁，以其俱在憂亂寧民。」皇侃則認為：「仁以憂世忘己身為用，而此三人事蹟雖異，俱是為憂世民也。」邢昺和戴望的說法都和何晏接近，認為三人「俱在憂亂寧民」。朱子則強調：「三人之行不同而同出於至誠惻怛之意，故不咈乎愛之理，而有以全其心之德也。」（《四書章句集注》）或「皆詣其至理，故謂之仁」（《朱子語類・論語三十》〈微子去之章3〉）。《越絕書・篇敘外傳記》〈7〉則進一步區分：「微子去者，痛殷道也。比干死者，忠於紂也。箕子亡者，正其紀也。皆忠信之至，相為表裡耳。」這裡強調的是「忠信之至」而不是本章強調的「仁」。

漢朝徐幹的《中論・智行》〈4〉中認為孔子雖然同樣誇獎「三仁」，但是這「三仁」還是有著高下之別：「君子以微子為上，箕子次之，比干為下。」這和本章中三仁出現的順序是一致的。不過，本章「三仁」的順序和《史記・殷本紀》〈33〉的出場順序是不一致的。這個次序是孔子或編纂《論語》的微言大義還是純屬隨機，有人認為是個重要的問題。

孟子曾經區分過「貴戚之卿」和「異姓之卿」：前者是「君有大過則諫，反覆之而不聽，則易位」，後者則是「君有過則諫，反覆之而不聽，則去」（《孟子・萬章下》〈18〉）。換句話說，貴戚之卿是可以在諫諍不聽之後，取而代之執政的，而異姓之卿，只能在諫而不聽之後自行求去。可惜，殷商「三仁」這三位「同姓之卿」頂多做到了孟子說的「異姓之卿」的標準，沒有一位採行孟子「貴戚之卿」的做法。孟子的說法還是強調「親親」的血緣關係，而沒有採行「賢賢」的原則，讓賢者在位，能者在職。

這是帝制時期意識形態上的限制。民主時代，不適任的人會被選民唾棄。這應該才是孔子希望看到的積極面，而不是這裡三種莫可奈何的選擇。

2

柳下惠為士師，三黜。人曰：「子未可以去乎？」曰：「直道而事人，焉往而不三黜？枉道而事人，何必去父母之邦。」

柳下惠擔任掌管獄政的主管，有三次沒犯錯而被罷黜的經歷。有人說：「（都被罷黜了三次）您可以離開祖國到別的地方去了吧？」（柳下惠）回答說：「用直道來處理政事，到哪裡不會被罷黜三次呢？用歪道來處理政事，（在國內也可以行得通，）又何必離開祖國去別的國家呢？」

這章引述柳下惠的故事和他講的話，和孔子的想法接近，大概是因為這樣的原因才被收入在《論語》裡。可是，真是如此嗎？

「柳下惠」，姓展，名禽，以廉潔和「坐懷不亂」著稱，他也是孔子很誇獎的人（《史記・仲尼弟子列傳》〈2〉）。「士師」是「典獄之官」（孔安國）或「獄官」（皇侃）。「黜」是「退」（鄭玄和皇侃）。「焉是「何」（邢昺）。「去」是「更出國往他邦也」（皇侃）。「枉」是「曲」（皇侃和邢昺）。

〈衛靈公14〉中孔子就因為臧文仲沒有推薦賢能的柳下惠而譴責他為「竊位者」。同時，柳下惠也被列名七位「逸民」之列，他和「少連」兩人同時被稱讚是「降志辱身矣，言中倫，行中慮」（〈微子8〉），也就是能夠犧牲自己，卻還是保持言行的中庸而不偏激。

孟子數度誇獎他「不羞汙君，不卑小官」（面對昏君還是堅守崗位，不嫌官小而不做）（《孟子》〈公孫丑上9〉、〈萬章下10〉和〈告子下26〉）以及柳下惠的榜樣可以讓「鄙夫寬、薄夫敦」（〈萬章下10〉和〈盡心下61〉），所以孟子稱他為「聖之和者」（〈萬章下10〉）。在《大戴禮記．衛將軍文子》〈23〉柳下惠的行為被稱讚為：「孝子慈幼，允德稟義，約貨去怨，蓋柳下惠之行也。」

柳下惠自己行得正，他的夫人也不遑多讓，列名《列女傳．賢明》中，她對丈夫的生平作為甚為了解，認為「惠」是最貼切的謚號（《說苑．佚文》〈23〉）。這就是我們後來都稱他為「柳下惠」（可是「柳下」又是怎麼來的，卻沒有說明。總不會是葬在柳樹下吧？）而不是「展禽」的原因。

柳下惠堅守直道，不願離開父母之邦，這和孔子的想法相近嗎？孔子周遊列國，不是想要到父母之邦以外的地方去行正道嗎？

附錄

《史記．仲尼弟子列傳》〈2〉孔子之所嚴事：於周則老子；於衛，蘧伯玉；於齊，晏平仲；於楚，老萊子；於鄭，子產；於魯，孟公綽。數稱臧文仲、**柳下惠**、銅鞮伯華、介山子然，孔子皆後之，不並世。

《列女傳・賢明》〈柳下惠妻1〉魯大夫**柳下惠**之妻也。**柳下惠**處魯，三黜而不去，憂民救亂。妻曰：「無乃瀆乎！君子有二恥。國無道而貴，恥也；國有道而賤，恥也。今當亂世，三黜而不去，亦近恥也。」**柳下惠**曰：「油油之民，將陷於害，吾能已乎！且彼為彼，我為我，彼雖裸裎，安能污我！」油油然與之處，仕於下位。柳下既死，門人將誄之。妻曰：「將誄夫子之德耶，則二三子不如妾知之也。」乃誄曰：「夫子之不伐兮，夫子之不竭兮，夫子之信誠而與人無害兮，屈柔從俗，不強察兮，蒙恥救民，德彌大兮，雖遇三黜，終不蔽兮，愷悌君子，永能厲兮，嗟乎惜哉，乃下世兮，庶幾遐年，今遂逝兮，嗚呼哀哉，魂神泄兮，夫子之諡，宜為惠兮。」門人從之以為誄，莫能竄一字。君子謂**柳下惠**妻能光其夫矣。《詩》曰：「人知其一，莫知其他。」此之謂也。

《說苑・佚文》〈23〉**柳下惠**死，人將誄之。妻曰：「將述夫子之德，二三子不若妾之知。」為誄曰：「夫子之不伐，夫子之不謁，諡宜為惠。」弟子聞而從之。

3

齊景公待孔子，曰：「若季氏則吾不能，以季、孟之間待之。」曰：「吾老矣，不能用也。」孔子行。

齊景公召見孔子說：「我沒法像魯國國君對待季氏那樣對您老，只能以低一點的季氏和孟氏之間標準。」（後來又）說：「我老了，政事已經不歸我管了。」孔子就離開齊國。

這章是齊景公不能知用孔子。孔子就離開了齊國。有點爭議的地方是「吾老矣，不能用也」是齊景公還是孔子說的話。孔子在這章依然沒說話。

「待」是「遇，謂以祿位接遇孔子也」（邢昺）或「止」。

劉寶楠認為此事應該是發生在孔子三十五歲到四十二歲之間。

孔安國說：「魯三卿，季氏為上卿，最貴。孟氏為下卿，不用事。」皇侃認為：「景公初雖云待之於季、孟之間，而末又毀，故自託吾老不能復用孔子也。」朱子甚至認為這不是齊景公當面跟孔子說的話，而是齊景公跟他臣下說的，而孔子再輾轉聽說。這種推測讓我不解。

《史記．孔子世家》〈10〉有提到這一章，來龍去脈交代得比較清楚：司馬遷先提到齊景公兩次問政，先是〈顏淵11〉的「君君、臣臣、父父、子子」，接著是《論語》沒有的「政在節財」（見之於《孔子家語》〈賢君8〉、〈辯政1〉和《韓非子．難三》〈7〉），後來齊景公想賞賜孔子幾片土地，被晏嬰給阻止了，理由在於：「這些儒家的人行為詭異不取法、桀驁不馴，不會屈居人下；辦喪事鋪張浪費，傾家蕩產，不能成為一種奢侈浮華的習慣，他們又到處遊說借貸，這樣的壞習慣也不能治國。周朝王室衰敗之後，已經沒有再出大賢人了，禮樂也崩壞，可是孔子這個時候還是裝扮地有模有樣，很講究各種繁複的禮節，這是幾輩子都學不完的東西，不管花多少年都搞不清楚這些繁文縟節。大王您想用聘用孔子來改變齊國的風俗，對人民沒有利。」齊景公就是聽了晏嬰的話才跟孔子講了本章的託辭。司馬遷這樣的描寫，比較容易讓人了解齊景公先迎後拒的背景。

如果把「吾老矣，不能用也」當成孔子的話，就是孔子自己找了台階下，離開齊國。不過，如果是這樣，劉寶楠說這事情發生在孔子四十歲左右，說自己「吾老矣」，似乎就說不通了。

附錄

《史記．孔子世家》〈10〉景公問政孔子，孔子曰：「君君，臣臣，父父，子子。」景公曰：「善哉！信如君不君，臣不臣，父不父，子不子，雖有粟，吾豈得而食諸！」他日又復問政於孔子，孔子曰：「政在節財。」景公說，將欲以尼谿田封孔子。晏嬰進曰：「夫儒者滑稽而不可執法；倨傲自順，不可以為下；崇喪遂哀，破產厚葬，不可以為俗；游說乞貸，不可以為國。自大賢之息，周室既衰，禮樂缺有間。今孔子盛容飾，繁登降之禮，趨詳之節，累世不能殫其學，當年不能究其禮。君欲用之以移齊俗，非所以先細民也。」後景公敬見孔子，不問其禮。**異日，景公止孔子曰：「奉子以季氏，吾不能。」以季孟之間待之。齊大夫欲害孔子，孔子聞之。景公曰：「吾老矣，弗能用也。」孔子遂行，反乎魯。**

《孔子家語》〈賢君8〉齊景公來適魯，舍於公館，使晏嬰迎孔子。孔子至，景公問政焉。孔子荅曰：「**政在節財**。」公悅。又問曰：「秦穆公國小處僻而霸，何也？」孔子曰：「其國雖小，其志大；處雖僻，而其政中。其舉也果，其謀也和，法無私而令不愉，首拔五羖，爵之大夫，與語三日而授之以政。此取之，雖王可，其霸少矣。」景公曰：「善哉！」

——〈辯政1〉子貢問於孔子曰：「昔者齊君問政於夫子，夫子曰：『**政在節財**。』魯君問政於夫子，夫子曰：『政在諭臣。』葉公問政於夫子，夫子曰：『政在悅近而來遠。』三者之問一也，而夫子應之不同，然政在異端乎？」孔子曰：「各因其事也。齊君為國，奢乎臺榭，淫於苑囿，五官伎樂不解於時，一旦而賜人以千乘之家者三，故曰：**政在節財**。魯君有臣三人，內比周以愚其君，外距諸侯之賓以蔽其明，故曰：政在諭臣。夫荊之地廣而都狹，民有離心，莫安其居，故曰：政在悅近而來遠。此三者所以為政殊矣。《詩》云：『喪亂蔑資，曾不惠我師。』此傷奢侈不節以為亂者也。又曰：『匪其止共，惟王之卬。』此傷姦臣蔽主以為亂者也。又曰：『亂離瘼矣，奚其適歸。』此傷離散以為亂者也。察此三者，政之所欲，豈同乎哉？」

《韓非子．難三》〈7〉葉公子高問政於仲尼，仲尼曰：「政在悅近而來遠。」哀公問政於仲尼，仲尼曰：「政在選賢。」齊景公問政於仲尼，仲尼曰：「**政在節財**。」三公出，子貢問曰：

「三公問夫子政一也，夫子對之不同，何也？」仲尼曰：「葉都大而國小，民有背心，故曰政在悅近而來遠。魯哀公有大臣三人，外障距諸侯四鄰之士，內比周而以愚其君，使宗廟不掃除，社稷不血食者，必是三臣也，故曰政在選賢。齊景公築雍門，為路寢，一朝而以三百乘之家賜者三，故曰**政在節財**。」

4

齊人歸女樂，季桓子受之。三日不朝，孔子行。

齊國人送給魯國實際掌權者季桓子女伎和樂師。季桓子接受了，（和魯國國君一起欣賞，）然後三天沒有上朝。孔子（一看大勢已去）就離開魯國（，轉往衛國）。

這章也和齊國有關，孔子也沒說話。齊國運用美人計來迷惑魯國的當政者，果然奏效，可以想見孔子的嘆息和搖頭。

「歸」是「餉」（皇侃），也就是餽贈。「女樂」是「女伎」（皇侃）。「季桓子」是「季孫斯」。邢昺引用司馬遷《史記．孔子世家》〈20〉的記載，認為這是魯定公十四年孔子五十六歲的事情。司馬遷對於這件事情的來龍去脈有詳細的記載：齊國人怕孔子當司寇治理魯國會讓魯國國勢蒸蒸日上，所以才想出這種美人計來讓魯國當政者沉迷於女樂，癱瘓孔子治理的成績。所以齊國餽贈八十位美女，三十駟（四匹一駟）披戴彩繡的馬。季桓子換了便服親自出城去「查考」，還邀請了魯國的國君，兩人藉口要出外遊玩，出去欣賞了一整天，什麼政事都沒做。孔子的弟子子路看不過去了，勸老師說可以走了，不過孔子出走要等到祭典結束後，看到魯國的當政者不分祭肉給諸位大夫，才是讓他離去的最後一根稻草。孔子走前還唱了一首歌，讓人傳回去給季桓子聽，讓季桓子知道自己出走的原因。這個故事也出現在《孔子家語．子路初見》〈7〉和《韓非子．內儲說下》〈149〉。

孔子這時候大概感嘆：「吾未見好德如好色者！」（〈子罕18〉和〈衛靈公13〉）。就算自認為「天生德於予」（〈述而23〉），他畢竟還是難勝過齊國人精心設計的「美人關」。

要是柳下惠，一定不會離開父母之邦（〈微子2〉）。這就是孔子和柳下惠的不同之處。孟子說柳下惠是聖之和者，孔子是聖之時者（《孟子．萬章下》〈10〉）。可見「時」的道德高度比起「和」來是高很多的。

附錄

《史記．孔子世家》〈20〉　齊人聞而懼，曰：「孔子為政必霸，霸則吾地近焉，我之為先并矣。盍致地焉？」黎鉏曰：「請先嘗沮之；沮之而不可則致地，庸遲乎！」於是選齊國中女子好者八十人，皆衣文衣而舞康樂，文馬三十駟，遺魯君。陳女樂文馬於魯城南高門外，季桓子微服往觀再三，將受，乃語魯君為周道游，往觀終日，怠於政事。子路曰：「夫子可以行矣。」孔子曰：「魯今且郊，如致膰乎大夫，則吾猶可以止。」桓子卒受齊女樂，三日不聽政；郊，又不致膰俎於大夫。孔子遂行，宿乎屯。而師己送，曰：「夫子則非罪。」孔子曰：「吾歌可夫？」歌曰：「彼婦之口，可以出走；彼婦之謁，可以死敗。蓋優哉游哉，維以卒歲！」師己反，桓子曰：「孔子亦何言？」師己以實告。桓子喟然嘆曰：「夫子罪我以群婢故也夫！」

《孔子家語．子路初見》〈7〉孔子相魯。齊人患其將霸，欲敗其政。**乃選好女子八十人，衣以文飾而舞容璣，及文馬四十駟，以遺魯君。**陳女樂、列文馬於魯城南高門外，季桓子微服往觀之，**再三，將受焉。告魯君為周道遊觀，觀之終日，怠於政事。**子路言於孔子曰：「夫子可以行矣。」孔子曰：「魯今且郊，若致膰於大夫，則是未廢其常，吾猶可以止也。」桓子既受女樂，君臣婬荒，三日不聽國政，郊又不致膰俎。孔子遂行，宿於郭屯。師己送，曰：「夫子非罪也？」孔子曰：「吾歌可乎？」歌曰：「彼婦人之口，可以出走；彼婦人之請，可以死敗。優哉遊哉，聊以卒歲。」

《韓非子．內儲說下》〈149〉**仲尼為政於魯**，道不拾遺，齊景公患之，梨且謂景公曰：「去仲尼猶吹毛耳。君何不迎之以重祿高位，遺哀公女樂以驕榮其意。哀公新樂之，必怠於政，仲尼必諫，諫必輕絕於魯。」景公曰：「善。」乃令梨且以女樂二八遺哀公，哀公樂之，果怠於政，仲尼諫，不聽，去而之楚。

《孟子．萬章下》〈10〉伯夷，聖之清者也；伊尹，聖之任者也；**柳下惠，聖之和者也；孔子，聖之時者也。**孔子之謂集大成。

5

楚狂接與歌而過孔子曰：「鳳兮！鳳兮！何德之衰？往者不可諫，來者猶可追。已而，已而！今之從政者殆而！」孔子下，欲與之言。趨而辟之，不得與之言。

楚國的狂人接近孔子的座車時唱了一首歌〔歌詞是〕：「鳳鳥啊！鳳鳥啊！你怎麼在這個禮崩樂壞的時代出現呢？過去的事情就算了，未來還是可以補救的。算了吧！算了吧！不要期待現在的執政者！」孔子下車想要跟他講講話。這人卻很快跑走了，所以孔子沒法跟他說上話。

這章是孔子在周遊列國時碰到隱士說的話，可以算是從隱士的觀點來看孔子。

「楚狂接與」一說就是剛好路過孔子車旁的楚國人，不知名姓，所以就以他的行為稱呼他「楚狂接與」；一說姓陸名通，字接與，楚昭王時政令無常，所以披髮佯狂，不當官，被當時人稱為「楚狂」（皇侃），《列仙傳・陸通》〈1〉說：「陸通者，云楚狂接與也。好養生，食橐盧木實及蕪菁子。

游諸名山，在蜀峨嵋山上，世世見之，歷數百年去。」簡直就是把他當神仙。

「諫」是「止」（邢昺）或「正」（戴望）。「已」是「止」（朱子和戴望）。「殆」是「危」（邢昺）或「疑」（戴望）。

孔安國最早說明：「接輿，楚人。佯狂而來歌，欲以感切孔子，比孔子於鳳鳥，鳳鳥待聖君乃見。非孔子周行求合，故曰衰。」

司馬遷的《史記．孔子世家》〈51〉也提到這件事，所用的文字沒有太大差異。《莊子．內篇》〈人間世8〉中也記載這件事，不過記載楚狂接輿的話比此章要多很多：

鳳凰啊！鳳凰啊！
為什麼你的德性衰敗了？
來世是不可期待的，
往事也追不回來了！
天下有道，聖人成就他的功勳，
天下無道，聖人能夠保全他的性命，
如今這個時代啊！只能求免遭受刑戮。
幸福啊！比羽毛還要輕，沒有一個人知道要怎麼承受它，
災禍啊！比大地還要重，沒有一個人知道要怎樣躲避它。
算了吧！算了吧！不要以德行去感化人了！

危險啊！危險啊！不要畫地為牢自己往裡面跑啊！
荊棘啊！荊棘啊！不要阻礙我的行進啊！
我彎曲的走吧！我彎曲的走吧！不要刺傷我的腳啊！
——〈黃錦鋐，《新譯莊子讀本》，二〇一一年，頁六十六〉

莊子顯然是借題發揮了。

楚狂接輿是個隱士，楚王派大臣來請他出來當官，他笑而不應，使者就悻悻然而去。楚狂接輿的太太買菜回來知道整件邀約事情的來龍去脈之後，怕老公的拒絕會惹來麻煩，就和老公商量，兩人就改名換姓，在人間蒸發，去當隱士去了〈《韓詩外傳・卷二》〈21〉和《列女傳・賢明》〈楚接輿妻〉〉。

孔子原來想跟楚狂接輿說些什麼呢？這章讓我們摸不著頭緒，且看下章分解。

附錄

《史記・孔子世家》〈51〉**楚狂接輿**歌而過孔子曰：「鳳兮！鳳兮！何德之衰？往者不可諫兮，來者猶可追也！已而，已而！今之從政者殆而！」孔子下，欲與之言。趨而去，弗得與之言。

《莊子・人間世》〈8〉孔子適楚，**楚狂接輿**遊其門曰：「鳳兮鳳兮，何如德之衰也！來世不可待，往世不可追也。天下有道，聖人成焉；天下無道，聖人生焉。方今之時，僅免刑焉。福輕乎羽，莫之知載；禍重乎地，莫之知避。已乎已乎，臨人以德！殆乎殆乎，畫地而趨！迷陽迷陽，無傷吾行！吾行卻曲，無傷吾足！」

《韓詩外傳．卷二》〈21〉**楚狂接輿**躬耕以食。其妻之市，未返，楚王使使者賫金百鎰，造門曰：「大王使臣奉金百鎰，願請先生治河南。」接輿笑而不應，使者遂不得辭而去。妻從市而來曰：「先生少而為義，豈將老而遺之哉！門外車軼，何其深也！」接輿曰：「今者、王使使者賫金百鎰，欲使我治河南。」其妻曰：「豈許之乎？」曰：「未也。」妻曰：「君使不從，非忠也；從之，是遺義也。不如去之。」乃夫負釜甑，妻戴經器，變易姓字，莫知其所之。《論語》曰：「色斯舉矣，翔而後集。」接輿之妻是也。《詩》曰：「逝將去汝，適彼樂土；樂土樂土，爰得我所。」

《列女傳．賢明》〈楚接輿妻〉**楚狂接輿**之妻也。接輿躬耕以為食，楚王使使者持金百鎰、車二駟，往聘迎之，曰：「王願請先生治淮南。」接輿笑而不應，使者遂不得與語而去。妻從市來，曰：「先生以而為義，豈將老而遺之哉！門外車跡，何其深也？」接輿曰：「王不知吾不肖也，欲使我治淮南，遣使者持金駟來聘。」其妻曰：「得無許之乎？」接輿曰：「夫富貴者，人之所欲也，子何惡，我許之矣。」妻曰：「義士非禮不動，不為貧而易操，不為賤而改行。妾事先生，躬耕以為食，親績以為衣，食飽衣暖，據義而動，其樂亦自足矣。若受人重祿，乘人堅良，食人肥鮮，而將何以待之！」接輿曰：「吾不許也。」妻曰：「君使不從，非忠也。從之又違，非義也。不如去之。」夫負釜甑，妻戴紝器，變名易姓而遠徙，莫知所之。君子謂接輿妻為樂道而遠害，夫安貧賤而不怠於道者，唯至德者能之。《詩》曰：「肅肅兔罝，椓之丁丁。」言不怠於道也。頌曰：接輿之妻，亦安貧賤，雖欲進仕，見時暴亂，楚聘接輿，妻請避館，戴紝易姓，終不遭難。

6

長沮、桀溺耦而耕，孔子過之，使子路問津焉。長沮曰：「夫執輿者為誰？」子路曰：「為孔丘。」曰：「是魯孔丘與？」曰：「是也。」曰：「是知津矣。」問於桀溺，桀溺曰：「子為誰？」曰：「為仲由。」曰：「是魯孔丘之徒與？」對曰：「然。」曰：「滔滔者天下皆是也，而誰以易之？且而與其從辟人之士也，豈若從辟世之士哉？」耰而不輟。子路行以告。夫子憮然曰：「鳥獸不可與同群，吾非斯人之徒與而誰與？天下有道，丘不與易也。」

一個高個子的農人，和另外一個腳踩在泥巴田裡的人在田裡一起耕種。孔子經過就請子路去跟這兩位農夫問渡船碼頭的所在。高個子農夫問〔子路〕說：「那個站在車上的是哪位啊？」子路回答說：「是孔丘。」〔高個子接著又〕問：「是魯國那位孔丘嗎？」〔子路〕回答說：「是的。」〔高個子就〕回答說：「他〔周遊列國經驗豐富，應該〕知道渡船碼頭在哪裡啊！」〔子路見這人不誠心回答，就〕轉而請問另外一位。那位就問〔子路〕說：「您是哪位啊？」〔子路〕回答說：「我是子路」。那人又問：「是魯國孔丘的學生嗎？」〔子路〕回答說：「是的。」那人就說：「天下所有統治者都一個樣，換了誰也沒用。你跟著避著人的老師奔走各國，還不如跟著我們這些隱士呢！」這兩人說完話就繼續不停耕種。子路就把發生的經過告訴孔子。孔子很難過地說：「不同的飛鳥和走獸是不能混在一起的。我跟這些人不是同類的話，我還跟誰同類呢〔總不是跟鳥獸同類吧〕？如果天下有道，我也不會改變我的想法〔加入他們而變成隱士〕。」

這章孔子又碰到兩位隱者，這回孔子終於對這些隱士發表了自己的看法。司馬遷說這是孔子離開葉，回到蔡時發生的事（《史記．孔子世家》〈42〉）。

長沮和桀溺是兩位隱者，應該不是名字，金履祥說：「長沮、桀溺名皆從水，子路問津，一時何自識其姓名？諒以其物色名之，如荷蕢、晨門、荷蓧丈人。蓋二人耦耕於田，其一人長而沮洳，其一人桀然高大而塗足，因以名之。」「耦」是「並耕」（朱子）。「津」是「濟渡處」（鄭玄和朱子）或「渡水處」（皇侃）。「執輿」是「執轡」（皇侃）或「執轡在車」（邢昺）。「滔滔」是「周流之貌」（孔安國），或「周流」（皇侃），或「流而不返」（朱子）。「天下皆是」是「一切皆惡」（皇侃和邢昺）。「與」是「以」（朱子）。「耰」是「覆種」（鄭玄、皇侃和朱子）或「鋤」（戴望）。「輟」是「止」（鄭玄和皇侃）或「已」（戴望）。「憮」是「失意貌」（邢昺和戴望），「憮然」是「驚愕」（皇侃），或「悵然」（朱子），或「悵然自失貌」（黃懷信）。「與」是「相親與」（邢昺）。

桀溺認為孔子是「辟人之士」，而自己和長沮是「辟世之士」，前者「沒有好長官是不會出來為民服務的」，後者則是「沒有好世道是不會為民服務的」。孔子則認為自己是人，當然不會和鳥獸同群。他也應該不認同被桀溺說成是「辟人之士」，是人就要做人該做的事，就算是天下有道，還是要積極為民服務。這種「進退存亡不失正」（《易經・乾卦》〈文言24〉）的積極入世精神，是孔子「用之則行，舍之則藏」（〈述而11〉）的真精神。孔子的「藏」既不是「辟人」也不是「辟世」，而是仍然積極地「藏道於民」，行健不息。

這章的最後一段話，恐怕就是上一章孔子想對「楚狂接輿」講的話。不過，就算講了，「辟人之士」和「辟世之士」不正是雞同鴨講嗎？

孔子最後到底有沒有找到渡船碼頭？不會經過這一番折騰而霧迷津渡吧？

附錄

《史記・孔子世家》〈42〉去葉，反於蔡。**長沮**、**桀溺**耦而耕，孔子以為隱者，使子路問津焉。**長沮**曰：「彼執輿者為誰？」子路曰：「為孔丘。」曰：「是魯孔丘與？」曰：「然。」曰：「是知津矣。」桀溺謂子路曰：「子為誰？」曰：「為仲由。」曰：「子，孔丘之徒與？」曰：「然。」桀溺曰：「悠悠者天下皆是也，而誰以易之？且與其從辟人之士，豈若從辟世之士哉！」耰而不輟。子路以告孔子，孔子憮然曰：「鳥獸不可與同群。天下有道，丘不與易也。」

《易經．乾卦》〈文言24〉「亢」之為言也，知進而不知退，知存而不知亡，知得而不知喪。其唯聖人乎！知進退存亡而不失其正者，其唯聖人乎！

7

子路從而後，遇丈人，以杖荷蓧。子路問曰：「子見夫子乎？」丈人曰：「四體不勤，五穀不分。孰為夫子？」植其杖而芸。子路拱而立。止子路宿，殺雞為黍而食之，見其二子焉。明日，子路行以告。子曰：「隱者也。」使子路反見之。至則行矣。子路曰：「不仕無義。長幼之節，不可廢也；君臣之義，如之何其廢之？欲潔其身，而亂大倫。君子之仕也，行其義也。道之不行，已知之矣。」

子路跟孔子走散了，碰到一位老人，擔著擔子、挑著籮筐。子路請問說：「您老見到我老師了嗎？」老人回答說：「我自己身體已經不太聽使喚，而且（眼睛也不好）分不清五穀雜糧。哪能分辨出哪位是您的老師？」說完就拿鋤頭開始翻土。子路躬著身子在旁邊站著發呆。老人請子路到家裡過夜，還準備有肉有菜的晚餐招待他，也介紹了自己的兩個兒子給子路認識。第二天，子路告辭了，見到孔子後就告訴孔子這個故事。孔子說：「這老人家是隱士啊！」請子路再回頭去找老人家。結果老人家又下田去了，不在家。子路就感嘆地跟老人的兩位兒子說：「（這些隱士）不去當昏君統治下的官吏。（可是）長幼的禮節是不可以廢棄的，君臣的關係又怎麼可以避免呢？怎麼可以為了潔身自愛而弄亂了人倫秩序。君子出來當官，是為了實踐對人民有利的大道。雖然自己奉行的道是不被統治者接受，但這是大家都已經知道的事情。」

這章還是提到隱士，孔子對他們批評得少，子路批評得多，基本上是發揮上一章孔子的論點。「從而後」是「從夫子行而在後」（劉寶楠）或「掉隊」（黃懷信）。「遇」是「不期而會之」（皇侃）。「丈人」是「老人」（包咸），或「長宿之稱」（皇侃），或「長老」（戴望）。「荷」是「擔揭」（皇侃）或「擔」（黃懷信）。「蓧」是「竹器」（包咸）。「四體」是「足、手」（皇侃）。「勤」是「勤勞」（皇侃）。「五穀」是「黍稷之屬」（皇侃）或「禾、黍、稷、稻、麥」（劉寶楠）。「分」是「播種」（皇侃）或「辨」（朱子和黃懷信）。「植」是「倚」（孔安國）或「豎」（皇侃），或「倚立」（邢昺），或「立之」（朱子）。「芸」是「除草」（孔安國和皇侃）。「拱」是「沓手」（皇侃），「拱而立」是「敬待其荅」（黃懷信）。「倫」是「序」（朱子），「大倫」是「君臣之道理」（皇侃），或「人之大倫有五：父子有親、君臣有義、夫婦有別、長幼有序、朋友有信」（朱子），或「君臣」（戴望）。「義」是「宜」（劉寶楠）。「道」是「先王禮樂政教，設為萬世常行之道者也」（黃式三）。

這章的爭議焦點是丈人說的那句話：「四體不勤、五穀不分，孰為夫子。」有些人認為這是丈人諷刺孔子，或是諷刺子路，朱子解釋說：「責其不事農業，而從師遠遊。」黃懷信也是順著這條思路來解釋：「丈人勤於農作，惡遊手之人，見子路模樣且聞其尋『夫子』，知其必非勤作之輩，故嘲罵之。」我覺得從後來丈人招待子路的情況來看，他應該是個殷實的農人，不像是其他諷刺孔子的隱士，所以此處的「四體不勤，五穀不分」是指自己年紀大了、老眼昏花，連五穀都快分不清楚，還在努力耕種，哪裡看得清楚路過的人誰是夫子？如果他是諷刺子路或孔子，大概就不會招待子路在家吃喝、睡過夜吧？黃懷信認為丈人態度的轉變，是因為「子路有禮，且為夫子之徒」，所以才會招待子路。我認為這把老農人想得太過權謀，個性前後不統一。長沮和桀溺雖然隱居鄉野，卻聽聞過孔子和孔子門徒的身分，這是丈人這個農夫從來沒有的知識。孔子因為他說了「四體不勤，五穀不分，孰為夫子」就把這位老農夫說成是「隱者」，恐怕也是個誤會。

不過，孔子的確很重視長幼之節，對君臣之義是否可廢的看法，恐怕已經在動搖中。孔子的禮運大同之道強調選賢與能，這恐怕就偏離了帝制時期死板的君臣之義。所以最後子路說的「君子之仕也，行其義也」，恐怕就是一個以「賢能」而不是「血緣」為考量的委婉說法。這樣的理想，引領後人不斷前進。

8

逸民：伯夷、叔齊、虞仲、夷逸、朱張、柳下惠、少連。子曰：「不降其志，不辱其身，伯夷、叔齊與！」謂：「柳下惠、少連，降志辱身矣。言中倫，行中慮，其斯而已矣。」謂：「虞仲、夷逸，隱居放言。身中清，廢中權。」「我則異於是，無可無不可。」

〔古代有七位〕高風亮節之士：伯夷、叔齊、虞仲、夷逸、朱張、柳下惠、少連。孔子評論說：「不妥協自己堅持的理念，也不願意被人侮辱，這就是伯夷和叔齊啊！」〔另一個〕評論說：「柳下惠和少連，不堅持自己的理念、不在乎被人侮辱。自己仍然說話都守著該有的本分，行動也都是深思熟慮的結果。」〔還有一個〕評論說：「虞仲和夷逸兩位，隱居在鄉間，不議論政治。他們自己堅持合乎清淨之道，也靠著權變決定隱退。」〔孔子自己評論自己的行為說：〕「我跟以上各位高風亮節之士都不同，沒有什麼一定要做的，也沒有什麼一定不做的，我的標準就是以守正為原則而因事制宜。」

這章孔子評論幾位高風亮節之士，一開始提到七位，可是孔子只評論了其中六位。各位可以找一下孔子遺漏了哪一位。

「逸」是「遺」（朱子），或是「佚」（戴望），或「隱逸」（劉寶楠），「逸民」是「節行超逸」（何晏），或「民中節行超逸，不拘於世者也」（皇侃），或「無位之稱」（朱子）。「降志」是「平情以接物，如與鄉人處不自失之類」（王夫之）或「屈其志向，服非所服之朝」（黃懷信）。「辱身」是「如不羞汙君，不卑小官之類」（王夫之）或「辱沒其身，事非所事之君」（黃懷信）。「降志辱身」是「非其君不事，非其民不使」（戴望）。「中」是「合」（黃懷信），「倫」是「理」（邢昺），或「義理之次第」（朱子），或「類」（黃懷信），「中倫」是「政治得失之條理」（王夫之）。「慮」是「思慮」（朱子），「中慮」是「言有意義合人心」（朱子）或「處事精詳之矩則，如必以其道、直道事人之類」（王夫之）。「放」是「置」（包咸和邢昺）或「棄置、罷廢」（黃懷信），「放言」是「廢言」（黃懷信）。「清」是「純潔」（馬融和邢昺）。「權」是「反常合道」（邢昺）或「權宜」（黃懷信）。

這七個人除了伯夷、叔齊（〈公冶長23〉、〈述而15〉和〈季氏12〉）和柳下惠（〈衛靈公14〉和〈微子2〉）之外，都沒在《論語》中出現，夷逸和朱張兩人甚至連現存的古籍都沒記載（朱子）。劉寶楠對這七人有詳細的考證。

這八個人（七位逸民加上孔子）中，孟子經常提到伯夷、柳下惠和孔子三人，也常提到這章沒提到的伊尹。

總結孟子對伯夷的說法如下：「非其君不事，非其民不使；治則進，亂則退。」（《孟子・公孫丑上》〈2〉）「伯夷，非其君不事，非其友不友。不立於惡人之朝，不與惡人言。立於惡人之朝，與惡人言，如以朝衣朝冠坐於塗炭。推惡惡之心，思與鄉人立，其冠不正，望望然去之，若將浼焉。是故諸侯雖有善其辭命而至者，不受也。不受也者，是亦不屑就已。」（〈9〉）「居下位，不以賢事不肖者」（〈告子下26〉）。他稱讚伯夷是「聖之清者」（〈萬章下10〉）。伯夷的行為可以讓「頑夫廉，懦夫有立志」（頑固的人會變得廉潔，懦弱的人會立志遠大）（〈盡心下61〉）。

孟子對柳下惠的批評則是：「不羞汙君，不卑小官。進不隱賢，必以其道。遺佚而不怨，阨窮而不憫。」（〈公孫丑上9〉）「不惡汙君，不辭小官者」（〈告子下26〉）。他稱讚柳下惠是「聖之和者」（〈萬章下10〉）。柳下惠的行為可以讓「薄夫敦、鄙夫寬」（刻薄的人變得敦厚，貪鄙的人變得寬厚）（〈盡心下61〉）。

孟子批評過伯夷「隘」，柳下惠「不恭」，這兩項都是君子不做的（〈公孫丑上9〉），可是他也稱讚過兩人（還加上伊尹）同樣具有君子特有的「仁德」（〈告子下26〉），而且這兩人也是「百世之師」（差孔子的「萬世師表」有百倍之遙）。

孟子對孔子的評論則是：「可以仕則仕，可以止則止，可以久則久，可以速則速。」（〈公孫丑上2〉）他稱讚孔子是「聖之時者」（〈萬章下10〉），「集大成」（〈萬章下10〉），是「生民以來未有」的（〈公孫丑上2〉）。孟子的這些讚美，後來都成為孔廟的主殿名（大成殿）和歷代皇帝在大成殿中題字匾額的典故來源。本章孔子自述的「無可無不可」其實就是「義之與比」（〈里仁10〉）或「義以為質」（〈衛靈公18〉）。這裡的「義」大概也等同於「權」，都是「因時和因事制宜」，都是在進退存亡之際不失正。

皇侃的解釋中特別注意到孔子的評論惟獨漏了「朱張」，他引用王弼的解釋說：「朱張字子弓，荀卿以比孔子。今序六人而闕朱張者，明取捨與己合同也。」我覺得這種解釋太牽強。如果朱張真是取捨和孔子同，大概一開始也不必提他的名字吧。簡單說，我覺得孔子兩兩並提，就這樣忘了朱張。年紀大的人會懂的。

附錄

《孟子》〈公孫丑上9〉孟子曰：「**伯夷，非其君不事，非其友不友。不立於惡人之朝，不與惡人言。立於惡人之朝，與惡人言，如以朝衣朝冠坐於塗炭。推惡惡之心，思與鄉人立，其冠不正，望望然去之，若將浼焉。是故諸侯雖有善其辭命而至者，不受也。不受也者，是亦不屑就已。柳下惠，不羞汙君，不卑小官。**進**不隱賢，必以其道。遺佚而不怨，阨窮而不憫。**故曰：『爾為爾，我為我，雖袒裼裸裎於我側，爾焉能浼我哉？』故由由然與之偕而不自失焉，援而止之而止。援而止之而止者，是亦不屑去已。」孟子曰：「伯夷隘，柳下惠不恭。隘與不恭，君子不由也。」

——〈告子下26〉孟子曰：「居下位，不以賢事不肖者，伯夷也；五就湯，五就桀者，伊尹也；**不惡汙君，不辭小官者，柳下惠也。三子者不同道，其趨一也。一者何也？曰：仁也。**君子亦仁而已矣，何必同？」

9

大師摯適齊，亞飯干適楚，三飯繚適蔡，四飯缺適秦。鼓方叔入於河，播鼗武入於漢，少師陽、擊磬襄，入於海。

〔魯國國君治國無方，魯國的樂師紛紛出走。〕大師摯到齊國去，亞飯干到楚國、三飯繚到蔡國、四飯缺到秦國。鼓方叔西渡黃河，播鼗武南渡漢水，少師陽和擊磬襄就到東海去了。

這章沒有出現「孔子曰」，但是多半也是孔子感嘆魯國的樂師都因為不被重視而出走。「大師」又作「太師」是「樂官之長」（邢昺）或「兼堂上堂下三樂者」（戴望）。「亞」是「次」（孔安國和皇侃），「次飯」是「樂師」（孔安國）。「三飯」是「樂章名」（包咸和戴望）或「餐」（皇侃）。「四飯」是「樂章名」（包咸）。「鼓」是「擊鼓者」（包咸和皇侃）。「少師」是「樂官之佐」（朱子）或「小師」（戴望）。「入」是「居其河內」（包咸）。「播」是「搖」（孔安國、皇侃和邢昺）或「揚」（戴望）。「摯」、「干」、「繚」、「缺」、「方叔」、「武」、「陽」、「襄」都是樂師的名字。孔子曾經跟名列最後一位的師襄子學過琴（《韓詩外傳・卷五》〈7〉、《孔子家語・辯樂解》〈1〉和《史記・孔子世家》〈34〉）。程樹德整理歷代的說法，有認為這八人是周平王時代的人（鄭玄），有人說是周厲王時代的人（葉石林），還有說是殷紂時的人（顏師古），但是他還是覺得是魯哀公時候的人。

皇侃說：「古天子諸侯餐必共奏樂，每食各有樂人。」所以「亞飯干」、「三飯繚」和「四飯缺」就是用不同餐時的奏樂人也。戴望則認為：「禮，天子四飯，諸侯三飯，卿大夫再飯。天子旦食無樂，晝食、晡食、暮食有樂。鼓鞉以倡笙管，奏於堂下。王大食三侑皆令奏鐘鼓。」可是，劉寶楠引用《儀禮・特牲》的說法〔我沒搜尋到這段文字〕認為和此章所說不同。《白虎通德論・卷二》〈禮樂15〉說明：「王者食所以有樂何？樂食天下之太平、富積之饒也，明天子至尊，非功不食，非德不飽。」這大概是理想狀況吧！後來帝王不知民間疾苦者，不是大有人在，恐怕都不會想到「非功不食，非德不飽」。

孔子周遊列國回來，開始整理這些音樂，所以他說：「吾自衛反魯，然後樂正，雅頌各得其所。」（〈子罕15〉）

禮崩樂壞，就是因為懂的人不受重視，所以走了，禮樂也因此崩壞。「人能弘道，非道弘人」（〈衛靈公29〉），不能留住文化人才，從華夏變成夷狄。這是多麼深沉的哀痛！犧牲了一代人，要幾代才補得回來？

附錄

《白虎通德論·卷二》〈禮樂15〉王者食所以有樂何？樂食天下之太平、富積之饒也，明天子至尊，非功不食，非德不飽，故《傳》曰：「天子食時舉樂。」王者所以日食者何？明有四方之物，食四時之功也。四方不平，四時不順，有徹樂之法焉，所以明至尊著法戒也。王平居中央，制御四方。平旦食，少陽之始也；晝食，太陽之始也；脯食，少陰之始也；暮食，太陰之始也。《論語》曰：「**亞飯**干適楚，三飯繚適蔡，四飯缺適秦。」諸侯三飯，卿大夫再飯，尊卑之差也。《弟子職》曰：「暮食士偃禮。」士也；食力無數，庶人職在耕桑，戮力勞役，飯即食，飽即作，故無數。

10

周公謂魯公曰：「君子不施其親，不使大臣怨乎不以。故舊無大故，則不棄也。無求備於一人。」

周公告誡被封在魯國的兒子伯禽說：「一位在上位的統治者不應該只任用自己的親人，不使自己的大臣有不停的抱怨。退休的大臣如果沒有犯大錯，就不應棄置不用，也不要對其他人求全責備。」

這章孔子沒有出現，可能是孔子引述這個典故，因為內容很重要，所以讓弟子記下來了。「周公」是「周公旦」（皇侃）。「魯公」是「周公之子伯禽，封於魯」（孔安國）。「施」通「弛」（劉寶楠），是「易」（孔安國、皇侃和邢昺），或「劾」（戴望），或「棄忘」（劉寶楠引鄭玄），「不施其親」是「不以他人之親易己之親」（孔安國），或「不偏惠所親」（皇侃引孫綽），或「不弛慢所親近賢人」（韓愈），或「不以他人之親易己之親，當行博愛廣敬」（邢昺），或「不閒置其親人」（黃懷信）。「以」是

「用」（孔安國和皇侃），「不以」是「不用其言」（劉寶楠）。「故舊」是「朋友」（皇侃），或「君為世子時入學就所知者」（戴望），或「老臣」（黃懷信）。「故」是「變故」（黃懷信），「大故」是「惡逆之事」（孔安國或邢昺）或「惡逆」（皇侃）。「棄」是「廢棄」（黃懷信）。「故舊無大故則不棄也」就是〈泰伯2〉所說的「故舊不遺則民不偷」。「求」是「責」（邢昺）。「備」是「全」（黃懷信），「無求備於一人」即「及其使人也，求備焉」（〈子路25〉）。

秦漢古籍有很多周公教伯禽的故事：首先是周公輔相成王時，成王犯了錯，就教訓伯禽給成王看，讓成王了解父子、君臣、長幼之道（《禮記．文王世子》〈4〉和〈12〉）。

周成王封周公於魯，周公自己推辭，轉給自己的兒子伯禽。伯禽臨行之前，周公告誡伯禽說：「別以為自己封於魯就驕傲看不起人。我自己雖然身世顯赫，但是我還是很謙虛對待所有的賢人，有賢人來訪，就算是我在洗頭髮，也會趕緊握著溼漉漉的頭髮出來見客，就算是在吃飯，也會把口中的飯先吐出來，出來見客，不敢有絲毫怠慢。你要謹守下面六種謙德：自己德行澤及大眾，還是很謙虛，這樣就能讓人誇獎；雖然財產富饒，但是依然勤儉自持，這樣心裡就會安穩踏實；就算自己官位高於眾人，卻仍然謙卑自持，這樣就會讓人尊敬；雖然人口眾多、軍隊訓練有素，還是能謹慎守護著國家，就算發生戰爭，也會戰勝敵人；自己天資聰穎，但是卻能大智若愚，這樣對自己的好處就會更多；自己博聞多學，卻仍然覺得學的不夠，這樣就會越學越多。如果不能謹守謙德，就會像夏桀和殷紂王那樣失去天下而且不得好死。」（《說苑．敬慎》〈2〉和《韓詩外傳．卷三》〈31〉）。

《呂氏春秋．孟春紀》〈貴公2〉還有一個不同的傳說，以說明「天下非一人之天下也，天下之天下也」：周公給伯禽的臨別贈言是「利而勿利」，舉的例子是荊國有個人丟了一把弓，卻不去找。他的理由是：「反正是荊國人丟的，撿到的也會是荊國人，有什麼好找的。」孔子聽了這個故事說道：「應該去掉那個『荊』的部分（也就是「一個人丟了，另一個人撿到了」）。」老子聽了，更上一層地說：「再去掉『人』字就更好了（也就是丟了，撿了）。」最後誇獎老子是「至公」。這和我們熟悉毓老師常說的「仲尼尚公」（《尸子・廣澤》說「孔子貴公」）顯然層次不同。

以上這些記載都可以補充此章的不足。

吳國延陵季子曾經評論過這兩國的差異：他比較姜太公和伯禽分別受封於齊和魯，兩人分別治理三年之後，太公先來回報治理成果，周公問道：「怎麼這麼快啊？」太公恭敬地回答說：「我尊敬賢人，不管親疏遠近，也因事制宜，不以仁德為尚。」周公評論道：「這樣治理可以恩澤五世。」期滿五年的時候，伯禽才來回報治理成果。周公問：「怎麼花這麼長時間呢？」伯禽說：「我是從身邊親人開始，然後以血緣關係不斷放大出去，先考慮仁德，才考慮因事制宜。」周公評論：「這樣的治理可以恩澤十世」。評論者認為齊國太公實行的是霸跡，伯禽實踐的仁厚是王跡，並斷言齊國不如魯國，太公不如伯禽（《說苑・政理》〈38〉）。司馬遷的記載略有不同：太公花五個月就有了成果，辦法是「簡化君臣之禮，並且遵從原來齊國人的舊習俗」，而伯禽花了三年，辦法是「改變魯國當地人原有的風俗和禮法，還實施了三年之喪」，所以才晚了（《史記・魯周公世家》〈13〉）。

從以上的故事，更難對「不施其親」有定論：周公可能告誡伯禽要以「親親」（照顧和自己有血緣的人）為上，也可能以「賢賢」（尚公）為上。我覺得一個可能的兩全其美辦法，是在「家領域」中採行「親親」，但是在「國」和「天下」領域則要以「賢能」或「公」為最高指導原則。孔子引用這個典故，應該就是這個不偏「親親」也不偏「賢賢」的中庸之道（執兩用中）吧？

附錄

《禮記》〈文王世子4〉成王幼，不能蒞阼，周公相，踐阼而治。抗世子法於伯禽，欲令成王之知父子、君臣、長幼之道也；成王有過，則撻伯禽，所以示成王世子之道也。文王之為世子也。

——〈12〉仲尼曰：「昔者周公攝政，踐阼而治，抗世子法於伯禽，所以善成王也。聞之曰：為人臣者，殺其身有益於君則為之，況於其身以善其君乎？周公優為之！」是故知為人子，然後可以為人父；知為人臣，然後可以為人君；知事人，然後能使人。成王幼，不能蒞阼，以為世子，則無為也，是故抗世子法於伯禽，使之與成王居，欲令成王之知父子、君臣、長幼之義也。

《說苑．敬慎》〈2〉昔成王封周公，周公辭不受，乃封周公子伯禽於魯，將辭去，周公戒之曰：「去矣！子其無以魯國驕士矣。我，文王之子也，武王之弟也，今王之叔父也；又相天子，吾於天下亦不輕矣。然嘗一沐三握髮，一食而三吐哺，猶恐失天下之士。吾聞之曰：德行廣大而守以恭者榮，土地博裕而守以儉者安，祿位尊盛而守以卑者貴，人眾兵強而守以畏者勝，聰明睿智而守以愚者益，博聞多記而守以淺者廣；此六守者，皆謙德也。夫貴為天子，富有四海，不謙者先天下亡其身，桀紂是也，可不慎乎！故《易》曰，有一道，大足以守天下，中足以守國家，小足以守其身，謙之謂也。『夫天道毀滿而益謙，地道變滿而流謙，鬼神害滿而福謙，人道惡滿而好謙。』是以衣成則缺衽，宮成則缺隅，屋成則加錯；示不成者，天道然也。《易》曰：『謙亨，君子有終吉。』《詩》曰：『湯降不遲，聖敬日躋。』其戒之哉！子其無以魯國驕士矣。」

《韓詩外傳・卷三》〈31〉周公踐天子之位，七年，布衣之士所贄而師者十人，所友見者十二人，窮巷白屋先見者四十九人，時進善者百人，教士千人，宮朝者萬人。成王封伯禽於魯，周公誡之曰：「往矣！子無以魯國驕士。吾，文王之子，武王之弟，成王之叔父也，又相天下，吾於天下，亦不輕矣。然一沐三握髮，一飯三吐哺，猶恐失天下之士。吾聞德行寬裕，守之以恭者榮；土地廣大，守之以儉者安；祿位尊盛，守之以卑者貴；人眾兵強，守之以畏者勝；聰明睿智，守之以愚者善；博聞強記，守之以淺者智。夫此六者，皆謙德也。夫貴為天子，富有四海，由此德也；不謙而失天下，亡其身者，桀紂是也；可不慎與！故易有一道，大足以守天下，中足以守其國家，近足以守其身，謙之謂也。夫天道虧盈而益謙，地道變盈而流謙，鬼神害盈而福謙，人道惡盈而好謙。是以衣成則必缺衽，宮成則必缺隅，屋成則必加拙，示不成者、天道然也。《易》曰：『謙：亨，君子有終，吉。』《詩》曰：『湯降不遲，聖敬日躋。』誡之哉！其無以魯國驕士也。」傳曰：子路盛服以見孔子。孔子曰：「由，疏疏者何也？昔者，江於汶，其始出也，不足以濫觴；及其至乎江之津也，不方舟，不避風，不可渡也，非其眾川之多與！今汝衣服其盛，顏色充滿，天下有誰加汝哉！」子路趨出，改服而入，蓋揖如也。孔子曰：「由志之，吾語汝；夫慎於言者不譁，慎於行者不伐。色知而有長者、小人也。故君子知之為知之，不知為不知，言之要也；能之為能之，不能為不能，行之要也。言要則知，行要則仁，既知且仁，又何加哉！」《詩》曰：「湯降不遲，聖敬日躋。」

《呂氏春秋・孟春紀》〈貴公2〉天下非一人之天下也，天下之天下也。陰陽之和，不長一類；甘露時雨，不私一物；萬民之主，不阿一人。伯禽將行，請所以治魯，周公曰：「利而勿利也。」荊人有遺弓者，而不肯索，曰：「荊人遺之，荊人得之，又何索焉？」孔子聞之曰：「去其『荊』而可矣。」老聃聞之曰：「去其『人』而可矣。」故老聃則至公矣。天地大矣，生而弗子，成而弗有，萬物皆被其澤、得其利，而莫知其所由始，此三皇、五帝之德也。

《尸子．廣澤》墨子貴兼，**孔子貴公**，皇子貴衷，田子貴均，列子貴虛，料子貴別囿。

《說苑．政理》〈38〉延陵季子游於晉，入其境曰：「嘻，暴哉國乎！」入其都曰：「嘻，力屈哉，國乎！」立其朝曰：「嘻，亂哉國乎！」從者曰：「夫子之入境未久也，何其名之不疑也？」延陵季子曰：「然，吾入其境田畝荒穢而不休，雜增崇高，吾是以知其國之暴也。吾入其都，新室惡而故室美，新牆卑而故牆高，吾是以知其民力之屈也。吾立其朝，君能視而不下問，其臣善伐而不上諫，吾是以知其國之亂也。齊之所以不如魯者，太公之賢不如**伯禽**，**伯禽**與太公俱受封，而各之國三年，太公來朝，**周公**問曰：「何治之疾也？」對曰：「尊賢，先疏後親，先義後仁也。」此霸者之跡也。**周公**曰：「太公之澤及五世。」五年**伯禽**來朝，**周公**問曰：「何治之難？」對曰：「親親者，先內後外，先仁後義也。」此王者之跡也。**周公**曰：「魯之澤及十世。」故魯有王跡者，仁厚也；齊有霸跡者，武政也；齊之所以不如魯也，太公之賢不如**伯禽**也。

《史記．魯周公世家》〈13〉**周公**卒，子**伯禽**固已前受封，是為魯公。魯公**伯禽**之初受封之魯，三年而後報政**周公**。**周公**曰：「何遲也？」**伯禽**曰：「變其俗，革其禮，喪三年然後除之，故遲。」太公亦封於齊，五月而報政**周公**。**周公**曰：「何疾也？」曰：「吾簡其君臣禮，從其俗為也。」及後聞**伯禽**報政遲，乃嘆曰：「嗚呼，魯後世其北面事齊矣！夫政不簡不易，民不有近；平易近民，民必歸之。」

11

周有八士：伯達、伯適、仲突、仲忽、叔夜、叔夏、季隨、季騧。

周朝有八個重要的官員：伯達、伯適、仲突、仲忽、叔夜、叔夏、季隨、季騧。

這章也不像是孔子講的話，令人十分費解。

「士」是「任事者」（黃懷信）。

包咸解釋這是一件奇事：「周時四乳生八子，皆為顯士，故記之。」可是孔子不是「不語怪、力、亂、神」（〈述而21〉）嗎？

皇侃引用他老師的說法，稍微澄清了一下：不是像舊說說的一個人有四個乳房，而是這個母親生過四胎，每胎都生雙胞胎，從名字兩兩相隨（伯、仲、叔、季）就可看出線索。可是，這還是沒有解答這章和《論語》或孔子有何關聯。

邢昺遵循著皇侃的解釋。朱子則覺得不可考。

劉寶楠引用《白虎通德論》的解釋說：「伯者，長也……仲者，中也。叔者，少也。季者，幼也。」

楊樹達引用孔廣森的猜測說：「南宮百達」即「伯達」，「南宮適」即「伯適」，「南宮忽」即「仲忽」。這種猜測沒有具體事證，沒有多大意義。

「知之為知之，不知為不知，是知也。」（〈為政17〉），這應該是讀書的基本態度，也應該如此處理這一章。

子張

•

第十九

1

子張曰：「士見危致命，見得思義，祭思敬，喪思哀，其可已矣。」

子張說：「一個士看到家國有危險，就會捨命去拯救，看到有物質利益，就會想到這樣獲取合不合適，參與祭祀時要內心恭敬，在喪禮上要表現出內心的哀戚，能夠這樣也就差不多〔夠格稱為士〕了。」

這是《論語》第十九篇的開始。這篇總共二十五章，各個版本並無差異。這篇的特色是收錄了五位孔子弟子（子張、子夏、子游、曾子、子貢）的話，沒有孔子的話。

這章是子張講士的特色，和上一篇的最後一章（〈微子11〉）講到周朝的八「士」可以配合來看。

「士」是「知義理之名，是謂升朝之士」（皇侃），或「有德之稱，自卿大夫已下皆是」（邢昺），或「可以任事之人」。「致」是「授」（戴望），「致命」是「不愛其身」（孔安國和邢昺）或「委致其命，猶言授命」（朱子）。「得」是「得祿」（皇侃），「見得思義」是「必不素餐，義然後取」（皇侃）。

這裡的「士」，等同於孔子說過的「成人」：「見利思義，見危授命，久要不忘平生之言。」（〈憲問12〉）

子張基本遵循孔子的說法；孔子曾說：士應該「志於道」，不該「恥惡衣惡食」（〈里仁9〉），也不應該「懷居」（〈憲問2〉）。

此章所說的「見危致命」是發揮孔子說的「志士仁人，無求生以害仁，有殺身以成仁」（〈衛靈公9〉）。「見得思義」就是「見利思義」（〈憲問12〉）或是「義然後取」（〈憲問13〉），所以孔子反對的不是富貴，而是「不義而富且貴」（〈述而16〉），他還特別強調「義以為質」（〈衛靈公18〉）和「義以為上」（〈陽貨23〉），以及「質直而好義」（〈顏淵20〉）。「祭」和「喪」是舜在治理國家時的四大重點之二（〈堯曰1〉）。「祭思敬」和「喪思哀」都強調內心情感勝過外在表現，強調「祭之以禮」（〈為政5〉）、「祭如在，祭神如神在」（〈八佾12〉），「喪，與其易也，寧戚」（〈八佾4〉）〔子游也說：「喪致乎哀而止。」（〈子張14〉）〕。

孔子的弟子多次請教過孔子有關「士」的問題；子張問過：「士何如斯可謂之達矣？」孔子先區分了「聞」和「達」，顯然後者的道德位階遠遠高過前者，然後孔子進一步解釋說：「夫達也者，質直而好義，察言而觀色，慮以下人。在邦必達，在家必達。夫聞也者，色取仁而行違，居之不疑。在邦必聞，在家必聞。」（〈顏淵20〉）。這和此章所說的「見得思義」有點關聯。

子貢也請教過孔子有關「士」的問題，孔子用幾個層次來回答：最高層次是「行己有恥，使於四方，不辱君命」，其次是「宗族稱孝焉，鄉黨稱弟焉」，最下是「言必信，行必果」（〈子路20〉）。

子路問士的時候，孔子回答的是恰當的情緒表達：「切切、偲偲、怡怡如也。」（〈子路28〉）。

曾子也說過一段很有名的話：「士不可以不弘毅，任重而道遠。」（〈泰伯7〉）

以上三章雖然和本章的說法無關，但是可以算是互相有所發揮。

綜合以上說法，有些是對士的行為的一般性要求，有些則是具體要求，這樣才能看出孔門對士的期待。

2

子張曰：「執德不弘，信道不篤，焉能為有？焉能為亡？」

> 子張說：「一位君子堅持的德行不夠寬廣，不能堅信自己推行的道，就算有這種人或是沒這種人又有什麼差別呢？」

這章是子張強調君子要執德信道，否則便是可有可無的人。這可以算是子張的「道德經」。

「執」是「操」（戴望），「執德」是「據德」（劉寶楠）。「弘」是「大」（皇侃和劉寶楠）。「篤」是「厚」（皇侃和劉寶楠）或「固」（劉寶楠）。「亡」是「無」（皇侃）或「死亡」（戴望）。「焉能為有、焉能為亡」就是「無所輕重」（孔安國和邢昺）或「不足為輕重」（朱子）。

子張這裡強調「道」和「德」，道是抽象的理念，德則是具體的實踐；道為導，德為行，有道有德人才有存在感，否則可有可無，人間白走一趟。

孔子在〈述而6〉中說過：「志於道，據於德。」子張此章所說的「執德不弘」就是沒有「據於德」，「信道不篤」就是沒有「志於道」。「信道篤」和「執德弘」的具體表現就是「朝聞道，夕死可矣」（〈里仁8〉），也是「人能弘道」（〈衛靈公29〉）。孔子也提醒過「篤信好學，守死善道」（〈泰伯13〉），強調的也是「篤信道」。孔子要求學生要「志於道」（〈里仁9〉），要「謀道」和「憂道」（〈衛靈公32〉）。冉求曾經跟孔子說：「非不說子之道，力不足也」，被孔子教誨說：「力不足者，中道而廢，今汝畫」（〈雍也12〉），孔子也感嘆過連見個「有恆者」都難了，特別是到處看到「亡而為有，虛而為盈，約而為泰」（〈述而26〉），這些都是「執德不弘，信道不篤」的實例。

子張的同學曾子說過和本章主旨類似的話：「曾子曰：『士不可以不弘毅，任重而道遠。』」（〈泰伯7〉）。

總而言之，重視道與德，不是老子一個人的專利。

3

子夏之門人問交於子張。子張曰：「子夏云何？」對曰：「子夏曰：『可者與之，其不可者拒之。』」子張曰：「異乎吾所聞：君子尊賢而容眾，嘉善而矜不能。我之大賢與，於人何所不容？我之不賢與，人將拒我，如之何其拒人也？」

子夏的學生請問師叔子張（小子夏四歲）交友的問題。子張說：「你們老師子夏是怎麼教你們的呢？」（子夏的這些學生）恭敬地回答說：「我們老師子夏說：『可以交往的人我們就和他交往，不能交往的就要拒絕和他交往。』」子張回答說：「這和我跟你們太老師學到的不一樣：（我的老師是這麼教我的）一位君子要能夠尊敬賢能的人，而且要寬容那些一般人，別人做了好事就要予以嘉獎，也要體諒沒法做好事的人。我如果真有大賢能，怎麼會容不下不如我們的人呢？如果我不夠賢能，人家拒絕我都來不及了，哪還由得我來拒絕別人呢？」

這章表現的是孔門弟子之間對孔子教誨的不同理解，也是孔門分派的源頭。

「問交」是「問與人交接之道」（孔安國）或「與人相交」（黃懷信）。「可」是「合於道」（戴望）或「可與交」（黃懷信）。「距」通「拒」，是「閉」（戴望）或「棄絕」（劉寶楠），或「拒絕」。「聞」是「聞於夫子者」（黃懷信）。「容」是「包容」（黃懷信）。「嘉」是「褒揚」（黃懷信），「嘉善」是「尊賢，互辭」（劉寶楠）。「矜」是「哀憐」（黃懷信）。「之」是「若」（黃懷信）。

古人喜歡評論子夏和子張的說法高低；包咸認為：「友交當如子夏，泛交當如子張。」邢昺認為：「各是其見論交之道，不可相非。」朱子認為各有勝場：「子夏之言迫狹，子張譏之是也。但其所言，亦有過高之病。」程樹德認為：「二子論交之說，均出於夫子，不宜有所軒輊，各因其性之所近而師之可也。大底狷介者宜於子夏，高明者宜於子張，其言皆百世之師也。」其實我覺得應該從孔子在《論語》中論友的說法來作評論才能服人。

孔子說過「無友不如己者」（〈學而8〉）或「毋友不如己者」（〈子罕25〉），這恐怕就是子夏和子張的不同領悟。在子夏看來，「無」其實是「勿」，「毋友不如己者」正是此章所說的「可者與之，其不可者拒之」，也就是現代學校有些老師仍然會教導學生：「不要跟功課不好的同學來往，免得被帶壞。」這種理解的問題就是：「不如你的人，你不跟他來往；你不如的人，不會跟你來往；最後落得大家都跟自己德行差不多的人來往。」

子張的理解是把「無」當「沒有」，「無友不如己者」也就是孔子說過的：「三人行必有我師焉，擇其善者而從之，其不善者而改之。」（〈述而22〉）每個人都有我們值得學習的長處，也就是此章所說的「尊賢而容眾，嘉善而矜不能」。

兩人雖然都引用夫子的說法，但是都要「友其士之仁者」（〈衛靈公10〉）或「樂多賢友」（〈季氏5〉），或「益者三友」（〈季氏4〉），而不是要培養那種瞧不起別人的高傲態度。這才應該是孔子教誨學生努力的目標。

《呂氏春秋・先識覽》〈觀世1〉中記載周公旦說過：「『不如吾者，吾不與處，累我者也；與我齊者，吾不與處，無益我者也。』惟賢者必與賢於己者處。賢者之可得與處也，禮之也。」這種說法偏向子夏對孔子教誨的了解。這種思維的謬誤一如上述，不必贅述。

孔門弟子對於孔子生前言論的不同理解，還出現在另一個故事中，牽涉到孔門三位弟子（有子、曾子和子游）三個人對孔子教誨的不同理解；有子問曾子說：「你請教過夫子喪失祿位以後當如何自處嗎？」曾子說：「聽說過啊！老師說過：『喪失了祿位很快就會貧窮，死後也應該很快就會腐朽。』」有子說：「老師不是這麼說的！」曾子說：「這是我親耳聽到的，不會錯！」有子又不服地說：「老師肯定不會這麼說！」曾子說：「我和子游都有聽到。」有子還是不全信，就說：「老師也許這麼說過，但是一定是針對特殊的狀況而說的。」後來曾子回去請子游來評評理。子游說：「真是了不起啊！有子的說法真是了解老師。」他解釋了孔子說這番話時的背景：「從前老師住在宋國，見到桓司馬給自己做石槨，花了三年工夫還沒做好。老師當時就說：『何必這麼奢侈呢？死後屍體很快就會腐朽的。』南宮敬叔喪失官位離開魯國，後來返國時帶了很多寶貨回來準備賄賂，老師就說：『像他這樣帶回很多寶物準備進行賄賂，真還不如喪失祿位就快點貧窮來得好啊！』」曾子聽完就把經過告訴有子。有子說：「我就說嘛！老師說這樣的話是有所指的，並不是一般性的評論。」曾子還是不解地問：「你是怎麼知道老師真正的說法呢？」有子說：「因為老師在當中都宰時制定了一些規定：棺要四寸厚，槨要五寸厚，從這一點就可以推論出來他不希望人死後趕快腐朽。以前老師喪失魯國司寇的官位，準備要到荊國去時，就派子夏去聯繫，再派冉有去安排，從這一點就可以看出他不希望喪失祿位後馬上就陷入貧窮。」（《禮記．檀弓上》〈75〉）這是孔門弟子比對筆記後對孔子言行的確認。

「不知言，無以知人也。」（〈堯曰3〉）這是《論語》中的最後一句，值得後人好好深思。

附錄

《禮記．檀弓上》〈75〉有子問於曾子曰：「**問喪於夫子乎？**」曰：「聞之矣：喪欲速貧，死欲速朽。」有子曰：「是非君子之言也。」曾子曰：「參也聞諸夫子也。」有子又曰：「是非君子之言也。」曾子曰：「參也與子游聞之。」有子曰：「然，然則夫子有為言之也。」曾子以斯言告於子游。子游曰：「甚哉，有子之言似夫子也。昔者夫子居於宋，見桓司馬自為石槨，三年而不成。夫子曰：『若是其靡也，死不如速朽之愈也。』死之欲速朽，為桓司馬言之也。南宮敬叔反，必載寶而朝。夫子曰：『若是其貨也，喪不如速貧之愈也。』喪之欲速貧，為敬叔言之也。」曾子以子游之言告於有子，有子曰：「然，吾固曰：非夫子之言也。」曾子曰：「子何以知之？」有子曰：「夫子制於中都，四寸之棺，五寸之槨，以斯知不欲速朽也。昔者夫子失魯司寇，將之荊，蓋先之以子夏，又申之以冉有，以斯知不欲速貧也。」

4

子夏曰：「雖小道，必有可觀者焉；致遠恐泥，是以君子不為也。」

子夏說：「就算是小道，也有可以發揮作用的地方。只是不能行之久遠，所以君子才不花精神在這些小道上面。」

這章是子夏論小道的作用和限度。

「小道」是「異端」（何晏）或「諸子百家」（皇侃），或「異端之說，百家語」（邢昺），或「農、圃、醫、卜之屬」（朱子），或「不在六藝之科孔子之術者」（戴望），或「各家異說」（黃懷信）。「致」是「至」（皇侃）。「遠」是「久」（皇侃）。「泥」是「滯陷不通」（鄭玄）或「泥難」（皇侃），或「不通」（朱子）。

這章的關鍵就在於「小道」。孔子在《論語》通篇都沒提到過「小道」，只說「道」，所以才有以上各家古注的說法。

當然，如果用「攻乎異端，斯害也已」（〈為政16〉）來看這一段也可以發現子夏呼應孔子的論點，特別是要把「攻乎異端」當成「打擊異端學說」，這是違反孔子「道並行而不相悖」（《禮記．中庸》〈31〉）的理念。

另外，孔子曾經提醒過：「女為君子儒，無為小人儒。」（〈雍也13〉）子夏為莒父宰時，孔子提醒他：「無欲速，無見小利」（〈子路17〉）同門子游則批評他的門人說：「子夏之門人小子，當洒掃、應對、進退，則可矣。抑末也，本之則無。」這些似乎都指出子夏的教導都是「小道」，而非孔子平常教誨的「大道」或「正道」。如果真是這樣，此章就是子夏的自我辯解：從「小道」開始才能達到「大道」，只要我不把「小道」推行得太遠就行了。可是「小道」要怎麼轉到「大道」呢？

《漢書．藝文志》〈347〉提到這章時，誤以為是孔子說的話，而且是用來說「九流十家」中的「小說家」：小說家有其貢獻，但如果不知節制，則會遠離大道的。

從以上的分析來看，子夏認為君子不是不為小道，而是擔心在小道走得太遠或太堅持小道，而無法致遠。所以問題不在小道，而在於無節制地走在小道上。

附錄

《禮記・中庸》〈31〉仲尼祖述堯、舜，憲章文、武；上律天時，下襲水土。辟如天地之無不持載，無不覆幬，辟如四時之錯行，如日月之代明。萬物並育而不相害，**道並行而不相悖**，小德川流，大德敦化，此天地之所以為大也。

《漢書・藝文志》〈347〉小說家者流，蓋出於稗官。街談巷語，道聽塗說者之所造也。**孔子曰：「雖小道，必有可觀者焉，致遠恐泥，是以君子弗為也。」**然亦弗滅也。閭里小知者之所及，亦使綴而不忘。如或一言可采，此亦芻蕘狂夫之議也。

5

子夏曰：「日知其所亡，月無忘其所能，可謂好學也已矣。」

子夏說：「每天都學一些以前不知道的事情，每個月都不忘掉所學的事情，這樣就可以稱為好學了。」

這章是子夏談好學。

「亡」是「無」（皇侃和朱子），「所亡」是「所不知者」（黃懷信）。「忘」是「棄忘」（戴望）或「遺忘」（黃懷信）。「所能」是「已知者」（黃懷信），「月無忘其所能」是「至少每月溫習一次」（黃懷信）。

這章和孔子說過的「溫故而知新」（〈為政11〉）和「朝聞道，夕死可矣」（〈里仁8〉）的說法相近，可是孔子說可以「為師」，子夏這裡說的則只是「好學」。

孔子說過許多「好學」的章節：他自信自己好學無人能比（〈公治長28〉），又說明「好學」的具體內容是：「食無求飽，居無求安，敏於事而慎於言，就有道而正焉。」（〈學而14〉）或「不遷怒，不貳過」（〈雍也3〉），還說「好學近乎知」（《禮記・中庸》〈21〉）。這些說法都沒提到本章所強調的「日」和「月」的時間面向。

《說苑・建本》〈16〉裡有個和時間有關的好學故事：晉平公曾經請教過盲眼樂師師曠說：「我已經七十歲了，還想學點東西，會不會太晚了？」師曠（故作無知地）說：「（如果晚了）就點上蠟燭吧？」晉平公說：「你為人臣的人怎麼可以開我這個國君玩笑呢？」師曠回答說：「我這個瞎眼的人怎麼敢開您的玩笑呢？我聽說過，少年時代好學，就像剛升起的太陽；壯年時代好學，就像中午的太陽；老年時代好學，就像點蠟燭一樣可以照亮，總比摸黑行進好吧！」晉平公才說：「說得好啊！」這裡的好學不在乎「日」和「月」，只在乎「即時」。

即時好學，就不嫌晚。

附錄

《禮記・中庸》〈21〉子曰：「**好學**近乎知，力行近乎仁，知恥近乎勇。知斯三者，則知所以修身；知所以修身，則知所以治人；知所以治人，則知所以治天下國家矣。凡為天下國家有九經，曰：修身也，尊賢也，親親也，敬大臣也，體群臣也，子庶民也，來百工也，柔遠人也，懷諸侯也。修身則道立，尊賢則不惑，親親則諸父昆弟不怨，敬大臣則不眩，體群臣則士之報禮重，子庶民則百姓勸，來百工則財用足，柔遠人則四方歸之，懷諸侯則天下畏之。齊明盛服，非禮不動，所以修身也；去讒遠色，賤貨而貴德，所以勸賢也；尊其位，重其祿，同其好惡，所以勸親親也；官盛任使，所以勸大臣也；忠信重祿，所以勸士也；時使薄斂，所以勸百姓也；日省月試，既廩稱事，所以勸百工也；送往迎來，嘉善而矜不能，所以柔遠人也；繼絕世，舉廢國，治亂持危，朝聘以時，厚往而薄來，所以懷諸侯也。凡為天下國家有九經，所以行之者一也。」

《說苑．建本》〈16〉晉平公問於師曠曰：「吾年七十欲學，恐已暮矣。」師曠曰：「何不炳燭乎？」平公曰：「安有為人臣而戲其君乎？」師曠曰：「盲臣安敢戲其君乎？臣聞之，少而**好學**，如日出之陽；壯而**好學**，如日中之光；老而**好學**，如炳燭之明。炳燭之明，孰與昧行乎？」平公曰：「善哉！」

6

子夏曰：「博學而篤志，切問而近思，仁在其中矣。」

子夏說：「能夠廣泛學習天地間的事物而且堅持自己的理想，對於切身問題能夠深思其中的道理，這樣就具有了仁德所需要的條件。」

這章是子夏談仁。

「博」是「廣」（皇侃）。「篤」是「厚」（皇侃）。「志」是「識」（皇侃）或「記也，知也」（程樹德）。「博學而篤志」是「廣學而厚識之」（孔安國）。「切」是「急」（皇侃）或「勤」（戴望），「切問」是「切問於己所學而未悟之事也」（何晏），或「若有所未達之事，宜急諮問取解」（皇侃），或「親切問於己所學未悟之事，不汎濫問」（邢昺）。「近思」是「思己所未能及之事」（何晏和邢昺）或「若有所思則宜思己所已學者」（皇侃）。

孔子勉勵過弟子要「博學於文」，並且要「約之以禮」（〈雍也27〉和〈顏淵15〉），達巷黨人也稱讚孔子「博學而無所成名」（〈子罕2〉），這和孔子自稱「好學」（〈公冶長28〉）還是有點差異。「博學於文」中的「文」可以當成「經天緯地」來解，那就是天地間的所有事物。

孔子論「志」時，說過要「志於學」（〈為政4〉）、「志於仁」（〈里仁4〉）和「志於道」（〈里仁9〉和〈述而6〉）。子夏這裡強調的「篤志」應該就是堅持「道」、「仁」和「學」的實踐。

所謂「切問」應該就是被孔子誇獎為「大哉問」和「善哉問」的問題；前者是林放問禮之本時孔子的稱許，後者是樊遲問崇德、修慝和辨惑時孔子的回應。

孔子提到「思」，是和「學」不可分的；子曰：「學而不思則罔，思而不學則殆。」（〈為政15〉）。他也強調「思」和「行」的關係：季文子三思而後行。子聞之，曰：「再，斯可矣。」（〈公冶長20〉）。子張也說過「見得思義，祭思敬，喪思哀」（〈子張1〉）。這些都可以呼應此章的「近思」。

《禮記．中庸》〈22〉提過「博學、審問、慎思、明辨、篤行」，比子夏此處說的「博學而篤志，切問而近思」又要來得更加廣泛。

最後，孔子提到「仁」的時候往往是強調人和人之間的良好感情。子夏此章卻只提到個人的修為而不及人際關係，這種說法和孔子的想法有些距離。

附錄

《禮記．中庸》〈22〉「凡事豫則立，不豫則廢。言前定則不跲，事前定則不困，行前定則不疚，道前定則不窮。在下位不獲乎上，民不可得而治矣；獲乎上有道：不信乎朋友，不獲乎上矣；信乎朋友有道：不順乎親，不信乎朋友矣；順乎親有道：反諸身不誠，不順乎親矣；誠身有道：不明乎善，不誠乎身矣。誠者，天之道也；誠之者，人之道也。誠者不勉而中，不思而得，從容中道，聖人也。誠之者，擇善而固執之者也。博學之，審問之，慎思之，明辨之，篤行之。有弗學，學之弗能，弗措也；有弗問，問之弗知，弗措也；有弗思，思之弗得，弗措也；有弗辨，辨之弗明，弗措也；有弗行，行之弗篤，弗措也。人一能之己百之，人十能之己千之。果能此道矣，雖愚必明，雖柔必強。」

7

子夏曰：「百工居肆以成其事，君子學以致其道。」

子夏說：「工匠在作坊裡工作來完成作品，君子則要靠學才能行道。」

這章是子夏拿工匠類比君子。

「百」是「舉全數」（皇侃），也就是個大略的說法，「百工」是「巧師」（皇侃）或「審曲面勢以飭五材，以辨民器」（邢昺）。「肆」是「官府造作之處」（邢昺和朱子），或「陳也，陳其器物以便民用也」（戴望），或「店鋪、作坊、不必官府所開」（黃懷信），「居肆」是「其居常所作物器之處」（皇侃）。「成」是「成就」（黃懷信）。「致」是「至」（皇侃和邢昺）或「極」（朱子和劉寶楠），或「盡」（戴望和劉寶楠），或「達」（黃懷信）。

這章的類比，邢昺說得比較清楚：「百工處其肆，則能成其事，猶君子勤於學，則能至於道。」這章的說法和孔子回答子貢問仁時說的類似：「工欲善其事，必先利其器」（〈衛靈公10〉）。這裡的君子之「學」就是「利其器」，這樣才能達到「道」的境界。子游記得孔子說過：「君子學道則愛人，小人學道則易使也。」（〈陽貨4〉）《荀子．勸學》〈12〉說得更清楚：「學惡乎始？惡乎終？曰：其數則始乎誦經，終乎讀禮；其義則始乎為士，終乎為聖人。」

不過，孔子也明白地說：「可與共學，未可與適道」（〈子罕30〉），這可以算是此章的一種例外的情況。也許因學而條條大路通大道，也許有人因學而誤入歧途，離道日遠。

孔子說過：「人能弘道，非道弘人。」（〈衛靈公29〉）人要先學（知道）才能弘道。

附錄

《荀子．勸學》〈12〉學惡乎始？惡乎終？曰：**其數則始乎誦經，終乎讀禮；其義則始乎為士，終乎為聖人**。真積力久則入。**學至乎沒而後止也**。故學數有終，若其義則不可須臾舍也。為之人也，舍之禽獸也。故書者，政事之紀也；詩者，中聲之所止也；禮者，法之大分，類之綱紀也。故學至乎禮而止矣。夫是之謂道德之極。禮之敬文也，樂之中和也，詩書之博也，春秋之微也，在天地之間者畢矣。

8

子夏曰：「小人之過也必文。」

子夏說：「小人犯了過錯一定會掩飾。」

這章子夏指出小人犯錯的特色。

「文」，讀為「問」，是「飾之」（朱子）或「謂之加文飾以掩蓋之」（黃懷信）。

這章真是承繼了孔子強調改過的真精神：「過則勿憚改」（〈學而8〉和〈子罕25〉），「不貳過」（〈雍也3〉），因為「過而不改，是謂過矣」（〈衛靈公30〉）；孔子發現人犯錯都有跡可循：「人之過也，各於其黨。觀過，斯知仁矣」（〈里仁7〉）；孔子也發現：很少人會「見其過而內自訟者」（〈公冶長27〉）；他主張五十學《易》可以「無大過」（〈述而17〉），這和許多人學《易經》是為了「趨吉避凶」，而忽略了修德，真是令人啼笑皆非。孔子在陳司敗指出他的錯誤時，也欣然接受，還說：「丘也幸，苟有過，人必知之」（〈述而31〉）。

子夏的學長子貢也好像替這章做一個對比一樣，說過：「君子之過也，如日月之食焉：過也，人皆見之；更也，人皆仰之。」（〈子張21〉）。

《春秋左傳・宣公二年》〈2〉中也有一句現代人還耳熟能詳的話：「人誰無過，過而能改，善莫大焉。」可見這是傳統的智慧，並不是孔門的專利。

這種說法當然不是鼓勵犯錯，而是鼓勵不要一錯再錯。這裡考慮的是一世的心安，而不是一時的僥倖。

9

子夏曰：「君子有三變：望之儼然，即之也溫，聽其言也厲。」

> 子夏說：「〔接近〕一位君子〔或孔子〕可以感受到他的三種變化：遠遠望著君子會覺得他一副道貌岸然難以接近的樣子，等更進一步接觸之後就發現他待人溫和，聽他講話也常常語帶鼓勵。」

這章子夏說的是和君子接觸的三種不同境界，恐怕說的是孔子。「變」是「若四時之變化」（戴望）。「望之」是「遠望之，觀其容」（劉寶楠）。「儼然」是「貌之莊」（朱子）或「衿莊貌」（戴望），或「莊重貌」。「即」是「就」（皇侃和劉寶楠）。「溫」是「色之和」（朱子）或「溫和、和藹」（黃懷信）。「厲」是「嚴正」（鄭玄、皇侃和邢昺）或「辭之確」（朱子），或「嚴肅」。

這和〈述而38〉所說的「子溫而厲，威而不猛，恭而安」，是相互呼應的。

毓老師對這一章和〈述而38〉都有極為特別的說法。因為「溫而厲」和此章的「即之也溫，聽其言也厲」類似，如果「厲」都當「嚴正」或「嚴肅」來解，溫和厲同時出現就好像人格分裂。這兩處的「厲」，都應該是「鼓勵」才能說得通。接近君子之後，會發現嚴肅的背後，是個關心後代、溫和且語帶鼓勵的夫子。

我們這些有機會在私下和毓老師請教的門生，都會覺得這兩章剛好是對老師的描述。毓老師對學生的態度，真是鼓勵而不嚴厲。

10

子夏曰：「君子信而後勞其民，未信則以為厲己也；信而後諫，未信則以為謗己也。」

子夏說：「在上位的人要讓人民有信賴感才能夠讓人民心甘情願服勞役，如果人民對上位者沒有信賴感，就會認為讓人民服勞役的命令是在欺壓人民；〔為人臣下〕必須先有上位者的信任才能夠指出上位者的施政錯誤，如果沒有上位者的信任，你的指正就會被當成在誹謗上位者。」

這章是子夏講君民和臣君關係。

「君子」是「國君」（皇侃和黃懷信）。「信」是「誠意惻怛而人信之」（朱子），也就是信賴感或信任。「厲」是「病」（王肅、皇侃和朱子）或「危」（戴望），或「禍害」（黃懷信）。

這章先強調的是君對民要有誠信，才能讓人民信服，然後強調臣要先得到君上的信賴，才不會在諫諍之後招來殺身之禍。

孔子在很多地方都強調民對君的信賴關係：「民無信不立」（〈顏淵7〉）、「上好信，則民莫敢不用情」（〈子路4〉）、「信則人任焉」（〈陽貨6〉）、「信則民任焉」（〈堯曰1〉），也正因為有著信賴的基礎，所以上位者「擇可勞而勞之，又誰怨？」（〈堯曰2〉）這些都呼應著此章子夏的說法。

孔子對君臣之間關係的看法是：「君使臣以禮，臣事君以忠」（〈八佾19〉），雖然沒有提到本章所說的「信」，但應該是隱含在其君禮臣忠之內。《禮記・表記》〈35〉記載孔子說過：「事君遠而諫，則諂也；近而不諫，則尸利也。」算是呼應此章子夏對於臣諫君的說法。

從社會學的觀點來看，社會成員之間彼此的信賴是社會能夠成為有機共同體的基礎，有信賴為基礎，大家就可以花費最小的社會成本來互動溝通，不會產生太多社會問題。相反的，看似方便和對自己有利的欺騙行為，不僅破壞了這種社會基礎，也讓社會成員的溝通和互動要花費更多的成本來相互確認，以防自己受騙上當。

信賴、信任和信心是切身的問題。古老的智慧可以引領我們深思和前進。

11

子夏曰：「大德不踰閑，小德出入可也。」

子夏說：「大德不要逾越法律，小德雖然逾越法律，但是不要太過分也還可以。」

這章是子夏分說大德和小德。

「大德」是「上賢以上」（皇侃）或「大節」（朱子）。「閑」是「法」（孔安國、皇侃、邢昺和戴望）或「闌也，所以止物之出入」（朱子）。「小德」是「中賢以下」（皇侃）或「小節」（朱子）。「出」是「用權」（戴望），「入」是「奉經」（戴望），「出入」是「其立德不能恆全，有時蹔至，有時不及」（皇侃）。「可」是「不責其備」（皇侃）。

子夏之前提到「小道」（〈子張4〉）似乎暗示著還有「大道」，此處則提到「大德」和「小德」的區分，這些都是孔子沒有提到過的。這種區分大小道德的部分，可以算是子夏的「道德經」。

孟子也有這樣的區分；他說：「天下有道，小德役大德，小賢役大賢；天下無道，小役大，弱役強。」（《孟子・離婁上》〈7〉），說明「小德」和「小賢」畢竟還是有「德」和「賢」，總比無德無賢的「小役大」和「弱役強」要好。這應該是從有位和無位的社會階層角度來區分的。

《禮記・中庸》〈31〉提到：「萬物並育而不相害，道並行而不相悖，小德川流，大德敦化，此天地之所以為大也。」「小德」發揮涓涓細流的功能，「大德」發揮「敦睦教化」的影響，並育並行，不害不悖。這也是賢者識大，不賢者識小，莫不有文武之道（〈子張22〉）。

董仲舒在《春秋繁露・玉英》〈7〉把子夏在本章的話加以發揮：「諸侯在不可以然之域者，謂之大德，大德無踰閒者，謂正經。諸侯在可以然之域者，謂之小德，小德出入可也。」換句話說，「大德」是道德上絕對不允許的事情，特別是諸侯的作亂犯上，這是諸侯一定要守的正經。至於諸侯可以因時制宜的權變，就是「小德」。

荀子似乎把「大德」和「小德」當成「大節」和「小節」來看，將能否遵守「大節」和「小節」的差異將君王分成三種層次；孔子曰：「大節是也，小節是也，上君也；大節是也，小節一出焉，一入焉，中君也；大節非也，小節雖是也，吾無觀其餘矣。」（《荀子・王制》〈5〉）

《說苑・尊賢》〈24〉和《韓詩外傳・卷二》〈16〉都記載著同一個故事：孔子在路途中偶遇一位叫做「程子」的人，相談甚歡，一談就談了一整天。就希望子路拿出一匹布帛送給程子。子路一直沒反應。孔子催促之後，子路很不高興地說：「我以前聽過老師您的教誨說：『士人相見要先有人引介，女子要嫁人要先有媒人提親，不然的話，君子不會貿然行事的。』」孔子就引用《詩經》的話糾正他說：「程子是天下的賢士，今天不贈與他禮物，恐怕一輩子都難以再相見。」然後引用本章的話作結尾。這裡強調的也是不要拘泥於一般情況下要遵守的禮，特別是在特殊情況下要會變通。

從「經」和「權」的不同立場來看此章，子夏真就發揮了孔子「義之與比」（〈里仁10〉），這也是孔子認為很難與人共享的「權」的最高境界（〈子罕30〉）。

順帶提一下，毓老師強調過「奉元的人不能心地不乾淨」，這是奉元的「大德」，離開這個基準侈談奉元精神，都是緣木求魚吧！

附錄

《說苑．尊賢》〈24〉　孔子之郯，遭程子於塗，傾蓋而語終日。有間，顧子路曰：「取束帛一以贈先生。」子路不對。有間，又顧曰：「取束帛一以贈先生。」子路屑然對曰：「由聞之，士不中而見，女無媒而嫁，君子不行也。」孔子曰：「由，詩不云乎：『野有蔓草，零露漙兮，有美一人，清揚婉兮，邂逅相遇，適我願兮。』今程子天下之賢士也，於是不贈，終身不見。**大德**毋踰閑，**小德**出入可也。」

《韓詩外傳．卷二》〈16〉　傳曰：孔子遭齊程本子於郯之間，傾蓋而語，終日，有間，顧子路曰：「由，東帛十匹，以贈先生。」子路不對，有間，又顧曰：「東帛十匹，以贈先生。」子路率爾而對曰：「昔者、由也聞之於夫子，士不中道相見，女無媒而嫁者、君子不行也。」孔子曰：「夫詩不云乎！野有蔓草，零露漙兮。有美一人，清揚婉兮。邂逅相遇，適我願兮。且夫齊程本子，天下之賢士也，吾於是不贈，終身不之見也。**大德**不踰閑，**小德**出入可也。」

12

子游曰：「子夏之門人小子，當洒掃、應對、進退，則可矣。抑末也，本之則無。如之何？」子夏聞之曰：「噫！言游過矣！君子之道，孰先傳焉？孰後倦焉？譬諸草木，區以別矣。君子之道，焉可誣也？有始有卒者，其惟聖人乎！」

子游說：「子夏的學生只會打掃、應對和進退的禮節。可是這些都是枝微末節的事情，基本的事情卻一樣也不會。這真是教人擔心啊！」子夏聽到這種評論之後說：「唉呀！子游的話說得太過分了吧！君子的道，哪種應該先教，哪種應該後教？這像花草樹木一樣應該是有區別的。君子的道，怎麼能夠隨隨便便教授呢？能從頭學（或教）到尾的人，大概只有聖人吧？」

這是子游批評比他大一歲的學長子夏的教學，還有子夏的反駁，其實談到了教學的「本末終始」基本問題。

「門人小子」是「子夏之弟子」（何晏）。「應」是「當」（邢昺）。「抑」是「助語」（何晏）或「語辭」（邢昺）。「本」是「先王之道」（何晏、皇侃和邢昺）或「大學正心誠意之事」（朱子），或「大禮」（戴望）。「噫」是「不平之聲」（皇侃）。「區」是「類」（朱子）或「品類」（戴望），或「區分」（黃懷信）。「倦」是「罷，罷止，謂不傳也」（黃懷信）。「誣」是「憮」（同也，兼也）（戴望）或「誣蠛」（黃懷信）。「卒」是「終」（邢昺）。

這章是子游和子夏對於教學的不同意見；子游認為灑掃、應對、進退這些是枝微末節，子夏卻認為這是教學本末先後的起點。兩人的看法不同。

子游曾經因為將武城治理到能有弦歌之聲，而讓孔子莞爾而笑（〈陽貨4〉），表示子游能夠讓人民學到禮樂教化等等「先王之道」或「大道」，也許正因為這樣的政績讓他覺得從灑掃、應對、進退這種枝微末節的事情做起，真是不了解孔子努力宣揚的大道。

子夏也曾經治理過莒父，當時孔子告誡他：「無欲速，無見小利。」（〈子路17〉）不像子游治理武城那樣受到稱讚。可是子夏顯然是堅持這種從「小道」做起的本末終始的循序漸進做法。他自己也知道這些「小道」不能行之久遠（〈子張4〉）。不過《論語》中並沒有記載他的「大道」是怎麼一回事？子夏給我們留下的印象就是一位求快、求小利和讓學生學灑掃、應對、進退這種小事的人。

《論語》中並沒有孔子強調本末先後。倒是有子說過：「君子務本，本立而道生。」（〈學而2〉）不過他的「本」也不是子夏這裡的灑掃、應對、進退，而是孝悌。

《禮記．大學》〈1〉中強調：「物有本末，事有終始，知所先後，則近道矣！」乍看似乎是支持子夏的做法。不過這裡的「本」指的是「修身」，「末」是「平天下」，也不是子夏的灑掃、應對、進退。

《荀子・大略》〈46〉：「禮者，本末相順，終始相應。」這似乎也呼應著子夏的做法。《荀子・勸學》〈12〉說得更精采：「學惡乎始？惡乎終？曰：其數則始乎誦經，終乎讀禮；其義則始乎為士，終乎為聖人。真積力久則入。學至乎沒而後止也。故學數有終，若其義則不可須臾舍也。為之人也，舍之禽獸也。」

我大一（一九七五年）在毓老師的「天德黌舍」入門讀《四書》，也兼管點名、收束修和編排座椅的工作。當時也多少從老師那裡學到一點灑掃、應對、進退的事情。這是我在漫長的（二十六年）學生生涯中，從來沒有人教過我的事。我覺得這很重要，應該從小就學，也因此贊成子夏的做法。

毓老師一直堅持要學生從《四書》入門，之後才讓學生上別的課。這也是老師重視教學的本末終始。後來許多人都跳過這個基本功，直接應學生要求教授《易經》或《老子》這樣的課程，實在讓人擔心，這樣的學習結果只是為了讓自己能趨吉避凶或是純然無聊，忘掉追求學問不是為了講學或是開開學術會議，而是為了天地立心，生民立命，往聖繼絕學，萬世開太平。

附錄

《禮記》〈大學1〉大學之道，在明明德，在親民，在止於至善。知止而後有定，定而後能靜，靜而後能安，安而後能慮，慮而後能得。物有本末，事有終始，知所先後，則近道矣。

——〈2〉古之欲明明德於天下者，先治其國；欲治其國者，先齊其家；欲齊其家者，先修其身；欲修其身者，先正其心；欲正其心者，先誠其意；欲誠其意者，先致其知，致知在格物。物格而後知至，知至而後意誠，意誠而後心正，心正而後身修，身修而後家齊，家齊而後國治，國治而後天下平。自天子以至於庶人，壹是皆以修身為本。其本亂而末治者否矣，其所厚者薄，而其所薄者厚，未之有也！此謂知本，此謂知之至也。

《荀子》〈大略46〉禮者，本末相順，終始相應。

——〈勸學12〉學惡乎始？惡乎終？曰：其數則始乎誦經，終乎讀禮；其義則始乎為士，終乎為聖人。真積力久則入。學至乎沒而後止也。故學數有終，若其義則不可須臾舍也。為之人也，舍之禽獸也。故書者、政事之紀也；詩者、中聲之所止也；禮者、法之大分，類之綱紀也。故學至乎禮而止矣。夫是之謂道德之極。禮之敬文也，樂之中和也，詩書之博也，春秋之微也，在天地之間者畢矣。

13

子夏曰：「仕而優則學，學而優則仕。」

子夏說：「當官有餘力還要不斷地學習精進禮樂，學禮樂有餘力就可以去當官（行道）。」

這章是子夏講仕和學的關係。前半句引用的人少，後半句特別有名，尤其是學者要去政府當官時，媒體就會用這句話。

「仕」是「工作」（黃懷信）。「優」是「行有餘力」（皇侃）或「有餘力」（朱子和黃懷信）。「學」是「教」（戴望）或「學習」（黃懷信）。「而」是「若」（黃懷信）。

根據黃懷信的說法，一般人都解成「做官做得好就去學習，學習好了就去做官」，實在沒有抓到要點。他認為此章的重點在於勸學。

子路曾經銜孔子之命去跟荷蓧丈人說：「君子之仕也，行其義也。」（〈微子7〉），沒說當官是為了發財。換句現代社會學的話說，就是把「政治資本」轉換成為「經濟資本」。可是後代當官不為發財者，變成稀有動物。

孔子時代學的是禮樂，當官運用的也是禮樂，所以「仕」和「學」互通。現代學術和政治分途，前者講究追求真理，後者強調是眾多利益的調和，這種目標的不同恐怕就會讓兩個領域很難互通。「仕而優則學」是不斷精進治理相關的知識，用意良善。可是政務繁忙的官員，哪抽得出空來學習呢？大約也是秘書人員代為幫忙吧！

「學而優則仕」，畢竟還可以對社會有些貢獻。學而「不優」則仕的人，恐怕只是禍害更多人。

14

子游曰：「喪致乎哀而止。」

子游說：「喪事表達了內心的哀戚就好了（，千萬不要憂傷過度，傷害身體）。」

這章是子游承繼孔子對於喪事的基本態度。

「致」是「至」（皇侃）或「達」（黃懷信）。「致乎哀」是「達到哀傷」（黃懷信）。「而止」是「不要過度」（黃懷信）。

這章呼應了孔子在許多地方的說法：「喪，與其易也，寧戚。」（〈八佾4〉）「臨喪不哀，吾何以觀之哉？」（〈八佾26〉）同門的子張也說過「喪思哀」（〈子張1〉）。曾子也說：「吾聞諸夫子：人未有自致者也，必也親喪乎！」（〈子張17〉）喪事也是堯指示舜治國應該注意的四件大事之一（〈堯曰1〉）。這些都清楚表達了喪事的根本在於內心哀戚的感受，而不是外在繁瑣的禮儀。沒想到墨家竟然須要提倡「節葬」來反制儒門後學的「厚葬」，這會讓孔子覺得弟子都沒掌握到他強調的重點。

除了表達哀戚之外，古籍也強調「毀不滅性」，也就是「不以死傷生」，哀傷應該要有節制。根據《禮記．喪服四制》〈6〉、《大戴禮記．本命》〈6〉、《孝經．喪親》〈1〉和《孔子家語．本命解》〈2〉的記載：雙親過世之後，子輩要三天不吃飯，三個月不沐浴，守喪一年才改穿素白練服。喪期不能超過三年，期滿要鼓素琴，讓別人和自己都清楚知道喪事告終，恢復正常生活。

這正是《禮記．中庸》〈1〉說的：「喜、怒、哀、樂之未發謂之中，發而皆中節謂之和。」這是後來儒者嚮往的禮樂秩序。

雙親之喪的難過是發自真情，台灣有些喪禮還會特別請專業的「孝女白琴」在現場哭，同時講一些喪家心裡的話給來祭拜的親友聽。如果是喪家哀慟逾恆，無法表達，這還情有可原；如果喪家自己沒有這樣的情感而請外人來代替，就真的叫人看不下去了。

附錄

《禮記．喪服四制》〈6〉三日而食，三月而沐，期而練，**毀不滅性，不以死傷生也**。喪不過三年，苴衰不補，墳墓不培；祥之日，鼓素琴，告民有終也；以節制者也。

《大戴禮記．本命》〈6〉三日而食，三月而沐，期而練，**毀不滅性，不以死傷生**。喪不過三年，苴衰不補，墳墓不坯，同於邱陵。除之日，鼓素琴，示民有終也，以節制者也。

《孝經．喪親》〈1〉子曰：「孝子之喪親也，哭不偯，禮無容，言不文，服美不安，聞樂不樂，食旨不甘，此哀戚之情也。三日而食，教民無以死傷生。**毀不滅性**，此聖人之政也。喪不過三年，示民有終也。為之棺槨衣衾而舉之，陳其簠簋而哀戚之；擗踴哭泣，哀以送之；卜其宅兆，而安措之；為之宗廟，以鬼享之；春秋祭祀，以時思之。生事愛敬，死事哀戚，生民之本盡矣，死生之義備矣，孝子之事親終矣。」

《孔子家語．本命解》〈2〉孔子曰：「禮之所以象五行也，其義、四時也，故喪禮有舉焉。有恩有義，有節有權，其恩厚者其服重。故為父母斬衰三年，以恩制者也。門內之治恩掩義，門外之治義掩恩。資於事父以事君，而敬同。貴尊貴尊，義之大也。故為君亦服衰三年，以義制者也。三日而浴，三月而沐，期而練，毀不滅性，不以死傷生，喪不過三年，苴衰不補，墳不修，除服之日鼓素琴，示民有終也。凡此以節制者也。資於事父以事母，而愛同。天無二日，國無二君，家無二尊，以治之。故父在為母齊衰朞者，見無二尊也。百官備，百物具，不言而事行者，扶而起；言而後事行者，杖而起；身自執事行者，面垢而已；此以權制者也。親始死，三日不怠，三月不懈，朞悲號，三年憂，哀之殺也。聖人因殺以制節也。」

15

子游曰：「吾友張也，為難能也。然而未仁。」

子游說：「我的同門子張，才能出眾，可是做人卻不怎樣。」

這章是子游批評小他三歲的子張未能做到仁道。「未仁」是「未為仁」（劉寶楠）。古注都替在這章被批評的子張做出了解釋。包咸說：「子張容儀之難及。」可是沒說為什麼他被同門討厭。皇侃基本上承繼包咸的說法，但引用了袁氏說法：「子張容貌難及，但未能體仁。」說他好像是一個被人討厭的、自視甚高的帥哥。邢昺遵循皇侃的解釋。這些注重子張相貌堂堂的解釋，其實都是將下一章曾子的說法挪用過來的。這章只講「難能」，沒說哪方面「難能」。

朱子別有新解：「子張行過高，而少誠實惻怛之意。」雖沒說外表和服裝，轉而強調行為，可是還是沒提具體事證。戴望的解釋好些：「子張用力於仁，為人所難能，然而未成於仁人之名。」沒說他帥到讓人討厭，只說他「求仁沒得仁」。

劉寶楠的解釋綜合了以上兩種：「子張誠仁，而子游譏其未仁者，以其容儀過盛，難與並為仁，但能成己而不能遍成物，即是未仁。」

可是在《大戴禮記．衛將軍文子》〈9〉中，記載子貢誇他：「不誇耀自己的功勞，不自喜於自己的高位，不看不起低位的人，不遺漏那些被遺漏的人，不驕傲地對待孤苦無依的人，這些就是子張的表現。孔子評論說：『子張不誇耀自己的功勞，這點別人可能做得到，可是他不欺負百姓這一點，就是真正的仁德。』」這裡記載孔子的評論和本章子游的說法，是剛好相反的。

子游在這章如此批評子張，卻沒提出證據，這般同門相輕卻收錄在《論語》中，卻沒收錄孔子誇讚子張仁德的事。這究竟是為什麼，很難不讓人啟疑竇。再加上曾子在下一章又補了一刀，看來子張在師門的人際關係真的有問題。還是孔門也是彼此相輕的呢？孔子說的「可與共學未可與適道；可與適道未可與立；可與立未可與權」（〈子罕30〉），難道說的是這種門弟子之間，或明或暗的鬥爭嗎？

孔子強調的「禮讓」呢？且聽下章分解吧！

附錄

《大戴禮記．衛將軍文子》〈9〉業功不伐，貴位不善，不侮可侮，不佚可佚，不敖無告，是顓孫之行也。**孔子言之曰：『其不伐則猶可能也，其不弊百姓者則仁也。**詩云：「愷悌君子，民之父母。」』夫子以其仁為大也。

16

曾子曰：「堂堂乎張也，難與並為仁矣。」

曾子說：「子張相貌堂堂，可是很難和他相處（或：很難和他相比）。」

這章和上一章基本上都是批評子張的仁德，只是批評的人不一樣，理由也略有不同。「堂堂」是「儀容可憐」（皇侃）或「容儀盛貌」（邢昺），或「容貌之盛」（朱子），或「高貌」（戴望），或「容貌之儀」（劉寶楠），或「盛大之貌」（黃懷信）。「難與並」是「不能比」（程樹德）。

這章有兩種解釋：一種是和前章的「未仁」（〈子張15〉）一樣的貶義，把「並為仁」當成很難和他一起「行仁」或「適道」（〈子罕30〉）。這種解釋就是等同看待子游和曾子的批評。一種是褒義，表示他的「行仁」是很難匹敵的，這和《大戴禮記・衛將軍文子》〈9〉子貢和孔子對子張的誇獎就是一致的，而與子游的評論恰好相反。

如果從《論語》中子張所問和所說之事來看，似乎找不著堅實的證據來支持上面正反兩種說法

（參考附錄）。

〈子張3〉中子張對「友」的看法和子夏並不一致，但是他的：「君子尊賢而容眾，嘉善而矜不能。我之大賢與，於人何所不容？我之不賢與，人將拒我，如之何其拒人也？」應該不是個「未仁」的人，反而比較像個很難相比的仁人。

從附錄中條列《論語》中有關子張的章節來看，我寧願相信《禮記・衛將軍文子》〈9〉中子貢和孔子對子張的正面評價。

附錄

《大戴禮記・衛將軍文子》〈9〉業功不伐，貴位不善，不侮可侮，不佚可佚，不敖無告，是顓孫之行也。**孔子言之曰：『其不伐則猶可能也，其不弊百姓者則仁也。**詩云：「愷悌君子，民之父母。」』夫子以其仁為大也。

〈為政18〉**子張**學干祿。子曰：「多聞闕疑，慎言其餘，則寡尤；多見闕殆，慎行其餘，則寡悔。言寡尤，行寡悔，祿在其中矣。」

——〈23〉**子張**問：「十世可知也？」子曰：「殷因於夏禮，所損益，可知也；周因於殷禮，所損益，可知也；其或繼周者，雖百世可知也。」

〈公冶長19〉**子張**問曰：「令尹子文三仕為令尹，無喜色；三已之，無慍色。舊令尹之政，必以告新令尹。何如？」子曰：「忠矣。」曰：「仁矣乎？」曰：「未知，焉得仁？」「崔子弒齊君，陳文子有馬十乘，棄而違之。至於他邦，則曰：『猶吾大夫崔子也。』違之。之一邦，則又曰：『猶吾大夫崔子也。』違之。何如？」子曰：「清矣。」曰：「仁矣乎？」曰：「未知。焉得仁？」

〈先進20〉**子張**問善人之道。子曰：「不踐跡，亦不入於室。」

〈顏淵6〉**子張**問明。子曰：「浸潤之譖，膚受之愬，不行焉。可謂明也已矣。浸潤之譖膚受之愬不行焉，可謂遠也已矣。」

——〈10〉**子張**問崇德、辨惑。子曰：「主忠信，徙義，崇德也。愛之欲其生，惡之欲其死。既欲其生，又欲其死，是惑也。『誠不以富，亦祇以異。』」

——〈14〉**子張**問政。子曰：「居之無倦，行之以忠。」

——〈20〉**子張**問：「士何如斯可謂之達矣？」子曰：「何哉，爾所謂達者？」**子張**對曰：「在邦必聞，在家必聞。」子曰：「是聞也，非達也。夫達也者，質直而好義，察言而觀色，慮以下人。在邦必達，在家必達。夫聞也者，色取仁而行違，居之不疑。在邦必聞，在家必聞。」

〈憲問40〉**子張**曰：「《書》云：『高宗諒陰，三年不言。』何謂也？」子曰：「何必高宗，古之人皆然。君薨，百官總己以聽於冢宰，三年。」

〈衛靈公6〉**子張**問行。子曰：「言忠信，行篤敬，雖蠻貊之邦行矣；言不忠信，行不篤敬，雖州里行乎哉？立，則見其參於前也；在輿，則見其倚於衡也。夫然後行。」**子張**書諸紳。

——〈42〉師冕見，及階，子曰：「階也。」及席，子曰：「席也。」皆坐，子告之曰：「某在斯，某在斯。」師冕出。**子張**問曰：「與師言之道與？」子曰：「然。固相師之道也。」

〈陽貨6〉**子張**問仁於孔子。孔子曰：「能行五者於天下，為仁矣。」請問之。曰：「恭、寬、信、敏、惠。恭則不侮，寬則得眾，信則人任焉，敏則有功，惠則足以使人。」

〈子張1〉**子張**曰：「士見危致命，見得思義，祭思敬，喪思哀，其可已矣。」——〈2〉**子張**曰：「執德不弘，信道不篤，焉能為有？焉能為亡？」——〈3〉子夏之門人問交於**子張**。**子張**曰：「子夏云何？」對曰：「子夏曰：『可者與之，其不可者拒之。』」**子張**曰：「異乎吾所聞：君子尊賢而容眾，嘉善而矜不能。我之大賢與，於人何所不容？我之不賢與，人將拒我，如之何其拒人也？」

〈堯曰2〉**子張**問於孔子曰：「何如斯可以從政矣？」子曰：「尊五美，屏四惡，斯可以從政矣。」**子張**曰：「何謂五美？」子曰：「君子惠而不費，勞而不怨，欲而不貪，泰而不驕，威而不猛。」**子張**曰：「何謂惠而不費？」子曰：「因民之所利而利之，斯不亦惠而不費乎？擇可勞而勞之，又誰怨？欲仁而得仁，又焉貪？君子無眾寡，無小大，無敢慢，斯不亦泰而不驕乎？君子正其衣冠，尊其瞻視，儼然人望而畏之，斯不亦威而不猛乎？」**子張**曰：「何謂四惡？」子曰：「不教而殺謂之虐；不戒視成謂之暴；慢令致期謂之賊；猶之與人也，出納之吝，謂之有司。」

17

曾子曰：「吾聞諸夫子：人未有自致者也，必也親喪乎！」

曾子說：「我聽老師說過：『一個人真正真情流露的時候，應該就是雙親過世時吧！』」

這章是曾子回憶孔子教誨有關親喪的說法。

「諸」是「之」（邢昺）。「自」是「自覺自願」（黃懷信）。「致」是「極」（皇侃和戴望）或「盡其極」（朱子），或「獻出」（黃懷信）。「自致」是「自願獻身，即自盡」（黃懷信）。「親」是「雙親、父母」（黃懷信）。「喪」是「死亡」（黃懷信）。

《孟子．滕文公上》〈2〉也呼應此章提到：「親喪，固所自盡也。」楊伯峻解釋成「要自動地盡心竭力」。這是在滕定公過世之後，繼位的世子請然友去請教孟子這個時候他該如何處事才對。孟子先說了和本章類似的話，然後引用曾子（其實是孔子說的，參見〈為政5〉）的「生，事之以禮；死，葬之以禮、祭之以禮」，接著就說了三年之喪的道理。可是然友回去覆命，三年之喪遭到群臣反對，以為不合傳統。世子又請然友回來請教孟子。孟子又告之以「君子之德，風也；小人之德，草也；草尚之風必偃」（和〈顏淵19〉的引文略有文字上的不同）來回應。最後世子獲得鼓勵，逕自實行起三年之喪，大獲好評。

這章的關鍵字就在於「自致」。不管是皇侃說的「自極其哀」或是朱子說的「蓋人之真情所不能自已者」，強調的都是情感上的表達，就算是《孟子》的「自盡」看來也不過就是楊伯峻解釋的「自動地盡心竭力」。儘管強調有所不同，都是說得通的解釋。黃懷信解釋成「自願獻身，即自盡」，而且還推測「夫子此言，恐是揭露當時人殉的陋俗」，恐怕本身就是駭人聽聞的解釋。

孔子三歲喪父，十七歲喪母，父子基本不相識，但是母子感情應該是深厚的。他的親喪自致說，應該也反映了他的孝行，不是只有說說而已。因為他母親生前沒有告訴他他父親埋葬的地方，所以在母親死後，孔子希望母親和父親合葬，費了一番功夫向一位老人打聽到父親喪於何處，才將雙親合葬於防這個地方（《禮記・檀弓上》〈10〉、《孔子家語・公西赤問》〈3〉和《史記・孔子世家》〈2〉）。這應該就是此章最好的注解。

附錄

《孟子・滕文公上》〈2〉滕定公薨。世子謂然友曰：「昔者孟子嘗與我言於宋，於心終不忘。今也不幸至於大故，吾欲使子問於孟子，然後行事。」然友之鄒問於孟子。孟子曰：「不亦善乎！**親喪固所自盡也**。曾子曰：『生事之以禮；死葬之以禮，祭之以禮，可謂孝矣。』諸侯之禮，吾未之學也；雖然，吾嘗聞之矣。三年之喪，齊疏之服，飦粥之食，自天子達於庶人，三代共之。」然友反命，定為三年之喪。父兄百官皆不欲，曰：「吾宗國魯先君莫之行，吾先君亦莫之行也，至於子之身而反之，不可。且志曰：『喪祭從先祖。』」曰：「吾有所受之也。」謂然友曰：「吾他日未嘗學問，好馳馬試劍。今也父兄百官不我足也，恐其不能盡於大事，子為我問孟子。」然友復之鄒問孟子。孟子曰：「然。不可以他求者也。孔子曰：『君薨，聽於冢宰。歠粥，面深墨。即位而哭，百官有司，莫敢不哀，先之也。』上有好者，下必有甚焉者矣。『君子之德，風也；小人之德，草也。草尚之風必偃。』是在世子。」然友反命。世子曰：「然。是誠在我。」五月居廬，未有命戒。百官族人可謂曰知。及至葬，四方來觀之，顏色之戚，哭泣之哀，弔者大悅。

《禮記．檀弓上》〈10〉孔子少孤，不知其墓。殯於五父之衢。人之見之者，皆以為葬也。其慎也，蓋殯也。問於郰曼父之母，然後得**合葬於防**。

《孔子家語．公西赤問》〈3〉孔子之母既喪，將合葬焉。曰：「古者不祔葬，為不忍先死者之復見也。《詩》云：『死則同穴。』自周公已來，祔葬矣。故衛人之祔也，離之，有以閒焉。魯人之祔也，合之，美夫！吾從魯。」**遂合葬於防**。曰：「吾聞之，古者墓而不墳。今丘也，東西南北之人，不可以弗識也。吾見封之若堂者矣，又見若坊者矣，又見若覆夏屋者矣，又見若斧形者矣。吾從斧者焉。」於是封之崇四尺。孔子先反虞，門人後，雨甚至；墓崩，修之。而孔子問焉，曰：「爾來何遲？」對曰：「防墓崩。」孔子不應。三云，孔子泫然而流涕，曰：「吾聞之，古不修墓。」及二十五月而祥，五日而彈琴不成聲，十日過禫，而成笙歌。

《史記．孔子世家》〈2〉丘生而叔梁紇死，葬於防山。防山在魯東，由是孔子疑其父墓處，母諱之也。孔子為兒嬉戲，常陳俎豆，設禮容。孔子母死，乃殯五父之衢，蓋其慎也。郰人輓父之母誨孔子父墓，然後往合葬於防焉。

18

曾子曰：「吾聞諸夫子：『孟莊子之孝也，其他可能也；其不改父之臣，與父之政，是難能也。』」

曾子說：「我聽老師說過：『孟莊子的孝行除了愛敬亡父是和別人一樣的之外，還有別的超越別人之處，特別是他依然重用父親生前的大臣和施行的政策，特別是難能可貴的。』」

這章還是曾子回憶孔子所說的三年之喪，以孟莊子為例，和前一章（〈子張17〉）有關聯。

馬融指出「孟莊子」是「魯大夫仲孫速」，卻沒提到他的父親，而且還說「莊子居喪，父臣父政雖有不善者，而莊子猶不忍改之，能如此，所以是難也。」這裡強調的是雖然有不善之政，仍遵守前代體制而不變。

朱子說：「其父獻子，名蔑。獻子有賢德，而莊子能用其臣，守其政，故其他孝行雖有可稱，而皆不若此事之為難。」這裡的說法和馬融相反，強調是「獻子有賢德」，這正是孔子盛讚的：「父在，觀其志；父沒，觀其行；三年無改於父之道，可謂孝矣！」（〈學而11〉和〈里仁20〉）。〔順便一提，《禮記・坊記》〈17〉也提到《論語》中的：「三年無改於父之道，可謂孝矣！」這也是古籍中第一次提到《論語》一書的書名。〕

〈憲問40〉中還提到殷高宗的三年之喪。子張問：「『高宗諒陰，三年不言。』何謂也？」子曰：「何必高宗，古之人皆然。君薨，百官總己以聽於冢宰，三年。」這也是將國政交與故舊大臣施行的例證。

如果孟莊子的孝行難得，那麼也許是當時很多君上都不這麼做了，才讓孔子覺得他是難能也。這章的「可能」和「難能」是相對的，前者大家都能做到，後者則很難有幾人能夠做到。

附錄

《禮記・坊記》〈17〉子云：「君子弛其親之過，而敬其美。」《論語》曰：「**三年無改於父之道，可謂孝矣**。」《高宗》云：「三年其惟不言，言乃讙。」

19

孟氏使陽膚為士師，問於曾子。曾子曰：「上失其道，民散久矣。如得其情，則哀矜而勿喜。」

孟氏讓（曾子的弟子）陽膚擔任管理監獄的官員。（陽膚）請教曾子（該注意的事項）。曾子說：「君上昏庸無道，人民已經被逼離散各地去求生，受苦很久了。如果抓到了犯法的人，可千萬要憐憫他們不得已的苦衷，不要（不知民間疾苦還）很高興地判刑懲罰他們。」

這章是曾子表明官逼民反的不得已。

「孟氏」是魯國的下卿。「陽膚」是「曾子弟子」。「士師」是「典獄官」（包咸）。「問於曾子」是「問其師求典獄之法」（邢昺）。「道」是「治國治民的正確方法」（黃懷信），「失其道」是「失富之教之之道」（戴望）。「散」是「放」（戴望），「放散、不拘檢」（黃懷信），「民散」是「情義乖離，不相維繫」（朱子）。「如」是「若」，「情」是「獄情」（戴望），或「實也，民所犯罪之實也」（劉寶楠），或

「其獄訟之實情」（黃懷信），「如得其情」是「責徼得其罪狀」（皇侃），也就是「察明真相」。「矜」是「憐」（戴望），「哀矜」是「哀其致刑，矜其無知，或有所不得已也」（劉寶楠）或「哀憐」（黃懷信）。

曾子的這個建議是很有意義的。一般都會將犯罪的原因歸諸犯罪者，所以根據他犯的罪給予最適當的處罰，就是一種公平正義的展現。可是曾子在這裡不把焦點放在犯罪者身上，將原因更深一層地推向統治者的治理和教化不當所造成的，更根本的社會結構原因。這樣一來，平常認定的加害人，其實就是不當的統治者或治理政策、社會結構的受害者。如果不能根除這些更基本的社會結構肇因，犯罪者只會層出不窮，並非處罰犯罪者就可奏效。換句話說，要從制度化的角度思考改進之道，而非從個人的角度來思考問題。

曾子這種想法應該是承繼孔子的教誨：《說苑・政理》〈10〉和《韓詩外傳・卷三》〈22〉都有同一個故事：孔子在魯國擔任大司寇（司法總長）的時候，碰到有父子爭訟，當時的實際統治者季康子認為就把這對父子都殺了，可以達到殺一儆百的效果。孔子卻以為不可。他指出父子爭訟是因為統治者沒有好好的教化。先期的教化才是王道的基礎，這也是「上行下效」和「風行草偃」的功效（〈顏淵19〉），也是孔子希望以「德」和「禮」來取代「政」和「刑」（〈為政3〉）的原因。

可是季康子聽了嗎？後來的統治者聽到了嗎？

附錄

《說苑・政理》〈10〉魯有父子訟者，康子曰：「殺之！」孔子曰：「未可殺也。夫民不知子父訟之不善者久矣，是則上過也；上有道，是人亡矣。」康子曰：「夫治民以孝為本，今殺一人以戮不孝，不亦可乎？」孔子曰：「不孝而誅之，是虐殺不辜也。三軍大敗，不可誅也；獄訟不治，不可刑也；上陳之教而先服之，則百姓從風矣，躬行不從而后俟之以刑，則民知罪矣；夫一仞之牆，民不能踰，百仞之山，童子升而遊焉，陵遲故也！今是仁義之陵遲久矣，能謂民弗踰乎？《詩》曰：『俾民不迷！』昔者君子導其百姓不使迷，是以威厲而不至，刑錯而不用。」於是訟者聞之，乃請無訟。

《韓詩外傳．卷三》〈22〉傳曰：魯有父子訟者、康子欲殺。孔子曰：「未可殺也。夫民父子訟之為不義久矣，是則上失其道，上有道，是人亡矣。」訟者聞之，請無訟。康子曰：「治民以孝，殺一不義，以僇不孝，不亦可乎？」孔子曰：「否。不教而聽其獄，殺不辜也；三軍大敗，不可誅也；獄讞不治，不可刑也。上陳之教，而先服之，則百姓從風矣；邪行不從，然後俟之以刑，則民知罪矣。夫一仞之墻，民不能踰，百仞之山，童子登遊焉，凌遲故也。今其仁義之陵遲久矣，能謂民無踰乎？《詩》曰：『俾民不迷。』昔之君子道其百姓不使迷，是以威厲而刑措不用也。故形其仁義，謹其教道，使民目晰焉而見之，使民耳晰焉而聞之，使民心晰焉而知之，則道不迷，而民志不惑矣。《詩》曰：『示我顯德行。』故道義不易，民不由也；禮樂不明，民不見也。《詩》曰：『周道如砥，其直如矢。』言其易也。『君子所履，小人所視。』言其明也。『睠言顧之，潸焉出涕。』哀其不聞禮教而就刑誅也。夫散其本教，而施之刑辟，猶決其牢，而發以毒矢也，不亦哀乎！故曰：未可殺也。昔者、先王使民以禮，譬之如御也，刑者，鞭策也，今猶無轡銜而鞭策以御也，欲馬之進，則策其後，欲馬之退，則策其前，御者以勞，而馬亦多傷矣。今猶此也，上憂勞而民多罹刑。《詩》曰：『人而無禮，胡不遄死！』為上無禮，則不免乎患；為下無禮，則不免乎刑；上下無禮，胡不遄死！」康子避席再拜曰：「僕雖不敏，請承此語矣。」孔子退朝，門人子路難曰：「父子訟、道邪？」孔子曰：「非也。」子路曰：「然則夫子胡為君子而免之也？」孔子曰：「不戒責成，害也，慢令致期，暴也，不教而誅，賊也。君子為政，避此三者。且《詩》曰：『載色載笑，匪怒伊教。』」

20

子貢曰：「紂之不善，不如是之甚也。是以君子惡居下流，天下之惡皆歸焉。」

子貢說：「殷紂王所做的壞事並不像傳言說的這麼多、這麼過分。〔有了這樣的警惕〕所以君子討厭被認為自己行為上有一點不善，因為有一點不善的人，大家容易認為其他壞事也都和他脫離不了關係。」

這章是子貢感慨居下流的人容易被人栽贓。從此章到此篇的最後總共五章，都是子貢說的話。

「紂」名辛，字受德，商朝最後一任君王。根據《獨斷．卷下》〈37〉和《蔡中郎集．外集卷四》〈獨斷115〉〔令我意外的是《逸周書．謚法解》並沒有這一項〕的說法：「殘義損善曰紂」，所以這個謚號已經說明了紂王的歷史評斷。「甚」是「不可以一罪言」（戴望）。「是」是「此」（黃懷信）。「以」是「因」（黃懷信）。「君子」是「正人」（黃懷信）。「下流」是「為惡行而處人下者」（皇侃），或「為惡行而處人下，若地形卑下，則眾流所歸」（邢昺），或「地形卑下之處，眾流之所歸，喻人身有汙賤之實，亦惡名之所聚也」（朱子），或「地形卑下，眾濁流之所歸，喻上有汙賤之行，乃眾惡人之所歸」（戴望）或「汙賤之所在」（黃懷信）。

《列子．楊朱》〈12〉記載楊朱說得更全面：「天下之美歸之舜、禹、周、孔；天下之惡歸之桀、紂。」不過，楊朱也繼續舉例說明，四位聖人雖然被歸於美，但是一生勞苦，而被歸於惡的兩個惡人卻一生享樂，最後這些人都死了。「拔一毛以利天下」的楊朱在此處所做的暗示應該很清楚。

可是，畢竟歸結到最後，這是個人的道德抉擇。

孔子和門人決定為善是不必懷疑的，其他人就難說了。

附錄

《列子．楊朱》〈12〉楊朱曰：「**天下之美歸之舜、禹、周、孔，天下之惡歸之桀、紂**。然而舜耕於河陽，陶於雷澤，四體不得蹔安，口腹不得美厚；父母之所不愛，弟妹之所不親。行年三十，不告而娶。及受堯之禪，年已長，智已衰。商鈞不才，禪位於禹，戚戚然以至於死：此天人窮毒者也。鯀治水土，績用不就，殛諸羽山。禹纂業事讎，惟荒土功，子產不字，過門不入；身體偏枯，手足胼胝。及受舜禪，卑宮室，美紱冕，戚戚然以至於死：此天人之憂苦者也。武王既終，成王幼弱，周公攝天子之政。邵公不悅，四國流言。居東三年，誅兄放弟，僅免其身，戚戚然以至於死：此天人之危懼者也。孔子明帝王之道，應時君之聘，伐樹於宋，削迹於衛，窮於商周，圍於陳蔡，受屈於季氏，見辱於陽虎，戚戚然以至於死：此天民之遑遽者也。凡彼四聖者，生無一日之歡，死有萬世之名。名者，固非實之所取也。雖稱之弗知，雖賞之不知，與株塊無以異矣。桀藉累世之資，居南面之尊，智足以距群下，威足以震海內；恣耳目之所娛，窮意慮之所為，熙熙然以至於死：此天民之逸蕩者也。紂亦藉累世之資，居南面之尊；威無不行，志無不從；肆情於傾宮，縱欲於長夜；不以禮義自苦，熙熙然以至於誅：此天民之放縱者也。彼二凶也，生有從欲之歡，死被愚暴之名。實者固非名之所與也，雖毀之不知，雖稱之弗知，此與株塊奚以異矣。**彼四聖雖美之所歸，苦以至終，同歸於死矣。彼二凶雖惡之所歸，樂以至終，亦同歸於死矣。**」

21

子貢曰：「君子之過也，如日月之食焉：過也，人皆見之；更也，人皆仰之。」

子貢說：「在上位的人犯錯，就像天上的日蝕和月蝕一樣：犯錯的時候大家都看得見，等到改過的時候，就會受到眾人的景仰。」

這章是子貢評論勇於改過讓人景仰，人不該一錯再錯。

「君子」是「君主、國君」（黃懷信）。「更」是「改」（孔安國、皇侃）或「變」（戴望）。「仰」是「景仰」。

子貢在這裡的說法真是遵循孔子的教誨。孔子說過「過則勿憚改」（〈學而8〉和〈子罕25〉），也說過從一個人所犯的錯就可以看出他的仁德（〈里仁7〉），仁人是特別能夠「見其過而內自訟者」（〈公冶長27〉）和「不貳過」（〈雍也3〉），如果「過而不改」那才是真的「過」（〈衛靈公30〉）；孔子也區分「大過」和「小過」，君子修己學易，可以避免「大過」（〈述而17〉），而孔子也教誨仲弓為政要「赦小過」

（〈子路2〉），孔子也慶幸自己犯了錯，人家都會來告訴他（〈述而31〉）。

子夏也承繼師說：「小人之過也必文。」（〈子張8〉）意思是犯了錯就掩飾，一錯再錯，從「小過」變成「大過」，到時候再請教《易經》，恐怕也沒有用。

孟子記載子路一聽到別人糾正他的過錯就會很高興地改過（《孟子．公孫丑上》〈8〉）。孟子對比了古今君子對於改過的不同態度時，就引用了此章子貢說的話：「古之君子，過則改之；今之君子，過則順之。古之君子，其過也，如日月之食，民皆見之；及其更也，民皆仰之。今之君子，豈徒順之，又從為之辭。」（〈公孫丑下18〉）

這是孔門一脈相傳的「改過」傳統。

附錄

《孟子》〈公孫丑上8〉子路，人告之以有過則喜。

——〈公孫丑下18〉且古之君子，過則改之；今之君子，過則順之。古之君子，其過也，如日月之食，民皆見之；及其更也，民皆仰之。今之君子，豈徒順之，又從為之辭。

22

衛公孫朝問於子貢曰：「仲尼焉學？」子貢曰：「文武之道，未墜於地，在人。賢者識其大者，不賢者識其小者，莫不有文武之道焉。夫子焉不學？而亦何常師之有？」

衛國大夫公孫朝問子貢：「孔子的老師是誰啊？」子貢回答說：「周文王和周武王的禮樂制度，並沒有隨著文王和武王的逝世而消失。其中文化階層較高的人還保留著上層階級的文明制度，文化階層較低的人保留了下層階級的文明制度，這些都是文王和武王時代創制的禮樂制度。〔孔子就是跟這些人學習，〕所以雖然沒有固定的老師，但是經天緯地的禮樂制度都在他的學習之列。」

這章是子貢恭維孔子雖然沒有固定的老師，卻能無所不學。《史記・仲尼弟子列傳》〈38〉問話的不是此章的公孫朝而是陳子禽。

「文武之道」是：「謂文王、武王之謨訓功烈，與凡周之禮樂文章皆是也。」（朱子）；「未墜於地」是「未廢落在於地」（皇侃）或「未失傳」（黃懷信）。「在人」是「人有能記之者」（朱子）或「在人間流傳」（黃懷信）。「識」是「記」（朱子和黃懷信）。「大」是「《詩》、《書》、禮、樂」（戴望）。「小」是「曲藝畸材」（戴望）。「焉」是「安」（邢昺），「焉學」是「焉所從受學」（劉寶楠）。「常師」是「固定之師」（黃懷信）。

這章講到的「賢者識大」和「不賢者識小」可以用現代文化分類所說的「上層／精英／精緻文化」和「下層／庶民／通俗文化」。

孔子並非貴族，所以並沒有受過傳統專門給予貴族的教育訓練。但是孔子小時候家境不好，所以通曉許多下層階層的事情（〈子罕6〉和〈子罕7〉），後來志於學禮，又開始到處問學，所以成就了他的博學之名（〈子罕2〉）。這些經天緯地的學問，都是他透過自己的努力聞問而獲得的。

當時人對孔子的質疑，以及子貢對孔子的衛護，一直延續到這篇的最後。「疑孔」和「反孔」，以及隨之而來的「尊孔」，不是從近代才開始的。

附錄

《史記．仲尼弟子列傳》〈38〉陳子禽問子貢曰：「仲尼焉學？」子貢曰：「文武之道未墜於地，在人，賢者識其大者，不賢者識其小者，莫不有文武之道。夫子焉不學，而亦何常師之有！」又問曰：「孔子適是國必聞其政。求之與？抑與之與？」子貢曰：「夫子溫、良、恭、儉、讓以得之。夫子之求之也，其諸異乎人之求之也。」

23

叔孫武叔語大夫於朝，曰：「子貢賢於仲尼。」子服景伯以告子貢。子貢曰：「譬之宮牆，賜之牆也及肩，窺見室家之好。夫子之牆數仞，不得其門而入，不見宗廟之美，百官之富。得其門者或寡矣。夫子之云，不亦宜乎！」

叔孫武叔在朝廷上公開跟魯國的大夫〔譏諷孔子〕說：「子貢比孔子賢能太多了。」〔當時子貢不在場〕子服景伯就轉告給子貢聽。子貢〔聽完後〕說：「〔說我比孔子賢能這樣的說法是不正確的。〕這就好比宮室之外的圍牆一樣，我的圍牆只到肩膀這種高度，可以看到我房室中的美好之處。我老師的圍牆比我高太多了，連個要進去的門都找不著，無法看見宗廟的華美和房舍的多樣。能找到門的人太少了。叔孫武叔會這樣說，就是因為這個緣故。」

這章是子貢用了譬喻比較自己和孔子。

「叔孫武叔」是魯國大夫叔孫州仇，「武」是他的諡號。「賢」是「多才」（黃懷信）。「窺」是

「伺」（戴望）。「仞」是「七尺」（皇侃和朱子）或「八尺、七尺、五尺六寸、四尺四說」（黃懷信）。「官」是「房舍」（楊伯峻）。「寡」是「少」（皇侃）。「門」是「路門」（戴望）。「夫子」是指「叔孫武叔」（皇侃）。

叔孫武叔與諸大臣說「子貢賢於仲尼」不知道是根據什麼。子貢確實也有件光輝的歷史成就，就是司馬遷在《史記・仲尼弟子列傳》〈40—48〉中所說的「存魯、亂齊，破吳，彊晉而霸越」：這是齊國田常想藉由征伐魯國而壓制齊國的高、國、鮑、晏四大家族。孔子知道後就派了子貢去進行穿梭外交。子貢憑著他的三寸不爛之舌，先去齊國說服田常討伐吳國，又說服吳國和齊國作戰，再轉往越國勸服勾踐先擺低姿態對待吳國，最後到晉國讓他們等待時機征討齊國。安排就緒後，子貢回到魯國。吳國開始討伐齊國，大敗齊軍，這時晉國再來討伐吳國，越國也趁吳國和晉軍作戰時討伐吳國，吳國腹背受敵，吳王夫差最後被殺。越國在東方稱霸。子貢的外交成果是保存了魯國免於被征伐，齊國因此遭殃，吳王被殺，晉國和越國因此各自得利。〈同樣的記載見《孔子家語・屈節解》〈2〉。子貢的口舌之辯很精采，各位該去找白話翻譯來看。不過這段故事司馬遷自己在《史記》不同章節的記載有自相矛盾之處〉子貢雖然不比管仲「九合諸侯，一匡天下」，但是在魯國人看來，也算是個響噹噹的英雄人物。這和孔子周遊列國都沒得到重用比起來，顯然是要賢能多了，特別是對魯國的存亡來說。這也許正是叔孫武叔認為子貢比孔子要賢能的歷史根據。可是這段孔門言語科的子貢的英雄事蹟，正可以表彰孔子教誨的成果，《論語》竟然沒有提起隻字片語。難道這也和春秋霸業一樣，是孔門不愛提起的「黑暗面」（《孟子・梁惠王上》〈7〉）？

有幾本古籍（《說苑・雜言》〈21〉、《孔子家語・六本》〈12〉和《列子・仲尼》〈4〉）都記載孔子曾經比較自己和顏淵、子貢、子路和子張四位弟子的故事，很有意思；子夏請問孔子說：「您對顏淵這個學生的評價如何？孔子回答說：「顏回的信比我強多了！」又問：「您對子貢這個學生的評價如何？」孔子回答說：「子貢的敏比我強多了！」再問：「您對子路這個學生的評價如何？」孔子回答說：「子路的勇比我強多了。」最後問：「您對子張這個學生的評價如何？」孔子回答說：「子張的莊比我強多了。」子夏後來就很疑惑地站起來發問：「既然這四個人都有勝過您的強項，為什麼他們還要拜您為師呢？」孔子回答說：「你坐下，我慢慢講給你聽。顏回的強項是信，可是他的弱項是不能反；子貢的強項是敏，可是他的弱項是不能屈；子路的強項是勇，可是他的弱項是不能怯；子張的強項是莊，可是他的弱項是不能同。我不能同時有這四個人的強項，但我知道怎麼交替利用他們的強項和弱項。」這段話不收在《論語》真是可惜了！多好的故事！老師並不是處處比學生高明，要因材施教才見功夫。

子貢的口才辯給雖然有一時之功，恐怕也帶來了千年之過。他這個孔門言語科（〈先進3〉）的高材生比喻雖生動，也抬高老師孔子的地位，但是流弊就是會讓人起疑竇：孔子的學問高深到沒幾個人得其門而入，不就是和一般人脫節嗎？可是我們看過的《論語》，有哪幾章會讓人不得其門而入嗎？子貢這麼說，反而讓眾人遠離了孔子，這不是孔子「有教無類」（〈衛靈公39〉）的原意吧？孔門後學後來感嘆的「儒門淡薄」是不是就太過自視清高而自絕於人所造成的結果？如果是這樣，要如何把孔子的學問和人民的生活結合和應用，才是能讓孔子學說產生實際力量的正途吧？

山東曲阜的孔廟和台北孔廟的入口處，都有一座名為「萬仞宮牆」的高牆，用的就是這章的典故。這用來描述孔子學問之高遠是可以的，但不可以拒人於千里之外啊！

附錄

《史記・仲尼弟子列傳》〈40—48〉 田常欲作亂於齊，憚高、國、鮑、晏，故移其兵欲以伐魯。孔子聞之，謂門弟子曰：「夫魯，墳墓所處，父母之國，國危如此，二三子何為莫出？」子路請出，孔子止之。子張、子石請行，孔子弗許。子貢請行，孔子許之。遂行，至齊，說田常曰：「君之伐魯過矣。夫魯，難伐之國，其城薄以卑，其地狹以泄，其君愚而不仁，大臣偽而無用，其士民又惡甲兵之事，此不可與戰。君不如伐吳。夫吳，城高以厚，地廣以深，甲堅以新，士選以飽，重器精兵盡在其中，又使明大夫守之，此易伐也。」田常忿然作色曰：「子之所難，人之所易；子之所易，人之所難：而以教常，何也？」子貢曰：「臣聞之，憂在內者攻彊，憂在外者攻弱。今君憂在內。吾聞君三封而三不成者，大臣有不聽者也。今君破魯以廣齊，戰勝以驕主，破國以尊臣，而君之功不與焉，則交日疏於主。是君上驕主心，下恣群臣，求以成大事，難矣。夫上驕則恣，臣驕則爭，是君上與主有卻，下與大臣交爭也。如此，則君之立於齊危矣。故曰不如伐吳。伐吳不勝，民人外死，大臣內空，是君上無彊臣之敵，下無民人之過，孤主制齊者唯君也。」田常曰：「善。雖然，吾兵業已加魯矣，去而之吳，大臣疑我，奈何？」子貢曰：「君按兵無伐，臣請往使吳王，令之救魯而伐齊，君因以兵迎之。」田常許之，使子貢南見吳王。說曰：「臣聞之，王者不絕世，霸者無彊敵，千鈞之重加銖兩而移。今以萬乘之齊而私千乘之魯，與吳爭彊，竊為王危之。且夫救魯，顯名也；伐齊，大利也。以撫泗上諸侯，誅暴齊以服彊晉，利莫大焉。名存亡魯，實困彊齊。智者不疑也。」吳王曰：「善。雖然，吾嘗與越戰，棲之會稽。越王苦身養士，有報我心。子待我伐越而聽子。」子貢曰：「越之勁不過魯，吳之彊不過齊，王置齊而伐越，則齊已平魯矣。且王方以存亡繼絕為名，夫伐小越而畏彊齊，非勇也。夫勇者不避難，仁者不窮約，智者不失時，王者不絕世，以立其義。今存越示諸侯以仁，救魯伐齊，威加晉國，諸侯必相率而朝吳，霸業成矣。且王必惡越，臣請東見越王，令出兵以從，此實空越，名從諸侯以伐也。」吳王大說，乃使子貢之越。越王除道郊迎，身御至舍而問曰：「此蠻夷之國，大夫何以儼然辱而臨之？」子貢曰：「今者吾說吳王以救魯伐齊，其志欲之而畏越，曰『待我伐越乃可』。如此，破越必矣。且夫無報人之志而令人疑之，拙也；有報人之志，使人知之，殆也；事未發而先聞，危也。三者舉事之大患。」句踐頓首再拜曰：「孤嘗不料力，乃與吳戰，困於會稽，痛入於骨髓，日夜焦脣乾舌，徒欲與吳王接踵而死，孤之願也。」遂問子貢。子貢曰：「吳王為人猛暴，群臣不堪；國家敝以數戰，士卒弗忍；百姓怨上，大臣內變；子胥以諫死，太宰嚭用事，順君之過以安其私：是殘國之治也。今王誠發士卒佐之徼其志，重寶以說其心，卑辭以尊其禮，其伐齊必也。彼戰不勝，王之福矣。戰勝，必以兵臨晉，臣請北見晉君，令共攻之，弱吳必矣。其銳兵盡於齊，重甲困於晉，而王制其敝，此滅吳必矣。」越王大說，許諾。送子貢金百鎰，劍一，良矛二。子貢不受，遂行。報吳王曰：「臣敬以大王之言告越王，越王大恐，曰：『孤不幸，少失先人，內不自量，抵罪於吳，軍敗身辱，棲於會稽，國為虛莽，賴大王之賜，使得奉俎豆而修祭祀，死不敢忘，何謀之敢慮！』」後五日，越使大夫種頓首言於吳王曰：「東海役臣孤句踐使者臣種，敢修下吏問於左右。今竊聞大王將興大義，誅彊救弱，困暴齊而撫周室，請悉起境內士卒三千人，孤請自被堅執銳，以先受矢石。因越賤臣種奉先人藏器，甲二十領，鈇屈盧之矛，步光之劍，以賀軍吏。」吳王大說，以告子貢曰：「越王欲身從寡人伐齊，可乎？」子貢曰：「不可。夫空人之國，悉人之眾，又從其君，不義。君受其幣，許其師，而辭其君。」吳王許諾，乃謝越王。於是吳王乃遂發九郡兵伐齊。子貢因去之晉，謂晉君曰：「臣聞之，慮不先定不可以應卒，兵不先辨不可以勝敵。今夫齊與吳將戰，彼戰而不勝，越亂之必矣；與齊戰而勝，必以其兵臨晉。」晉君大恐，曰：「為之奈何？」子貢曰：「修兵休卒以待之。」晉君許諾。子貢去而之魯。吳王果與齊人戰於艾陵，大破齊師，獲七將軍之兵而不歸，果以兵臨晉，與晉人相遇黃池之上。吳晉爭彊。晉人擊之，大敗吳師。越王聞之，涉江襲吳，去城七里而軍。吳王聞之，去晉而歸，與越戰於五湖。三戰不勝，城門不守，越遂圍王宮，殺夫差而戮其相。破吳三年，東向而霸。故子貢一出，**存魯，亂齊，破吳，彊晉而霸越**。子貢一使，使勢相破，十年之中，五國各有變。子貢好廢舉，與時轉貨貲。喜揚人之美，不能匿人之過。常相魯衛，家累千金，卒終於齊。

《孔子家語．屈節解》〈2〉孔子在衛，聞齊國田常將欲為亂，而憚鮑晏，因欲移其兵以伐魯。孔子會諸弟子而告之曰：「魯、父母之國，不可不救，不忍視其受敵。今吾欲屈節於田常以救魯，二三子誰為使？」於是子路請往焉，孔子弗許。子張請往，又弗許。子石請往，又弗許。三子退，謂子貢曰：「今夫子欲屈節以救父母之國，吾三人請使而不獲往，此則吾子用辯之時也，吾子盍請行焉？」子貢請使，夫子許之。遂如齊，說田常曰：「今子欲收功於魯，實難。不若移兵於吳，則易。」田常不悅。子貢曰：「夫憂在內者攻強，憂在外者攻弱。吾聞子三封而三不成，是則大臣不聽令。戰勝以驕主，破國以尊臣，而子之功不與焉，則交日疏於主，而與大臣爭。如此，則子之位危矣。」田常曰：「善。然兵業已加魯矣，不可更。如何？」子貢曰：「緩師。吾請救於吳，令救魯而伐齊。子因以兵迎之。」田常許諾。子貢遂南說吳王曰：「王者不滅國，霸者無強敵；千鈞之重，加銖兩而移。今以齊國而私千乘之魯，與吳爭強，甚為王患之。且夫救魯以顯名，以撫泗上諸侯，誅暴齊以服晉，利莫大焉。名存亡魯，實困強齊，智者不疑。」吳王曰：「善。然吳常困越，越王今苦身養士，有報吳之心。子待我伐越，然後乃可。」子貢曰：「越之勁不過魯，吳之強不過齊。而王置齊而伐越，則齊以私魯矣。王方以存亡繼絕之名，棄強齊而伐小越，非勇也。勇者不避難，仁者不窮約，智者不失時，義者不絕世。今存越，示天下以仁；救魯伐齊，威加晉國；諸侯必相率而朝，霸業盛矣。且王必惡越，臣請見越君，令出兵以從。此則實害越而名從諸侯以伐齊。」吳王悅，乃遣子貢之越。越王郊迎，而自為子貢御，曰：「此蠻夷之國，大夫何足儼然辱而臨之？」子貢曰：「今者吾說吳王以救魯伐齊，其志欲之；而心畏越，曰：『待我伐越乃可。』此則破越必矣。且無報人之志而令人疑之，拙矣；有報人之意而使人知之，殆矣；事未發而先聞者，危矣。三者舉事之患也。」勾踐頓首曰：「孤嘗不料力而與吳難，受困會稽，痛於骨髓，日夜焦唇乾舌，徒欲與吳王接踵而死，孤之願也。今大夫幸告以利害。」子貢曰：「吳王為人猛暴，群臣不堪，國家疲弊，百姓怨上，大臣內變，申胥以諫死，大宰嚭用事，此則報吳之時也。王誠能發卒佐之，以邀射其志，而重寶以悅其心，卑辭以尊其禮。則其伐齊必矣，此聖人所謂屈節求其達者也。彼戰不勝，王之福；若勝，則必以兵臨晉。臣還北請見晉君共攻之，其弱吳必矣。銳兵盡於齊，重甲困於晉，而王制其弊焉。」越王頓首許諾。子貢反，五日，越使大夫文種，頓首言於吳王曰：「越悉境內之士三千人以事吳。」吳王告子貢曰：「越王欲身從寡人，可乎？」子貢曰：「悉人之率眾，又從其君，非義也。」吳王乃受越王卒，謝留勾踐。遂自發國內之兵以伐齊，敗之。子貢遂北見晉君，令承其弊。吳、晉遂遇於黃池。越王襲吳之國，吳王歸與越戰，滅焉。孔子曰：「夫其亂齊存魯，吾之始願。若能強晉以弊吳，使吳亡而越霸者，賜之說也。美言傷信，慎言哉！」

《孟子・梁惠王上》〈7〉齊宣王問曰：「齊桓、晉文之事可得聞乎？」孟子對曰：「仲尼之徒無道桓、文之事者，是以後世無傳焉。」

《說苑・雜言》〈21〉子夏問仲尼曰：「顏淵之為人也，何若？」曰：「回之信，賢於丘也。」曰：「子貢之為人也，何若？」曰：「賜之敏，賢於丘也。」曰：「子路之為人也，何若？」曰：「由之勇，賢於丘也。」曰：「子張之為人也，何若？」曰：「師之莊，賢於丘也。」於是子夏避席而問曰：「然則四者何為事先生？」曰：「坐，吾語汝。回能信而不能反，賜能敏而不能屈，由能勇而不能怯，師能莊而不能同。兼此四子者，丘不為也。夫所謂至聖之士，必見進退之利，屈伸之用者也。」

24

叔孫武叔毀仲尼。子貢曰：「無以為也，仲尼不可毀也。他人之賢者，丘陵也，猶可踰也；仲尼，日月也，無得而踰焉。人雖欲自絕，其何傷於日月乎？多見其不知量也！」

叔孫武叔詆毀孔子。子貢回應說：「詆毀我老師是沒有用的，我們老師是詆毀不了的。〔打個比方說〕別人的賢能之處好像丘陵，是可以被超越的；我們老師就像日月一樣的，這是沒人可以超越的。就算是有人要詆毀日月，這對日月有傷害嗎？剛好可以看出那種人不自量力罷了！」

這是子貢回應叔孫武叔對孔子的詆毀時所說的比喻。

「毀」是「非毀夫子，以為他人得賢之也」（劉寶楠）。「無以為」是「無用為此」（朱子）或「無以為毀，盡止之也」（劉寶楠）。「丘陵」是「土高曰丘，大阜曰陵」（朱子）。「猶可踰」視「於丘陵可過之也」（劉寶楠）。「日月」是「喻其至高」（朱子和劉寶楠）。「絕」是「棄」（戴望）。「自絕」是「以謗毀自絕於孔子」（朱子）。「多」是「適」（邢昺和朱子）或「祇」（朱子和黃懷信），也就是「剛好」或「大」（戴望）。「不知量」是「不自知其分量」（朱子）。

在《孔子家語・顏回》〈11〉這個被子貢暗諷為「不自量力」的叔孫武叔的另一個「不自量力」的故事：叔孫武叔去拜訪顏回，顏回以禮相待。叔孫武叔愛批評別人的過錯出了名。顏回就跟叔孫武叔說：「您到我這裡來，應該是希望從我這裡得到一些什麼吧！我從老師那裡聽說過：『批評別人的過失並不能讓別人讚美自己；評論別人的過失也不能端正自己的行為。所以君子應該批評自己的過失而不要老是批評別人的過失。』」

可是在《列子・仲尼》〈2〉中有一個不同的故事：一次陳國大夫到魯國出使，私下見了叔孫武叔。叔孫武叔提到孔子是魯國的聖人。並沒有像此章這樣詆毀孔子的言論。不過這個故事的後半段是陳國的大夫說出陳國的聖人亢倉子是更厲害的聖人，特別是有特異功能（「我體合於心，心合於氣，氣合於神，神合於無。其有介然之有，唯然之音，雖遠在八荒之外，近在眉睫之內，來干我者，我必知之。乃不知是我七孔四支之所覺，心腹六藏之所知，其自知而已矣。」）。孔子後來聽到這種轉述，就笑一笑，並沒有回應。大概真是「子不語：怪、力、亂、神」吧！

叔孫武叔母親過世時，他的孝親表現又被稱讚為「知禮」（《禮記・檀弓上》〈68〉和《孔子家語・子貢問》〈15〉）。

另外一件叔孫武叔和孔子有關聯的事件發生在魯哀公十四年（西元前四八一年）。那一年叔孫武叔的駕車人子鉏商打獵捕獲了麟，讓孔子感傷麟的「出非其時」而聯想到自己信奉的道已經窮絕（《孔子家語・辯物》〈10〉和《史記・孔子世家》〈71〉）。要不是孔門弟子和再傳弟子代代相傳的努力，恐怕孔門早就滅絕了。

這章又展現了身為孔門言語科的子貢的比喻功力，將孔子比成日月掛天之高，不是一般丘陵可以望其項背。詆毀日月的人只能說是自不量力。歷代不乏「反孔」之人，結果就如此章所說。這章替後代留下了「不自量力」的成語典故。

我們讀《論語》讀到快到結尾之處，難道沒有這樣的感受嗎？

孔子高如日月，應該是指點我們迷津的燈塔，不該是不食人間煙火的高調。

附錄

《孔子家語・顏回》〈11〉**叔孫武叔**見未仕於顏回。回曰：「賓之。」**武叔多稱人之過而己評論**之。顏回曰：「固子之來辱也，宜有得於回焉？吾聞諸孔子曰：『言人之惡，非所以美己；言人之枉，非所以正己。故君子攻其惡，無攻人之惡。』」

《列子・仲尼》〈2〉陳大夫聘魯，私見**叔孫**氏。**叔孫**氏曰：「吾國有聖人。」曰：「非孔丘邪？」曰：「是也。」「何以知其聖乎？」**叔孫**氏曰：「吾常聞之顏回，曰：『孔丘能廢心而用形。』」陳大夫曰：「吾國亦有聖人，子弗知乎？」曰：「聖人孰謂？」曰：「老聃之弟子，有亢倉子者，得聃之道，能以耳視而目聽。」魯侯聞之大驚，使上卿厚禮而致之。亢倉子應聘而至。魯侯卑辭請問之。亢倉子曰：「傳之者妄。我能視聽不用耳目，不能易耳目之用。」魯侯曰：「此增異矣。其道奈何？寡人終願聞之。」亢倉子曰：「我體合於心，心合於氣，氣合於神，神合於無。其有介然之有，唯然之音，雖遠在八荒之外，近在眉睫之內，來干我者，我必知之。乃不知是我七孔四支之所覺，心腹六藏之所知，其自知而已矣。」魯侯大悅。他日以告仲尼，**仲尼笑而不答**。

《禮記．檀弓上》〈68〉**叔孫武叔**之母死，既小斂，舉者出戶，出戶袒，且投其冠括髮。子游曰：「知禮。」

《孔子家語》〈子貢問15〉**叔孫武叔**之母死，既小斂，舉尸者出戶。武孫從之，出戶，乃袒，投其冠而括髮。子路歎之。孔子曰：「是禮也。」子路問曰：「將小斂，則變服。今乃出戶，而夫子以為知禮，何也？」孔子曰：「汝問非也。君子不舉人以質事。」

——〈辯物10〉**叔孫**氏之車士，曰子鉏商，採薪於大野，獲麟焉；折其前左足，載以歸。**叔孫**以為不祥，棄之於郭外，使人告孔子曰：「有麇而角者何也？」孔子往觀之，曰：「麟也。胡為來哉？胡為來哉？」反袂拭面，涕泣沾衿。**叔孫**聞之，然後取之。子貢問曰：「夫子何泣爾？」孔子曰：「麟之至，為明王也。出非其時而見害，吾是以傷焉。」

《史記．孔子世家》〈71〉魯哀公十四年春，狩大野。**叔孫**氏車子鉏商獲獸，以為不祥。仲尼視之，曰：「麟也。」取之。曰：「河不出圖，雒不出書，吾已矣夫！」顏淵死，孔子曰：「天喪予！」及西狩見麟，曰：「吾道窮矣！」喟然嘆曰：「莫知我夫！」子貢曰：「何為莫知子？」子曰：「不怨天，不尤人，下學而上達，知我者其天乎！」

25

陳子禽謂子貢曰：「子為恭也，仲尼豈賢於子乎？」子貢曰：「君子一言以為知，一言以為不知，言不可不慎也。夫子之不可及也，猶天之不可階而升也。夫子之得邦家者，所謂立之斯立，道之斯行，綏之斯來，動之斯和。其生也榮，其死也哀，如之何其可及也。」

陳子禽跟子貢說：「您真是太客氣了，您的老師孔子的賢能怎能比得上您呢？」子貢（反駁）說：「有德的君子從一句話就可以看出他是智還是不智，所以講話不可以不謹慎。我們老師是誰都比不上的，就像是不可以靠著階梯就登上天一樣。我們老師若是有治國的機會，那麼他自己立於禮就可以讓人民都立身於禮，引導人民實行禮樂，就連遠方的人民都會因為嚮往禮樂而來奔，人民之間也會和平相處。我的老師活著時候自尊人尊，死後也讓人民哀戚。這哪是別人可以比得上的呢？」

這章是繼〈子張23〉叔孫武叔認為「子貢賢於仲尼」之後，再度有人誇獎子貢比孔子賢能。子貢當然反駁這樣的說法。

「陳子禽」有人說就是〈學而10〉中的「子禽」或是〈季氏13〉中的「陳亢」，有人認為不是。

「恭」是「謙恭」（黃懷信）。「為恭」是「為恭敬，推遜其師」（朱子）或「為恭敬以尊崇其師」（劉寶楠）。「階」是「梯」（朱子）。「邦」是「作諸侯」（皇侃），「家」是「作卿大夫」（皇侃），「得邦家」是「為諸侯及卿大夫」（孔安國），「得邦家者」的「者」是表示假設。「立之」是「植其生」（朱子），或「以禮立之」（劉寶楠），或「使立身」（黃懷信）。「道」是「導」，就是「引也，謂教之」（朱子）或「引導使行」（黃懷信）。「行」是「從」（朱子）。「綏」是「安」（孔安國、皇侃和朱子）或「安撫」（黃懷信），「綏之」是「有仁政安集之」（劉寶楠）。「來」是「歸附」（朱子和黃懷信）。「動」是「鼓舞之」（朱子）或「調動」（黃懷信），「動之」是「以禮樂興動之」（劉寶楠）。「和」是「其感應之妙神速如此」（朱子）或「和諧」（黃懷信）。「之」指「人」（劉寶楠）或「民」（黃懷信）。「榮」是「莫不尊親」（朱子）或「榮耀」（黃懷信）。「哀」是「如喪考妣」（朱子）。

這章的重點在於子貢提到「孔子如果被重用」的假設狀況，其中有不少是孔子說過的話：

「立之斯立」就是孔子自述的「三十而立」（〈為政4〉），「己欲立而立人」（〈雍也30〉），而且要「立於禮」（〈泰伯8〉），因為「不知禮，無以立」（〈堯曰3〉）。

「道之斯行」就是孔子說過的「道千乘之國：敬事而信，節用而愛人，使民以時」（〈學而5〉），以及「道之以政，齊之以刑，民免而無恥；道之以德，齊之以禮，有恥且格」（〈為政3〉）。

「綏之斯來」就是孔子說過的「遠人不服，則修文德以來之。既來之，則安之」（〈季氏1〉），以及

「近者說，遠者來」（〈子路16〉），甚至是「有朋自遠方來，不亦樂乎？」（〈學而1〉）。「動之斯和」就是孔子說過的「使民以時」（〈學而5〉）、「使民也義」（〈公冶長16〉）和「使民如承大祭」（〈顏淵2〉）。

至於子貢最後說的「生榮死哀」之事，孔子受到弟子的愛戴是真，但是沒有受到君王的賞識也是事實，所以子貢說的「榮」不是我們現在說的「榮華富貴」，而是他對於理想的堅持，使得他的自尊自重，受到學生和後人的景仰。

《史記・孔子世家》〈78〉記載孔子下葬之後，弟子都守心喪三年。三年心喪結束後，相互哭著道別，然後「各復盡哀」。這可以為此章的「其死也哀」做一適當的注腳。其他的「哀悼者」也有記載：孔子死後，魯哀公來致意，也留下了中國歷史上第一幅輓聯（〈孔子世家77〉）。此外，孔子的葬禮有遠從燕國來觀禮的人（《禮記・檀弓上》〈97〉和《孔子家語・終記解》〈5〉），應該也是景仰孔子的人而不會只是好獵奇的觀光客吧！

另外一個跟孔子逝世後人民反應有關的故事：季康子比較了子產和孔子逝世後人民的反應天差地別，是不是孔子不如子產。子游用比喻回答：子產和夫子，就像一攤水和雨水，在一攤水的情況，浸在水中就活，沒有就會死；可是時雨是人民生活的必需，人民受益卻忘了感恩。這就是兩人的不同以及人民反應的差別。（《說苑・貴德》〈15〉）

兩千五百年後來看，我們都是孔子思想的受益者。讀了《論語》就更應該感恩。

附錄

《史記・孔子世家》〈78〉孔子葬魯城北泗上，弟子皆服三年。三年心喪畢，相訣而去，則哭，各復盡哀；或復留。唯子貢廬於冢上，凡六年，然後去。弟子及魯人往從冢而家者百有餘室，因命曰孔里。魯世世相傳以歲時奉祠孔子冢，而諸儒亦講禮鄉飲大射於孔子冢。孔子冢大一頃。故所居堂弟子內，後世因廟藏孔子衣冠琴車書，至於漢二百餘年不絕。高皇帝過魯，以太牢祠焉。諸侯卿相至，常先謁然後從政。

——〈77〉哀公誄之曰：「旻天不弔，不憖遺一老，俾屏余一人以在位，煢煢余在疚。嗚呼哀哉！尼父，毋自律！」子貢曰：「君其不沒於魯乎！夫子之言曰：『禮失則昏，名失則愆。失志為昏，失所為愆。』生不能用，死而誄之，非禮也。稱『余一人』，非名也。」

《禮記・檀弓上》〈97〉孔子之喪，有自燕來觀者，舍於子夏氏。子夏曰：「聖人之葬人與？人之葬聖人也，子何觀焉？昔者夫子言之曰：『吾見封之若堂者矣，見若坊者矣，見若覆夏屋者矣，見若斧者矣。』從若斧者焉。馬鬣封之謂也。今一日而三斬板，而已封，尚行夫子之志乎哉！」

《孔子家語・終記解》〈5〉葬於魯城北泗水上，藏入地不及泉。而封為偃斧之形，高四尺，樹松柏為志焉。弟子皆家於墓，行心喪之禮。既葬，有自燕來觀者，舍於子夏氏。子貢謂之曰：「吾亦人之葬聖人，非聖人之葬人。子奚觀焉？昔夫子言曰：『吾見封若夏屋者，見若斧矣。從若斧者也。』馬鬣封之謂也。今徒一日三斬板而以封，尚行夫子之志而已。何觀乎哉？」

《說苑・貴德》〈15〉季康子謂子游曰：「仁者愛人乎？」子游曰：「然。」「人亦愛之乎？」子游曰：「然。」康子曰：「鄭子產死，鄭人丈夫舍玦珮，婦人舍珠珥，夫婦巷哭，三月不聞竽琴之聲。仲尼之死，吾不聞魯國之愛夫子奚也？」子游曰：「譬子產之與夫子，其猶浸水之與天雨乎？浸水所及則生，不及則死，斯民之生也必以時雨，既以生，莫愛其賜，故曰：譬子產之與夫子也，猶浸水之與天雨乎？」

堯曰

•

第二十

1

堯曰：「咨！爾舜！天之曆數在爾躬。允執其中。四海困窮，天祿永終。」舜亦以命禹。曰：「予小子履，敢用玄牡，敢昭告於皇皇后帝：有罪不敢赦。帝臣不蔽，簡在帝心。朕躬有罪，無以萬方；萬方有罪，罪在朕躬。」周有大賚，善人是富。「雖有周親，不如仁人。百姓有過，在予一人。」謹權量，審法度，修廢官，四方之政行焉。興滅國，繼絕世，舉逸民，天下之民歸心焉。所重：民、食、喪、祭。寬則得眾，信則民任焉，敏則有功，公則說。

堯〔對舜〕說：「那個舜啊！現在帝位要傳到你身上了。〔你要牢牢記住：〕堅持中道，別讓天下百姓流離失所，這樣您的治理才會長久。」舜也用同樣的話來勉勵繼位的禹。商湯說：「我這個人謹用黑色的牛來祭告天帝：我不會赦免有罪的人。夏桀的罪惡瞞不過您，您都看得很清楚。如果我犯了罪，請懲罰我一個人就好，別讓四方人民受苦。」周朝真是有福氣，四處都是好人。〔周武王伐紂時說過：〕「有多少周朝的親人，都不如有仁德的人來得重要。貴族如果犯了錯，就算在我頭上吧！」度量衡要嚴謹加以標準化，法令制度都要嚴格訂定，廢除的重要官位要加以恢復，這樣才能順利運行四方的行政。被無辜滅去的諸侯邦國要重新復興，被滅絕的卿大夫宗族要找後人加以延續，一般有社會聲望的隱士要加以舉薦，這樣天下民心就會自然歸順。要重視人民重視的幾件事情：人口、糧食、喪禮、祭祀。〔治理人民要〕寬厚對待人民就能夠得民心，有誠信人民就會信服，深思熟慮行事就容易有成效，天下為公就會讓大家都活得心安快樂。

這是《論語》第二十篇，也是最後一篇，全篇只有三章。這章的文句斷裂，雜取了《尚書》〈大禹謨〉、〈湯誥〉、〈泰誓〉和〈武成〉，所以看來零雜無序。根據邢昺的說法：這章：「凡有五節，初自『堯曰』到『天祿永終』，記堯命舜之辭也；二自『舜以命禹』一句，舜亦以堯命己之辭命禹也；三自『曰：予小子』至『罪在朕躬』，記湯罰桀，告天之辭也；四自『周有大賚』至『在予一人』，言周家受天命及伐紂告天之辭也；五自『謹權量』至『公則說』，此明二帝三王政化之法也。」

本章雖然零亂，但是要傳遞的主旨就是堯、舜、夏、商、周歷代君王交代後世可以讓王朝永續的治國心法。我們以下也就根據邢昺說的五段來一一解釋：

第一段：自「堯曰」至「天祿永終」。

「堯」姓伊祁名放勳，「舜」姓姚名重華，分別根據諡法「翼善傳聖曰堯」和「仁聖盛明曰舜」的原則，被諡為「堯」和「舜」（《白虎通德論・卷一》〈諡1〉、《獨斷・卷下》〈37〉和《蔡中郎集・外集卷四》〈獨斷115〉）。「咨」是「咨嗟」（皇侃、邢昺）或「嗟歎聲」（朱子），或「發語聲」（黃懷信）。「天」是「天位」（皇侃）。「爾」是「你」（皇侃），是「女」〔就是「汝」〕（邢昺）。「躬」是「身」（皇侃）。「曆」是「日月斗所經歷」（戴望）或作「歷」是「過」（黃懷信），「曆數」是「列次」（何晏和邢昺）或「天位列次」（皇侃），或「帝王相繼之次第，猶歲時氣節之先後」（朱子），或「猶歷以倚數」（戴望），或「歲、月、日、星辰運行之法」（劉寶楠），或「自然排定的位次，指帝位言」（黃懷信）。「在」是「察」（戴望）。「允」是「信」（包咸、皇侃、邢昺和朱子）或「用」（戴望），或「允當、恰當」（黃懷信）。「執」是「持」（皇侃），「中」是「中正之道」（皇侃）或「無過不及之名」（朱子），或「中正、標準」（黃懷信），「執中」是「執中道用之」（劉寶楠）。「四海」是「四方蠻夷戎狄之國」（皇侃）。「困」是「極」（包咸、皇侃和邢昺），「窮」是「盡」（皇侃），「困窮」是「陷入困境」（黃懷信）。「祿」是「福」（黃懷信），「天祿」是「做天子」（黃懷信）。「永」是「長」（包咸、皇侃、邢昺）或「永遠」（黃懷信）。「終」是「卒竟」（皇侃）或「止」（黃懷信）。

「四海困窮，天祿永終」有三種不同的解釋。一種是正面說；包咸就解釋說：「為政信執其中，則能窮極四海，天祿所以長終。」也就是「天下太平，王業永續」，這是「允執其中」的結果，皇侃和邢昺都延續這種說法。一種是負面說；朱子認為：「四海之人困窮，則君祿亦永絕矣！」也就是「君上讓人民不好過，人民就會革君上的命」，這是不遵守「允執其中」的結果。一種是折中說；毛奇齡引用閻若璩的說法：「四海困窮是儆辭，天祿永終是勉辭。四海當念其困窮，天祿當期其永終。」其實這段的重點在於「允執其中」，如果能這樣，不管「四海困窮」和「天祿永終」是正面，或反面，或折中，都不會讓天下陷入困境。

這句話在現行的《尚書・虞書》〈大禹謨13〉中是舜跟禹說的話，並不是堯跟舜說的話。

第二段：「舜亦以命禹」一句。

孔安國說：「舜也以堯命己之辭命禹。」朱子特別強調：「今見於《虞書・大禹謨》，比此加詳。」也就是說舜對禹說的話要比當初堯對舜說的話要詳細得多（可以參見附錄中所列的《尚書・虞書》〈大禹謨13〉），特別是其中有著名的「人心惟危，道心惟微，惟精惟一，允執厥中」。

第三段：自「予小子」至「罪在朕躬」。

「予」是「我」（皇侃）。「小子」是「湯自謙稱」（皇侃）。「履」是殷商湯的名字。「敢」是「果」（皇侃）。「玄」是「黑」（皇侃），「牡」是「雄」（皇侃）。「昭」是「明」（皇侃）。「皇」是「大」（孔安國、皇侃），「皇皇」是「大」（黃懷信），「后」是「君」（孔安國、皇侃），「帝」是「天帝」（孔安國、皇侃、邢昺），「皇皇后帝」是「上帝、天帝」（黃懷信）。「帝臣」是「有罪之人」或「賢良」（戴望），指夏桀（包咸、皇侃、邢昺）或指湯（黃懷信）。「蔽」是「隱」（戴望）或「隱瞞」（黃懷信），「不蔽」是「言桀罪顯著，天地共知，不可隱蔽」（皇侃）。「簡」是「閱」（朱子），是「存」（戴望），或「察」（黃懷信）。「朕」是「我」（皇侃）。「萬方」是「天下」（皇侃）。

「敢用玄牡」是因為「殷家尚白，未變夏禮，故用玄牡」（孔安國），「玄牡」也就是「黑色的公牛」，這是尚白的殷商尊重夏朝的傳統。

這段是商湯伐桀的誓詞，引文不見於現行的《尚書・商書・湯誓》，但在《墨子・兼愛下》〈8〉有：「有罪不敢赦，簡在帝心。萬方有罪，即當朕身，朕身有罪，無及萬方。」在《國語・周語上》〈13〉也引用：「《湯誓》曰：『余一人有罪，無以萬夫；萬夫有罪，在余一人。』」

第四段：自「周有大賚」至「在予一人」。

「賚」是「賜」（何晏、皇侃）或「予」（朱子和邢昺），「大賚」是「散財發粟」（程樹德）或「分封、封賞善人」（黃懷信）。「周」是「周家」（何晏和皇侃）或「至」（劉寶楠），「親」是「近也、密也」（劉寶楠），「周親」是「至親」（黃懷信）。「仁人」是「有仁德之人」（黃懷信）。「百姓」是「天下眾民」（邢昺）或「眾貴族」（黃懷信）。

這段話是武王伐紂時說的話，出現在《尚書．周書》〈泰誓中2〉中，不過其中還有一句本章沒有引用到，很重要的話：「天視自我民視，天聽自我民聽。」《墨子．兼愛中》〈7〉也引用類似的話。這是中國古代民本思想的根源。

第五段：自「謹權量」到「公則說」。

這一段又可以分成四節。「謹」是「慎」（皇侃）或「嚴」（黃懷信）。「權」是「秤」（包咸）或「稱」（皇侃），或「稱錘」（朱子），或「衡器、衡制」（黃懷信）。「量」是「斗斛」（包咸、皇侃和朱子）或「量器、量制」（黃懷信）。「審」是「諦」（皇侃）或「詳也、密也」（黃懷信）。「法度」是「可治國之制典」（皇侃）或「車服旌旂之禮儀」（邢昺），或「禮樂制度」（朱子），或「禮儀之總名」（黃式三），或「度制」（黃懷信）。「修」是「治故」（皇侃）或「治也，恢復設置」（黃懷信）。「官」是「行政之人」（戴望），「廢官」是「被罷廢之官」（黃懷信）。「政」是「政令」（黃懷信）。

這一段應該是孔子說的話。黃懷信認為，這是武王滅商以後在商地的行政措施。

「興」是「起、恢復」（黃懷信），「國」是「諸侯」（戴望），「滅國」是「被滅亡之國」（黃懷信），「興滅國」是：「若有國為前人非理而滅之者，新王當更為興起之」（皇侃），劉寶楠認為「興滅國為無罪之國。若有罪當滅者，亦不興之也。」「繼」是「續」（黃懷信），「絕」是「斷」（黃懷信），「世」是「卿大夫」（戴望）或「世系」（黃懷信），「絕世」指「堯、舜、夏之世」（黃懷信），「繼絕世」是「若賢人之世被絕不祀者，當為立後係之，使得仍享祀也」（皇侃）。「興滅繼絕」，謂：「封黃帝、堯、舜、夏、商之後。」（朱子）「舉」是「用」（黃懷信），「逸民」是「有德而隱處者，從而舉之，加諸上位」（戴望）或「遺民」（黃懷信），「舉逸民」是「若民中有才行超逸不仕者，則躬舉之於朝廷為官爵也」（皇侃），謂「釋箕子之囚，復商容之位。」（朱子）

「重民」是「國之本」（孔安國、邢昺和戴望）。「重食」是「民之命」（孔安國、邢昺和戴望）。「重喪」是「所以盡哀」（孔安國和邢昺）或「國之大事」（戴望）。「重祭」是「所以致敬」（孔安國和邢昺）或「禮之大經」（戴望）。這段古注有從「重民」兩字斷句，似乎不如「所重：民、食、喪、祭」。

「寬」是「寬於待人」（黃懷信）。「敏」是「勉也，謂勤勉於事」（黃懷信），不如毓老師常講的「慮深通敏」。「功」是「功績」（黃懷信）。這一段和〈陽貨6〉的「寬則得眾，信則人任焉，敏則有功」基本上是重複的。「公」是「正」（戴望）或「公正」（黃懷信），戴望引用《春秋繁露・考功名》〈1〉的說法佐證：「考絀陟，計事除廢，有益者謂之公。」劉寶楠則引用《呂氏春秋・孟春季》〈貴公1〉的說法：「昔先聖王之治天下也，必先公，公則天下平矣。平得於公。嘗試觀於上志，有得天下者眾矣，其得之以公，其失之必以偏。凡主之立也，生於公。故鴻範曰：『無偏無黨，王道蕩蕩；無偏無頗，遵王之義；無或作好，遵王之道；無或作惡，遵王之路。』」孔子這種「公天下」的想法就隱藏在這一大段零亂的文句中。這是孔子和孔門在帝制時代的微言大義吧！《尸子・廣澤》（或只作〈廣〉，見《新譯尸子讀本》（台北：三民出版，一九九七）」說：「孔子貴公。」（而不是我遍尋不得的

「仲尼尚公」」，很精確地掌握了這樣的精神。

這章的主旨就在最後這三個字。

附錄

《尚書》〈虞書〉〈大禹謨13〉帝曰：「來，禹！降水儆予，成允成功，惟汝賢。克勤於邦，克儉於家，不自滿假，惟汝賢。汝惟不矜，天下莫與汝爭能。汝惟不伐，天下莫與汝爭功。予懋乃德，嘉乃丕績，**天之歷數在汝躬**，汝終陟元后。**人心惟危，道心惟微，惟精惟一，允執厥中**。無稽之言勿聽，弗詢之謀勿庸。可愛非君？可畏非民？眾非元后，何戴？后非眾，罔與守邦？欽哉！慎乃有位，敬修其可願，**四海困窮，天祿永終**。惟口出好興戎，朕言不再。」

——〈周書〉〈泰誓中2〉受有億兆夷人，離心離德。予有亂臣十人，同心同德。**雖有周親，不如仁人**。天視自我民視，天聽自我民聽。**百姓有過，在予一人**，今朕必往。我武維揚，侵於之疆，取彼凶殘。我伐用張，於湯有光。勖哉夫子！罔或無畏，寧執非敵。百姓懍懍，若崩厥角。嗚呼！乃一德一心，立定厥功，惟克永世。

《墨子．兼愛中》〈7〉然而今天下之士君子曰：「然，乃若兼則善矣。雖然，不可行之物也，譬若挈太山越河濟也。」子墨子言：「是非其譬也。夫挈太山而越河濟，可謂畢劫有力矣，自古及今未有能行之者也。況乎兼相愛，交相利，則與此異，古者聖王行之。何以知其然？古者禹治天下，西為西河漁竇，以泄渠孫皇之水；北為防原泒，注后之邸，呼池之竇，洒為底柱，鑿為龍門，以利燕、代、胡、貉與西河之民；東方漏之陸防孟諸之澤，灑為九澮，以楗東土之水，以利冀州之民；南為江、漢、淮、汝，東流之，注五湖之處，以利荊、楚、干、越與南夷之民。此言禹之事，吾今行兼矣。昔者文王之治西土，若日若月，乍光於四方於西土，不為大國侮小國，不為眾庶侮鰥寡，不為暴勢奪穡人黍、稷、狗、彘。天屑臨文王慈，是以老而無子者，有所得終其壽；連獨無兄弟者，有所雜於生人之閒；少失其父母者，有所放依而長。此文王之事，則吾今行兼矣。昔者武王將事泰山隧，傳曰：『泰山，有道曾孫周王有事，大事既獲，仁人尚作，以祗商夏，蠻夷醜貉。**雖有周親，不若仁人，萬方有罪，維予一人。**』此言武王之事，吾今行兼矣。」

《尸子・廣澤》墨子貴兼，**孔子貴公**，皇子貴衷，田子貴均，列子貴虛，料子貴別囿。其學之相非也，數世矣而已，皆弇於私也。天、帝、皇、後、闢、**公**、弘、廓、宏、溥、介、純、夏、憮、冢、晊、昄，皆大也，十有餘名而實一也。若使兼、**公**、虛、衷、平易、別囿一實也，則無相非也。

2

子張問於孔子曰：「何如斯可以從政矣？」子曰：「尊五美，屏四惡，斯可以從政矣。」子張曰：「何謂五美？」子曰：「君子惠而不費，勞而不怨，欲而不貪，泰而不驕，威而不猛。」子張曰：「何謂惠而不費？」子曰：「因民之所利而利之，斯不亦惠而不費乎？擇可勞而勞之，又誰怨？欲仁而得仁，又焉貪？君子無眾寡，無小大，無敢慢，斯不亦泰而不驕乎？君子正其衣冠，尊其瞻視，儼然人望而畏之，斯不亦威而不猛乎？」子張曰：「何謂四惡？」子曰：「不教而殺謂之虐；不戒視成謂之暴；慢令致期謂之賊；猶之與人也，出納之吝，謂之有司。」

子張請教孔子：「治理國政要注意哪些事項？」孔子回答說：「要奉行五種人民喜歡的事，避免四種人民討厭的事，這樣就可以治理國政。」子張接著問：「請問五種人民喜歡的事是哪些？」孔子說：「作為一個在上位的人要不多費心力就能讓人民感受到恩惠，讓人民服勞役人民也不會怨怒，對想要的東西也容易在滿足需要之後不會繼續貪求，對待其他人也會一律平等不高傲，態度莊嚴得讓人尊敬卻不會令人畏懼。」子張（不解，就繼續追問）道：「要怎樣才能做到不多費心力就讓人民感受到恩惠？」孔子回答說：「給予人民所希望的利益，這不正是不多費心力就能讓人民感受到恩惠；選擇為人民的利益而讓人民服勞役，怎麼會有人抱怨呢？博愛人民，也讓人民彼此相親愛，這樣誰又會貪求呢？居上位的人沒有多少、大小這樣的分別心，一律平等對待人民，不敢有所怠慢，這不就是一律平等對待人民而不高傲嗎？在上位的人平常都穿戴整齊，姿態也讓人尊敬，別人一看就會產生敬畏的心理，就不就是態度莊嚴讓人尊敬卻不會讓人畏懼嗎？」子張〔轉而〕問道：「請問四種人民討厭的事情又是什麼呢？」孔子回答說：「〔人民犯錯，在上位者〕不教育人民就把人給殺了，這叫做虐待；不給人民需要的資源就強求人民交出成果，這就是施暴；故意拖延發布命令讓人趕不上期限完成工作，這就是賊害人民；該給人民的東西卻吝惜留住不給人民，這就是官僚作風。」

這章是孔子教誨子張從政該注意的正反面事項。

「尊」是「崇重」（皇侃）或「循」（戴望），或「遵行」（黃懷信）。「屏」是「除」（孔安國和皇侃）或「排除」（黃懷信）。「惠」是「施惠於人」（黃懷信）。「費」是「耗費、耗損」（黃懷信）。「勞」是「使人勞」（黃懷信）。「欲」是「有私欲」（黃懷信）。「泰」是「大」（黃懷信）。「驕」是「驕縱、釋放縱非」（黃懷信）。「威」是「威嚴」（黃懷信）。「猛」是「凶猛」（黃懷信）。「因」是「依、就」（黃懷信）。「所利」是「以為有利者」（黃懷信）。「無」是「無論、不分」（黃懷信）。「眾」是「賤」（戴望）。「寡」

是「貴」（戴望）。「小大」是「萬民，上及群臣」（戴望）。「慢」是「輕慢、慢待」（黃懷信）。「尊」是「使之尊貴」（黃懷信），「尊其瞻視」是「不苟瞻視」（黃懷信）。「儼然」是「莊重貌」（黃懷信）。「教」是「教育、教化」（黃懷信）。「虐」是「殘酷不仁」（朱子）或「殘害」（戴望），或「殘虐」（黃懷信）。「視成」是「視其成果，引申為責其拿出成果」（黃懷信）。「慢」是「緩、不急」（黃懷信）。「暴」是「卒遽無漸」（朱子）。「致」是「盡」（黃懷信），「致期」是「刻期」（朱子）或「立限」（劉寶楠），或「截止期限」（黃懷信）。「賊」是「切害」（朱子）或「害人」（黃懷信）。「猶之」是「均之」（朱子）。「出納之吝」是「吝於給人」（黃懷信）。「有司」是「府主藏者」（戴望）或「負責具體事務的官員」（黃懷信）。

孔子這裡說的「五美」，講求的是在上位者的「修己安人」，在其他章節也有詳略不同的呼應：「惠而不費」說得最多：孔子注意到「小人懷惠」（〈里仁11〉），也稱讚過子產「養民也惠」（〈公冶長16〉），而且能行五者於天下就是仁，其中就有「惠」（〈陽貨6〉）；其次是「勞而無怨」：子夏強調的是要「信而後勞其民」（〈子張10〉）；接著是「欲而不貪」：孔子說過：「苟子之不欲，雖賞之不竊」（〈顏淵18〉）；然後「泰而不驕」，孔子認為這是「君子」的行為和「小人」的「驕而不泰」剛好是對照（〈子路26〉）；最後的「威而不猛」，曾經用來描繪過孔子的平常儀態（〈述而38〉）。

至於「四惡」，《論語》中相應的說法比較少。

《論語》的編纂者將這篇放在整本書的倒數第二篇，是在提醒後人多往「五美」上走，少往「四惡」上去。禮運大同世界也是美多惡絕的。

3

子曰：「不知命，無以為君子也。不知禮，無以立也。不知言，無以知人也。」

孔子說：「如果不知道自己的天命，怎麼當得了有德的君子？如果不學禮，怎麼能立身〔於邦國〕？如果不懂得正式場合的話，怎麼了解說話人的真正意圖呢？」

這是《論語》的最後一章，和〈學而1〉應該有所呼應。如果〈學而1〉可以算是開學典禮的昭示，這一章就可以算是畢業典禮的提醒。

「知」是「知道、瞭解、懂得、明白」（黃懷信），「命」是「窮達之分」（孔安國和邢昺）或「窮通夭壽」（皇侃），或「天命，自然之定數」（黃懷信），「知命」是「知有命而信之也」（朱子引程子）。「無以」是「無法、不能」。「君子」是「有知識、有才德之人」（黃懷信）。「立」是「立身於社會」（黃懷信），「禮」是「恭儉莊敬，立身之本」（皇侃和邢昺）或「社會規範」（黃懷信）。「言」是「探下指其人之言」（黃懷信）。

這章的三個要點，都是孔子最重要的教誨：「命」是孔子讚嘆不已的（〈子罕1〉），也是人力所不能左右的（〈憲問36〉）；「命」也就是「天命」，這也是孔子自述五十歲才達成的任務（〈為政4〉），這也是他認為君子的「三畏」而小人「三不畏」之一（〈季氏8〉）。孔子相信「斯文在茲」（〈子罕5〉），自己肩負著文化傳承的命脈，這也是孟子稱他為「集大成」（《孟子》〈萬章下10〉）的原因。私淑孔子的後學孟子，曾經將此發揮為「立命」（〈盡心上1〉）之說，也就是從「盡心」到「知性」到「知天」，從「修身」開始「立命」就可以上達「天命」，甚至就是「盡其道而死」（〈盡心上2〉）（「朝聞道，夕死可也」（〈里仁8〉））也是「正命」。這裡的「天命」恐怕就是孔子一直強調的「尚公」和「生生不息」。孔門君子要知、要學的就是學這樣的「天命」。不追求這樣的天命，就不夠格進入孔門堂奧。這也後來北宋張載的「為生民立命」恐怕就是要在這種思想的指導之下，希望人民都能夠安居樂業。這也呼應〈堯曰1〉最後的三個字「公則說」。

「不知禮，無以立」是呼應〈泰伯8〉中說的「立於禮」，當然隱含著同時要搭配的「興於詩」和「成於樂」。《論語》中孔子不斷強調「禮」（和「樂」）的重要性。「禮」正是「知命」之君子要努力教化人民的目標。禮樂文明能夠遍地開花，也就進入大同世界的美麗花園。

最後一句的「不知言，無以知人也」，更是孔子經常對弟子耳提面命的話：孔子因為孔門言語科宰我的巧言的教訓，從原先對人「聽其言而信其行」轉變成「聽其言而觀其行」（〈公冶長10〉）；他提醒，作為一位「智者」，不能在「可語言而不與之言」時犯下「失人」的錯誤，也不能在「不可與言而與之言」時，犯下「失言」的錯誤（〈衛靈公8〉）；他也說過，作為一位君子，既不該「以言舉人」，也不該「以人廢言」（〈衛靈公23〉）。自稱承繼孔子的後學孟子，也認為除了聽言之外，還要能從眼神判斷對方說話的真假，這樣對方是否說謊就很難掩飾（《孟子》〈離婁上15〉），不過孟子也說過：大人是可以不履行言出必行的，要看情況是否合義（〈離婁下39〉）。另外，孟子注意過從說話的內容，可以判斷說話人的說話背景：「詖辭知其所蔽，淫辭知其所陷，邪辭知其所離，遁辭知其所窮。」（《孟子・公孫丑上》〈2〉）

《周易・繫辭下》〈12〉也有類似的教誨：「將叛者其辭慚，中心疑者其辭枝，吉人之辭寡，躁人之辭多，誣善之人其辭游，失其守者其辭屈。」這些都是想從「知言」而「知人」的寶貴經驗。可是古人雖然留給我們這樣寶貴的教誨，我們不學習，還是枉然。

所以我們再回到〈學而1〉中的「學而時習之」，要學和要時習的不就是這章說的「知命」、「知禮」和「知言」等古人流傳下來的智慧？「有朋自遠方來」，不就是說我們能做到這三項，當然就能讓近悅遠來，同升禮樂文明，大同世界？「人不知而不慍」，不就是對於禮樂文明和大同世界的「知其不可而為」的堅持，不會因為別人的不了解而放棄嗎？「朝聞道，夕死可矣」（〈里仁8〉）也是別人不容易了解的事。這些古人的智慧能夠啟發我們的智慧嗎？

只有這種以天下為胸懷的孔子，才會讓全天下人景仰吧？這就是孔子要教給我們的智慧吧！

謝謝孔子，也謝謝毓老師當年的教誨！

附錄

《孟子》〈萬章下10〉孔子，聖之時者也。孔子之謂**集大成**。

——〈盡心上1〉孟子曰：「盡其心者，知其性也。知其性，則知天矣。存其心，養其性，所以事天也。殀壽不貳，修身以俟之，所以立命也。」

——〈2〉孟子曰：「莫非命也，順受其正。是故知命者，不立乎巖牆之下。盡其道而死者，正命也。桎梏死者，非正命也。」

——〈離婁上15〉孟子曰：「存乎人者，莫良於眸子。眸子不能掩其惡。胸中正，則眸子瞭焉；胸中不正，則眸子眊焉。聽其言也，觀其眸子，人焉廋哉？」

——〈離婁下39〉孟子曰：「大人者，言不必信，行不必果，惟義所在。」

附記
從「老親王」到「太老師」

孫中興　天德黌舍第六班
寫於二〇一一年三月二十八日

大約是民國六十年的某一天，我國中的時候，我的老師陳中庸先生很神祕地說要帶我去「拜見老親王」。他說那是他念文化大學時的老師，為人氣派威嚴，學生當時搶著替老師拿公事包。彼時受到「黨國教育」影響甚深的我，半信半疑（都民國幾年了，哪有什麼老親王？）就跟著到了四維路一戶掛著「金寓」的大宅（後來我才知道這是當時陽明山管理局金姓局長的官舍，租借給太老師）。進門後果然看見一位氣宇非凡，雖然留著鬍子卻怎麼也不顯得老的「親王」出來。陳老師畢恭畢敬地起身行禮。賓主坐定後，「親王」問了我的基本資料。我當時好奇地問了一句：「老師的老師要稱呼什麼？」他笑著回答：「太老師。」

所以後來同學都在稱毓老師「老師」的時候，我都要晚一輩稱他為「太老師」。還有些人和當時的我一樣，不知道「太老師」是什麼意思。

從那一刻開始，我的生命中走進了一位從歷史傳奇上才能偶然聽聞的人物。

我的父母知道陳老師的引見後，希望我能多親近「老親王」，多長點智慧，也學些做人做事的道理，所以逢年過節總會買好薄禮，讓我帶去探望他老人家。

有一年中秋節，我吃過晚飯到四維路去，住在太老師家的同學領我進門後，我原以為自己會在客廳坐坐，聽聽太老師說話，沒想到卻被叫到太老師的臥房裡。那時老師在書桌前開燈看書，叫我坐在他那張後來在清宮戲裡才看得到的「龍床」的台階上，我除了獻上禮物之外，也不知該說些什麼，太老師也沒多問什麼，繼續看著他的書，而我就兀自坐在那裡默默看著「太老師」的背影約一小時之久。現在想想，真是難忘那個畫面：滿室無言，只有讀書的太老師，和不知所措的年輕的我。我大概只迸出一個問題，和他簡短對話了一次：「太老師，您在念什麼書？」「熊十力的《原儒》。」

高中的時候去拜見太老師，他問我平時讀什麼書。我那時在讀商務人人文庫版的胡適《中國哲學史大綱》，就直言不諱。沒想到只聽到一句當時讓我覺得沒頭沒腦的回覆：「他的書都寫一半就不寫了。」然後太老師問我是否讀過四書？我剛好買了當時新出版的白話注音版，也具實以告，他告訴我不要太依賴白話翻譯，因為太過淺顯，沒能顯出孔子的要義。他讓我考完大學後到「黌舍」來唸書，特別說「不收我錢」，我可以幫忙在上課前後排椅子、收椅子和點收同學繳交的「束脩」。我當時不知道「黌舍」是什麼意思，也不知道這兩個字怎麼寫，更覺得把「學費」說成「束脩」是很彆扭的事。不過，我感覺自己彷彿進入一個嶄新的思想世界了。

考大學的前夕，我困擾於喜歡的兩個科系正好分別在乙、丁兩組，當時無法跨組考試，只能選擇其一。我不知該如何抉擇，父母親也沒意見，就建議我去請教太老師。太老師聽完後，建議我唸社會學，「因為將來對國家社會有用」。於是，我就放心地將社會學當成「志願」，後來很幸運考上，最終也成為我的「志業」。

我在民國六十四年七月二日大專聯考第二天的晚上，就到新店大坪林的黌舍新址上課。在如願考上台大社會學系後有一天，太老師在我提早前去幫忙排椅子的時候，送我一套世界書局出版的《曾文正公全集》五冊。我當時請他題字，他答應了，可是卻沒了下文，我也怯於追問，所以現在每次望見書架上缺了第一冊的套書，總覺得遺憾。

那時候我負責在課前課後幫忙，所以除了上課的見聞和大家的回憶相仿之外，還知道些別於一般同學的「異聞」。

太老師在課堂上經常諷刺那些「來臥底的調查人員」。我因為在門口幫來的同學開門，對於同學就學的學校和面孔都有印象，但是實在看不出來哪些人是來臥底的，而且當時也不明白，太老師只不過是個教四書五經的老先生，有什麼需要監視。有一次下課後，我請問太老師這個問題，他指出當天打瞌睡的那位同學就是，我後來也特別留意那位同學，可是除了覺得他像宰予那樣打瞌睡，也沒見他做過什麼可疑的事。我心想：這人怎麼可能是個來監視太老師的人呢？後來，有一位學姊約我在上課前見面，首先表明自己是調查局的人，「關心老師」，希望從我嘴中知道老師的「平常言行」，不過我除了幫忙排椅子收椅子之外，實無所知，她也就沒再找我。那件事以後，我才恍然大悟，真是有人要監視太老師。

當時不熟識的同學之間很少聞問，更不見交談，很多人都是七點上課時間前來，九點下課就趕著回家，平常在學校見面，就算知道面熟，好像也沒打招呼。我因為在饗舍幫忙，所以認得我的人多些，有時搭車會碰到。我只記得自己曾和少數人交談過，大多數人好像連眼神都很少交會，特別是對於異性同學，也幾乎沒有人在課前課後交談。我和某位來上毓老師課的女同學在大學裡同修一門課，在饗舍也一起上過四年課，卻不記得有和她說過什麼話。後來有機會共事，才發現彼此的記憶是一致的。當時毓老師教室裡的同學後來有不少成為社會知名人物，我也只記得和他們當初有同門之誼，記不得彼此有過交談。我一直不知道，這是戒嚴時期的寒蟬效應呢，還是當時大家都比較害羞。

我當初和大家一樣是從四書班唸起，太老師說是「第六班」，所以我後來到太老師家拜望或打電話時，一律自稱「第六班孫中興」。後來我也聽太老師上《春秋繁露》、《尚書》、《易經》、《禮記》、《老子》、《孫子兵法》，和《資治通鑑》等書。但是，畢竟這和我的社會學功課相去較遠，所以上課之餘，我也沒有繼續自修，現在只能從書上的點滴筆記回想太老師的教誨。有人聽說我上了太老師四年的課，都想當然耳以為我「飽讀詩書」，讓我每次在辯解之餘，感到萬分羞愧，特別愧對太老師的教導〔太老師講的笑話和臧否人物的部份，我恐怕記得比上課的內容要多許多〕。

當初課堂上有人負責錄音，我因此都顧著認真聽老師講講時勢、臧否人物、鼓勵同學，往往忽略了認真做筆記，只有時用卡片記下吉光片羽，也有時就記在書本的眉邊。那些卡片後來也搞不清楚是借給同學，還是搬家弄丟了，變成一本未老先衰的糊塗帳。眉邊的筆記倒是在後來偶爾翻閱時，經常能勾起美好的回憶，可惜就是不完整。

另外一件令我記憶深刻的事，是夏天汗水涔涔，有時甚至要忍耐著蚊子叮咬的聽課往事。特別是饗舍搬到耕莘文教院附近的辛亥路之後，上課的地方比原先在大坪林的要小些，可是聽課的人不見減少，所以晚到的時候，只能站在院子裡的窗下聽課，捨不得離去。後來搬到溫州街地下室上課，也同樣悶熱，不過太老師修養過人、體質特殊，好像不會流汗。學生上課時一開始也許會覺得全身不舒服，可是聽著聽著，竟也沉浸在太老師講課的風采中而忘掉暑氣逼人。後來聽說加裝了冷氣，這樣的記憶就成了絕響。

我大四那年，中美斷交的消息讓社會憤怒不已。美國特使來台的當天晚上，學校裡許多學生集結去丟雞蛋和蕃茄，我還是去黌舍上課。老師講課的內容我不復記憶，但總感覺在紛亂萬變的社會之中，黌舍的課堂上總有股亙古不變的道理，自己彷彿也因此在面對惡劣的環境和人事時，有了更堅定的信心和力量。

後來服役期間，我發現太老師周日有上課，原想繼續去聽，但因為事情多，未能克盡全功，四年多一點的黌舍生涯，就此告一段落。

服役期滿，我接著出國留學。去向太老師辭行時，蒙太老師嘉勉鼓勵，殷殷希望我能學成能歸國服務，不要留下當了外國人。

以前我聽過太老師說過，他的幾位外國學生聯合編寫了一本《無隱錄》（*Nothing Concealed: Essays in Honor of Liu Yü-yün*, 1970）。我也看過這本成文出版社出版的英文書，太老師還翻開書中照片，告訴我說是由美國學生將他的照片合成在一幅畫作上的。在那張照片裡，太老師拿著雪茄，而這個戒煙前的太老師形象，就算在當時也是學生聞所未聞之事。因為這件事太深入我心，在留學期間，我便因為不同的因緣際會拜訪了書中出現過的兩位美國學長：魏斐德（Frederic Wakeman, Jr., 1937-

2006）和席文（Nathan Sivin）。託太老師的福，雖然我不是正式被太老師授權去拜會的，兩位學長都對我非常友善。他們分別和我提到太老師時，都對於一九六〇年代初期的異國師生情誼有著美好回憶，也一致希望我能轉達希望老師能夠赴美講學或遊歷的願望。回國後，我當面向太老師轉達這樣的訊息，他雖然也沉浸在同樣美好的回憶中，卻終究沒有答應。我原以為他會擔心到美國後食衣住行的適應問題，可是他是用「年事已高」來回應。事後看來，這近乎三十年前「年事已高」的理由，實在牽強。

留學回國後，我沒再到黌舍上課，但是總會獨自去拜望太老師。有時太老師也會讓同學傳話找我過去談些事情。特別是他在報章上看到某些學界人的言行，希望能進一步和當事人認識，而我剛好和他們有同事或朋友之誼，就負責穿針引線。一次在溫州街太老師家的客廳裡談，我就在一旁坐陪。另一次到我位於四樓的家中。太老師上四樓階梯臉不紅、氣不喘，身體可健朗得很。當時的話題我也不復記憶，倒是一直記得他特別喜歡我家的小狗和貓咪（還好他「養狗人必定是孝子」的話題是早先就聽過的，應該和我和「小犬」無關），也提及他自己一直喜歡小動物的事情。我想起自己見過他養的臘腸狗和鬆獅狗。

他也一直關懷老同學的近況。有一次和我同師門的同仁因為精神狀況不好，造成了系上的困擾，太老師就問我他的近況以及系內的處理情形，最後特別叮囑我要盡力幫助他，如有需要，太老師也可幫忙。可惜，這位同仁後來的狀況惡化到連醫師都幫不上忙的地步。太老師當時眼神中透露出的難過，讓我終身難忘。

有一次徐泓和阮芝生兩位老師和我去找老師談論慶祝他老人八十八歲「米壽」文集的事宜，太老師一口回絕，想來應是這個提議完全沒掌握到師門的要旨。聽說後來他老人家百歲誕辰前夕，又有另外一批同學提議類似的事情，也一樣被回絕。

我回國教書二十幾年來，每年大年初一的早上，都會和其他學長一樣不約而同到太老師家拜年。一年一會，每年拜年的同學（以學長姐居多）以及每年的主題有同有異。我不是最早到達的，但是會固定坐到一點鐘左右，或等到另一批同學來拜年的時候才不捨地離去。這幾十年下來，我所記得的幾個固定的主題有：一是太老師對照同學的今昔之比，驚歎時光飛逝；二是當前國家大事的評論，以及對大家的勉勵；三是某些老同學近況的垂詢；四是詢問同學對某些在報章發表文章的人物的看法；五是推薦我們要仔細念的書（我記得有一年提到《尚書》〈洪範〉篇，另一年是《金剛經》）。六是太老師的提問，希望同學作答。

記得有一年他問大家：「『學生』這個詞是什麼意思？為什麼要叫『學生』？」當場所有人面面相覷，不知道該如何作答。我雖心中想著：「不熟的事物就是『生』，學不熟或不知的事就叫『學生』。」但是許多學長當前，我沒敢造次，太老師也沒給答案，就這樣懸擱至今。

除了以上的往事外，我覺得自己受到太老師最大精神感召的地方有幾項，都是他一生的堅持：一是他的民族精神，對於中華文化的信仰；二是他的氣節和風骨，不作小人和走狗，不欺世盜名；三是他重視孝道，除了他為母親親手繪製的觀音圖之外，還有印製「孝為德本」的關公印刻集（至於「養狗必為孝子」以及「佛在家中坐，何必遠燒香」的語錄，許多同學都有深刻的回憶）；四是關心學生；五是注重實學，不是講講文章訓詁考據就了事，更不談空說無，而從日常生活中說理，鼓勵同學用世救世。最後是他發憤忘食、樂以忘憂的自強不息精神，總覺得要趕緊為別人或社會做事，不能有片刻休息。

這幾項，成為像我這樣「不敏」的門下晚生終身追求的目標。

除了上述的回憶之外，我有幾件愧對太老師的事。

有一次太老師希望能夠結合同學做一點社會福利的事，要我去想一想可以做些什麼以及怎麼做。局外人通常不太清楚社會學和社會福利是沒有太大關係的，但是老師交辦了，我還是想了想，可是畢竟不是平常關心的事，所以也沒有頭緒。後來有些學弟急著和我聯絡這件事的進度，我卻因為還沒想出可以做些什麼而拖延了。多年後長了些見識，想到一些可以做的事，但因為太老師不再聞問，也沒勇氣再提，遂作罷。

另一次，太老師希望能在苗栗山區一塊大片土地上建立學校，囑我去研究一下。我因為不熟悉行政事務，所以雖然在教育部的福利社買了一份設立獨立院校的法規辦法說明，卻因為忙著自己的事，也就沒有再向他覆命。太老師一樣沒再問起，此事也就不了了之。

我自覺能做而且能做得好的事，就是在社會學系中開設相關課程，以報答太老師身教和言教的影響。所以在多年的準備之後，我自行研發並教授了幾次「聖哲社會學」和「孔子：社會學的研究」，學生反應尚佳，也算是對師門的一點回饋心意。

對我來說，太老師一直是神祕的，像萬仞宮牆，讓我難窺全貌。老師的姓名和生日我一直沒弄清楚，他過往的經驗，也是他逝世後我才在網路上看到相關的記載。過去我怯於請教和請問的，現在則沒有機會知道了。

這幾天，我朗讀著他教誨過的《金剛經》和《論語》，心中不斷反覆出現聆聽老師教誨的點點滴滴。想起文天祥的話：

哲人日已遠，
典型在夙昔。
風簷展書讀，
古道照顏色。

＊這篇文章原來刊登在同門編的《毓老師紀念集》（頁五〇—五五）。文章刊出後，許仁圖學長和張輝誠學長先後出版了太老師的生平傳記：《長白又一村》和《毓老真精神》；老師上課的筆記也在幾位學長的努力下陸續出版，讓我們學生可以藉以回想當初老師的教誨或是「補課」，也讓後人可以藉此略窺太老師教學的內容於萬一。

附表（一）

◆論語各版本分章比較表

1. 論語20篇中有11篇的分章沒有異議。
2. 論語20篇中有9篇歷代版本有異議。
    1) 〈公冶長・第五〉的分章有兩種：27或28章。
    2) 〈雍也・第六〉的分章有兩種：28或30章。
    3) 〈述而・第七〉的分章有兩種：37或38章。
    4) 〈子罕・第九〉的分章有兩種：30或31章。
    5) 〈鄉黨・第十〉的分章有五種：18、21、22、25或27章。
    6) 〈先進・第十一〉的分章有三種：24、25或26章。
    7) 〈憲問・第十四〉的分章有兩種：44或47章。
    8) 〈衛靈公・第十五〉的分章有兩種：41或42章。
    9) 〈陽貨・第十七〉的分章有兩種：24或26章。
3. 總章數共有以下幾種：499、500、501、502、503、506、512。

◆論語主要版本分章比較表

<table>
<tr><th rowspan="2">篇名</th><th colspan="9">版本</th></tr>
<tr><th>皇侃</th><th>邢昺</th><th>朱熹</th><th>劉寶楠</th><th>楊伯峻</th><th>哈燕</th><th>謝6人</th><th>Lau</th><th>CTEXT</th></tr>
<tr><td>學而第一</td><td colspan="9">16</td></tr>
<tr><td>為政第二</td><td colspan="9">24</td></tr>
<tr><td>八佾第三</td><td colspan="9">26</td></tr>
<tr><td>里仁第四</td><td colspan="9">26</td></tr>
<tr><td>公冶長第五</td><td colspan="2">28</td><td>27</td><td colspan="6">28</td></tr>
<tr><td>雍也第六</td><td colspan="2">30</td><td>28</td><td colspan="3">30</td><td>28</td><td colspan="2">30</td></tr>
<tr><td>述而第七</td><td>37</td><td>38</td><td>37</td><td colspan="3">38</td><td>37</td><td colspan="2">38</td></tr>
<tr><td>泰伯第八</td><td colspan="9">21</td></tr>
<tr><td>子罕第九</td><td colspan="3">30</td><td colspan="2">31</td><td colspan="2">30</td><td colspan="2">31</td></tr>
<tr><td>鄉黨第十</td><td>一
21</td><td>一
22</td><td>一
18</td><td>一
25</td><td>一
27</td><td>21</td><td>一
18</td><td>一
27</td><td>一
18</td></tr>
<tr><td>先進第十一</td><td colspan="2">24</td><td>25</td><td>24</td><td>26</td><td>24</td><td>25</td><td colspan="2">26</td></tr>
<tr><td>顏淵第十二</td><td colspan="9">24</td></tr>
<tr><td>子路第十三</td><td colspan="9">30</td></tr>
<tr><td>憲問第十四</td><td colspan="2">44</td><td>47</td><td colspan="3">44</td><td>47</td><td colspan="2">44</td></tr>
<tr><td>衛靈公第十五</td><td colspan="2">42</td><td>41</td><td colspan="3">42</td><td>41</td><td colspan="2">42</td></tr>
<tr><td>季氏第十六</td><td colspan="9">14</td></tr>
<tr><td>陽貨第十七</td><td colspan="2">24</td><td>26</td><td>24</td><td>26</td><td>24</td><td colspan="3">26</td></tr>
<tr><td>微子第十八</td><td colspan="9">11</td></tr>
<tr><td>子張第十九</td><td colspan="9">25</td></tr>
<tr><td>堯曰第二十</td><td colspan="9">3</td></tr>
<tr><td>總計</td><td>500</td><td>502</td><td>499</td><td>506</td><td>512</td><td>501</td><td>500</td><td>512</td><td>503</td></tr>
</table>

注：

1. 資料來源：前五項根據王書林，1980，《論語研討與索引》，台北：商務印書館，第82-83頁略做增修。其餘如下：皇侃：〔梁〕皇侃，《論語義疏》，版本繁多；邢昺：〔宋〕邢昺，《論語注疏》，版本繁多；朱熹：〔宋〕朱熹，《四書集注》，版本繁多；劉寶楠：〔清〕劉寶楠，1990，《論語正義》，高流水／點校，北京：中華書局；楊伯峻：楊伯峻，譯注，1980，《論語譯注》（十四卷），北京：中華書局；哈燕：哈佛燕京學社，1972，《論語引得》，台北：成文重印；謝6人：謝冰瑩、李鍌、劉正浩、邱燮友、賴炎元和陳滿銘／合譯，2007，《新譯四書讀本》，台北：三民書局；Lau: Confucius. 1979. *Analects (Lun yü)*. Tr. by D. C. Lau. Hammondsworth, Middlesex: Penguin Books.；http://ctext.org/zh。
2. 〈鄉黨〉篇傳統上不分章，因此以中文數字「一」表示，為一節，其下的阿拉伯數字為段落數，在此將段落視為分章計之。

附表（二）

孔子弟子在論語中出現的排行、順序、章節及次數統計

						論語篇名及章節（*以阿拉伯數字標示）																				
次數排行	四科十哲	姓名	字	籍貫	小孔子歲數	學而第一	為政第二	八佾第三	里仁第四	公冶長第五	雍也第六	述而第七	泰伯第八	子罕第九	鄉黨第十	先進第十一	顏淵第十二	子路第十三	憲問第十四	衛靈公第十五	季氏第十六	陽貨第十七	微子第十八	子張第十九	堯曰第二十	共計次數
10		有若	有子	魯	**43**	2 13											9									**3**
5		曾參	曾子	南武城	**46**	4 9			15				3 4 5 6 7			18	24		26					16 17 18 19		**15**
3	文學	卜商	子夏	衛	**44**	7	8	8			13					3 16	5 22	17						3 4 5 6 7 8 9 10 11 12 13		**20**
2	言語	端木賜	子貢	衛	**31**	10 15	13	17		4 9 12 13 15	8 30	15		6 13		3 13 16	7 8 23	20 24	28 29 35	3 10 24		19 24		20 21 22 23 24 25		**36**
8		樊須	樊遲	鄭／魯	**36**		5				22						21 22	4 19								**6**
6	文學	言偃	子游	吳	**45**		7		26		14					3						4		12 14 15		**8**
3	德行	顏淵	顏回	魯	**30**		9			9 26	3 7 11	11		11 21		3 4 7 8 9 10 11 19 23	1			11						**20**

1	政事	仲由（季路）	子路	卞	**9**		17			7 8 14 26	8 28	11 19 35		12	18	3 12 13 15 18 22 24 25 26	12	1 3 28	12 16 22 36 38 42	2 4	1	5 7 8 23	6 7			**40**
4		顓孫師	子張	陳	**48**		18 23			19						16 18 20	6 10 14 20		40	6 42		6		1 2 3	2	**18**
12		林放						4																		**1**
5		冉求	冉有	魯	**29**			6		8	4 8 12	15				3 13 17 22 24 26		9 14			1					**15**
9	言語	宰予	宰我		**?**			21		10	26					3						21				**5**
12		公冶長			**?**					1																**1**
10		南宮括	南容		**?**					2						6			5							**3**
12		宓不齊	子賤	魯	**30**					3																**1**
7	德行	冉雍	仲弓	魯	**29**					5	1 2 6					3	2	2								**7**
12		漆雕開	子開	魯	**11**					6																**1**
9		公西赤	華	魯	**42**					8	4	34				22 26										**5**
11		原憲	子思	魯	**36**						5								1							**2**
9	德行	閔損	子騫	魯	**15**						9					3 5 13 14										**5**
11	德行	冉耕	伯牛	魯	**?**						10					3										**2**
11		澹臺滅明	子羽	武城	**29**						14															**1**

12		巫馬施	子旗	魯	**30**							31														**1**
12		琴子開（張）	琴牢		**?**									7												**1**
12		顏無繇	顏路	魯	**6**											8										**1**
11		高柴	子羔	衛	**30**											18 25										**2**
12		曾皙	曾點	南武城	**?**											26										**1**
10		司馬牛			**?**												3 4 5									**3**

附表（三）

孔子弟子的世代排序（*以少孔子的年歲排序）

第一世代		第二世代		第三世代		第四世代		第五世代	
小孔子歲數	弟子姓名	小孔子歲數	弟子姓名	小孔子歲數	弟子姓名	小孔子歲數	弟子姓名	小孔子歲數	弟子姓名
1		11	★漆雕開	21		31	★子貢	41	
2		12		22		32		42	★公西華
3		13		23		33		43	★有若
4		14		24		34		44	★子夏
5		15	★閔損	25		35		45	★子游
6	顏路	16		26		36	★原憲 ★樊遲	46	★曾參 顏幸
7		17		27		37		47	
8		18		28		38		48	★子張
9	★子路	19		29	★冉雍 ★冉求 ★澹臺滅明 商瞿 梁鱣	39		49	
10		20		30	★顏淵 ★宓不齊 ★高柴 ★巫馬期	40		50	冉孺 曹卹 伯虔

注：

1 仲尼弟子列傳的前35人中，沒有相關年齡資料者，計有：冉伯牛、宰予、公冶長、南宮括、公晳哀、曾晳、公伯繚、司馬耕等8人。

2 最後一位有年齡資料的弟子公孫龍小孔子53歲，是孔門中年紀最小的弟子。

3 名前加★者為在《論語》中出現過的孔門弟子。

* 資料來源：滝川資言，2009，《仲尼弟子列傳》，收入《史記會注考證》，第九冊（高清影印本），北京：新世界出版社，頁3339-3386。

當代名家

論語365：越古而來的薰風，徐迎人生四季好修養——冬之卷

2019年2月初版　　定價：新臺幣400元

著者　孫中興
叢書編輯　黃淑真
校對　馬文穎
內文排版　極翔企業
封面設計　謝佳穎
編輯主任　陳逸華

出版者　聯經出版事業股份有限公司
地址　新北市汐止區大同路一段369號1樓
編輯部地址　新北市汐止區大同路一段369號1樓
叢書編輯電話　(02)86925588轉5322
台北聯經書房　台北市新生南路三段94號
電話　(02)23620308
台中分公司　台中市北區崇德路一段198號
暨門市電話　(04)22312023
台中電子信箱　e-mail：linking2@ms42.hinet.net
郵政劃撥帳戶第0100559-3號
郵撥電話　(02)23620308
印刷者　世和印製企業有限公司
總經銷　聯合發行股份有限公司
發行所　新北市新店區寶橋路235巷6弄6號2樓
電話　(02)29178022

總編輯　胡金倫
總經理　陳芝宇
社長　羅國俊
發行人　林載爵

行政院新聞局出版事業登記證局版臺業字第0130號

本書如有缺頁，破損，倒裝請寄回台北聯經書房更換。　ISBN 978-957-08-5249-3 (平裝)
電子信箱：linking@udngroup.com

國家圖書館出版品預行編目資料

論語365：越古而來的薰風，徐迎人生四季好修養
——冬之卷/孫中興著．初版．新北市．聯經．2019年2月
（民108年）．400面．14.8×21公分（當代名家）
ISBN 978-957-08-5249-3（平裝）

1.論語 2.研究考訂

121.227 107022868